십자가에 못 박혀라

Originally published in English under the title

THE CRUCIFIED LIFE

by A. W. Tozer

Copyright ⓒ 2011 by James L. Snyder
Published by Bethany House Publishers,
a division of Baker Publishing Group,
Grand Rapids, Michigan 49516, U.S.A.
All rights reserved.

This Korean Translation Copyright ⓒ 2015 by Kyujang Publishing Company

이 한국어판의 저작권은 저작권사와 독점 계약한 규장 출판사에 있습니다.
신 저작권법에 의하여 한국 내에서 보호 받는 저작물이므로
무단 전재와 무단 복제를 금합니다.

A. W. 토저 마이티 시리즈(A. W. TOZER Mighty Series)

토저는 교인수의 성장을 위해서라면 대중의 인기에 야합하고, 거대 기업의 경영방식을 무차별 차용하고, 할리우드 엔터테인먼트 방식을 예배에 도입하는 것에 대해 통렬한 비판을 가하였다. 그는 현대의 교회가 물량적 성장을 위해서라면 교회의 순결성을 포기하는 듯한 자세를 보일 때는 그것을 좌시하지 않고 언제나 선지자의 음성을 발하였다. 듣든지 안 듣든지 이스라엘 교회의 세속화를 준열히 책망했던 예레미야처럼, 토저도 시대에 아부하지 않고 하나님교회의 순정성(純正性)을 파수하기 위해 '강력한'(Mighty) 말씀을 선포했다. 그래서 토저는 '이 시대의 선지자'라는 평판을 들었다. 토저가 신앙의 개혁을 위해 외쳤던 뜨겁고 강력한 메시지를 이 시대의 우리도 들어야 한다. 말씀과 성령에 의한 개혁이 절실히 필요한 이때, 규장에서 토저의 강력한(Mighty) 메시지들을 'A. W. 토저 마이티(Mighty) 시리즈'로 출간한다.
"토저의 설교는 설교단에서 발사되어 청중의 마음을 관통하는 레이저 광선과 같다." - 워런 위어스비

THE CRUCIFIED LIFE

십자가에 못 박혀라

A. W. 토저 지음   이용복 옮김

규장

영문판 편집자의 글

PART 1

십자가에 못 박혀라,
진짜 삶을 원한다면

CHAPTER 1	포기할 수 없는 주제, 십자가	20
CHAPTER 2	예수님은 내게 누구신가	34
CHAPTER 3	십자가 이후에 오는 부활	53
CHAPTER 4	영혼의 외로움을 피하지 말라	70

PART 2

십자가에 못 박혀라,
진정한 힘을 원한다면

CHAPTER 5	영적 실패자로 마칠 것인가	94
CHAPTER 6	오늘이 끝이 아니다	116
CHAPTER 7	주저앉아 있지 말고 전진하라	137
CHAPTER 8	신뢰는 선택이다	158

CON**TENTS**

PART 3

십자가에 못 박혀라,
거짓 자아를 벗으려면

CHAPTER 9	값비싼 은혜를 위해 싸우라	180
CHAPTER 10	하나님의 얼굴을 가리는 베일	201
CHAPTER 11	그리스도인들의 이상한 독창성	218
CHAPTER 12	하나님을 하나님으로 모시는 삶	233

PART 4

십자가에 못 박혀라,
새로운 살아 있음을 경험하려면

CHAPTER 13	죽음으로 사는 삶	250
CHAPTER 14	포도나무의 가지	268
CHAPTER 15	그 길의 끝에서	287
CHAPTER 15	진정한 영적 안내자	301

맺는 글

영문판 편집자의 글
우리는 다르게 살 수 있다

역사의 흐름을 완전히 바꾸어놓을 만큼 중요한 날들이 있다. 하지만 안타깝게도, 그런 날 중 많은 날들이 사람들의 주목을 받지 못한 채 흘러가버리고 만다. A. W. 토저의 삶에도 그런 날이 있었다.

그날, 목회자였던 토저는 시카고 중심가에 있는 단골 서점에 갔다. 그의 눈길이 자주 머물곤 했던 중고서적 진열대를 찬찬히 살펴보던 토저의 눈에 이전에 보지 못했던 옛날 책 한 권이 들어왔다. 그는 그 책을 사서 집으로 왔고, 그 후 그의 삶은 달라졌다.

그 책의 제목은 《영적 조언》(Spiritual Counsel)이었다. 그 책의 저자 프랑소아 페넬롱(1651~1715. 프랑스 신학자이자 저술가)은 토저의 마음에 말로 다 할 수 없는 감동을 안겨주었다. 토저는 다른 사람들에게 자기 책을 많이 빌려주었지만, 이 특별한 책은 그가 죽는 날까지 그의 서재 밖으로 나가지 않았다. 그만큼 토저는 그 책을 아주 특별하게 여겼다.

그가 그 책에 대해 자주 언급하자 사람들이 그 책을 구할 수 있는지 물어왔지만, 이리저리 알아본 그는 그 책이 절판되었기 때문에 더 이상 구할 수 없다고 결론 내렸다. 그래서 그 책에 지대한 관심을 보인 어떤 사람에게는 타자기로 쳐서 복사본을 만들어 가도록 허락해주기도 했다. 결국 그 책은 《그리스도인의 온전》(Christian Perfection)이라는 제목의 증보판으로 다시 출간되었다.

당신도 페넬롱의 책을 읽으면 토저처럼 가슴이 뛰는 것을 금방 느낄 수 있을 것이다. 영적 영역에서 토저와 페넬롱처럼 닮은 사람은 없을 것이다. 사실 페넬롱의 책이 토저에게 매우 큰 감명을 주었기 때문에 토저의 설교를 주의 깊게 듣는 사람이라면 페넬롱의 표현이 토저의 설교에 살짝 살짝 등장하는 걸 느낄 수 있다.

물론 토저는 다른 훌륭한 저자들의 책에도 정통했다. 조금만 예를 들자면, A. B. 심슨이나 존 웨슬리, 앤드류 머레이 같은 사람들 말이다. 하지만 페넬롱이 주는 그 무엇은 토저의 마음속 가장 깊은 곳을 움직여 하나님을 더욱 뜨겁게 찾도록 만들었다.

페넬롱의 책은 토저를 기독교 신비가(神秘家, mystic)의 세계로 안내했다. 토저 시대에는 '신비가'라는 말이 기독교의 여러 교파나 교단들에서 많이 사용되지 않았다. 그래서 그는 복음주의 교회에 기독교 신비가들을 계속 소개했다(사실 이 용어는 지금 이 시대에도 많이 사용되는 것 같지는 않다). 토저는 문헌에 관심이 많았다기보다는 하나님을 찾는 데 관심이 많았기 때문에 어떤 저자가 하나님을 더 깊이 보여주면 그 저자에게 큰 관심을 보였다. 이 책을 읽어보면 당신은 그의 상상력을 자극했던 옛 성도들 중 많은 사람이 이 책에 반복적으로 등장하여 그의 귀중한 메시지를 더욱 풍부하게 해준다는 걸 알게 될 것이다.

비교적 젊은 시절의 토저는 복음전도자의 삶에 충실했었다.

그 시절에 그는 한 교회의 목회자로 있으면서 전국을 다니며 부흥회와 교회집회와 수련회에서 설교를 했다. 당시 그의 메시지는 복음전도에 초점이 맞춰져 있었다. 하지만 페넬롱을 만난 후 그의 메시지는 변하기 시작했다. 우리가 이 책에서 만나게 될 토저는 '십자가에 못 박힌 삶'에 대한 메시지로 불타는 사람이다.

십자가에 못 박힌 삶과 영적 완전함

그렇다면 토저가 말하는 '십자가에 못 박힌 삶'이란 무엇인가? 이 책 전체가 이 질문에 대한 대답이라고 할 수 있지만, 아주 간단하게 정리해본다면 십자가에 못 박힌 삶은 그리스도께서 십자가에서 대가를 치르고 되찾아주신 삶이요, 죄의 심판에서 속량하신 삶이요, 하나님께 합당한 희생제사로 만들어주신 삶이다.

이 삶의 특징은 자연적인 것을 모두 초월한다는 것이다. 이 삶은 완전히 영적인 것으로서, 위로부터 주어지는 강력한 감동으로 인해 가능하다.

토저 시대의 복음주의자들이 많이 사용하지 않았던 또 다른 용어는 '영적 완전함'이라는 말이다. 프랑소아 페넬롱에게서 유래한 이 말에는 토저의 불타는 열정이 녹아 있다. 토저는 성경의 권위에 근거하지 않은 것에는 눈길 한 번 주지 않는다고 주저 없이 밝혔고, 성경을 벗어난 것이라면 무엇이든지 거부했다. 그런데 그는 '영적 완전함'이라는 말이 매우 성경적인 용어라는 걸 알았다. 이에 대해 그가 찾은 성경적 근거는 빌립보서 3장 12절이다.

"내가 이미 얻었다 함도 아니요 온전히 이루었다 함도 아니라 오직 내가 그리스도 예수께 잡힌 바 된 그것을 잡으려고 달려가노라"(빌 3:12).

바울이 '온전한 것'이라 부른 것을 향해 달려가야 한다는 열정이 그리스도인들의 마음에 불일 듯 일어나야 한다.

십자가에 못 박힌 삶은 여러 면에서 토저의 관심을 끌었다. 십자가에 못 박힌 삶은 세상과 절대적으로 양립할 수 없고 어울릴 수도 없는 삶이다. 이런 삶을 살아가는 사람들은 이 땅에 살면서도 천국의 순수한 공기를 마신다. 신자에게 있어서 이런 삶은 자아가 완전히 죽고 그리스도가 다시 사시는 삶을 의미한다.

토저의 교훈에 따르면, 그리스도께서 십자가에서 돌아가신 것은 단지 우리로 하여금 지옥을 면하게 하려는 것이 아니라 우리가 그분과 하나가 되도록 하시기 위함이다. 토저는 이런 그의 사상을 매우 중요하게 여겼기 때문에 '그리스도와의 하나 됨'을 방해하는 것이라면 어떤 대가를 치르더라도 단호히 제거했다.

사실, 십자가에 못 박힌 삶에 대한 메시지가 새로운 것은 아니다. 토저는 과거의 모든 위대한 그리스도인들이 '십자가에 못 박힌 삶'에 대해 어떤 형식으로든 글을 썼다는 것을 알게 되었다. 이 개념은 기독교 역사 속에서 아주 다양한 그리스도인들을 하나로 묶어주는 역할을 했다. 교부들, 종교개혁가들, 기독교 부흥운동의 주역들, 기독교 신비가들, 찬송 작사가들의 유산(遺産)은 모두 이 개념에 공감을 표했다. 그들이 서로에게 동의하지 못하는 부분들이 여러 가지 있었지만, 이 개념에서만큼은 공감했다. 십자가에 못 박힌 삶의 핵심 개념은 어떤 대가를 치르더라도, 어떤 어려움을 무릅쓰고라도 '영적 완전함'을 향해 달려가는 것이다.

단단한 양식으로 주어진 메시지

토저는 이렇게 털어놓곤 했다.

"늘 하나님에 대해서만 이야기하면 나도 좋을 것 같습니다. 그분이 얼마나 좋은 분이신지, 날마다 주님의 복을 누리며 천국을 향해 가는 것이 얼마나 좋은 일인지에 대해서만 이야기한다면 나도 좋겠습니다."

토저도 소위 긍정적인 설교를 하면 좋겠다고 생각했다. 하지만 성령이 감동을 주셨기 때문에 그는 하나님의 깊은 일들을 파고들지 않을 수 없었다. 과거로부터 구원받았다는 것, 자기의 죄로부터 구원받았다는 것이 그리스도인의 삶의 전부가 아니라는 것이 토저의 깨달음이었다. 그가 볼 때, 천국을 향해 가면서 즐겁게 사는 것이 그리스도인의 삶의 전부는 아니었다.

그 시대의 복음주의적이고 근본주의적인 교회들이 이전의 자유주의 교회들처럼 변절하여 세상과 타협하는 것을 보았을 때, 그의 마음은 심하게 동요했다. 근본주의적인 교회들이 세상의 가치관을 받아들여 자유주의의 암울한 실수를 반복하는 것을 보았을 때, 그의 마음은 무거워졌다. 복음을 믿는 교회들이 출석인원을 늘리기 위해 세상의 방법들을 받아들이고, 많은 교회 지도자들이 자신의 출세를 위해 그런 방법들을 사용하는 것을 보며 그는 슬퍼하지 않을 수 없었다.

토저의 시대는 소위 '편하게 믿자'(easy believism)는 생각이 팽배한 시대였다. 무슨 의미인가? 쉽게 말해서, "나는 예수님을 믿습니다"라고 말하면 나머지는 전혀 염려할 것이 없다는 생각이다. 이런 생각에 물든 사람은 "하나님께서 내 모습 이대로 사랑하셨으므로 내가 바꿀 것은 하나도 없다"라고 말한다. 이런 식의 사상에 대해 토저는 크게 우려하지 않을 수 없었다. 그리고 단지 우려하는 것으로 끝내지 않고 그의 입장에서 최선을 다했다.

그리하여 그는 생애의 마지막 시기에, 십자가에 못 박힌 삶의 중요성에 대해 설교하고 글을 썼다. 교회가 기독교 메시지의 뿌리로 돌아가야 한다고 강도 높게 외치고 싶은 영적 충동이 그의 마음속에 일어났다. 물론 그 메시지의 초점은 '영광의 소망이신 우리 안의 그리스도'이시다(골 1:27 참조).

토저는 몇 번에 걸쳐 "등이나 긁어주는 사람이 되라고 하나님께서 나를 부르신 것은 아니다"라고 말했는데, 그의 설교를 듣거나 그의 사설(社說)을 읽은 사람들은 모두 그의 말이 사실이라고 느꼈다. 그는 사람들이 자기만족에 빠지도록 하는 것에 관심이 없었고, 오히려 그와 정반대되는 것에 뜻을 두었다. 그가 볼 때 인간 안에는, 심지어 그리스도인 안에도 선한 것은 없었다. 선한 것은 오직 그리스도 안에만 있을 뿐이기 때문이다.

토저의 목표는 개인을 공격하는 것이 아니었다. 그는 언제나 사랑 가운데 깨달은 진리를 말하려고 애썼다. 당신도 쉽게 짐작할 수 있겠지만, 이런 토저에게는 친구가 쉽게 생기지 않았다.

언젠가 그는 런던에 있는 마틴 로이드 존스 박사(1899~1981. 영국의 탁월한 설교가로서 강해설교의 대가로 불렸다)에게 "나는 더 이상 미국에서 열리는 사경회에 강사로 초청받지 못합니다"라고 말했다. 사실 그는 죽을 때까지 미국의 전역에서 사경회 강사로 초청받았기 때문에 이 말은 약간 과장된 것이긴 하다. 하지만 어떤 곳에서는 그를 두 번 다시 초청하지 않았다.

아무튼, 그는 타협을 거부하고 자신의 주장을 굽히지 않았다. 그 이유는 당시 복음주의 교회의 상태가 너무 심각하다고 느꼈기 때문이다. 그는 곤두선 깃털을 매만져 누그러뜨리는 것이 하나님께 받은 사명이라고 느끼지 않았다. 오히려 때로는 깃털을 곤두서게 만드는 것이 자기의 사명이라고 보았다.

토저의 교회에서 오랜 세월 부목사로 일했던 레이 맥아피 목사가 언젠가 내게 다음과 같은 이야기를 들려주었다.

토저가 어느 교회의 50주년 기념예배에 참석했을 때의 일이다. 토저는 그날의 설교자로 되어 있었고, 그의 설교 시작 전에 몇 가지 순서가 있었다. 사람들은 왔다 갔다 하면서 기념장식 매듭을 반으로 잘랐고, 소위 가라오케라는 것의 반주에 따라 즉흥적으로 노래를 불렀으며, 모든 사람이 기념일을 자축하며 즐거운 시간을 보내고 있었다.

그런데 맥아피의 눈에 토저가 오른발을 톡톡 두드리는 것이

보였다. 시간이 흐를수록 토저는 더 자주 오른발을 톡톡 두드
렸다. 맥아피는 토저가 매우 불편해한다고 느꼈다.

드디어 토저가 설교단에 섰다. 그는 대뜸 "여러분, 이 교회
사람들은 어떻게 된 것입니까?"라고 말문을 열었다. 그리고 그
자리에 모인 사람들이 전에는 결코 경험해보지 못했던 영적 훈
계를 시작했다.

이렇듯 토저에게 있어서 가장 중요한 것은 하나님의 일이었
다. 물론 그에게도 유머감각이 있었지만, 기독교 집회가 경박
한 오락프로가 되어서는 안 되며 하나님을 경배하고 찬양하는
시간이 되어야 한다는 게 그의 신념이었다. 그가 볼 때, 사람
들을 불러 모으기 위해 오락을 이용하는 것은 결코 기독교적인
것이 아니었다.

십자가에 못 박힌 삶의 도전

병이 중할수록 치료법도 더 철저해야 하는 법이기에 토저는
'십자가에 못 박힌 삶'이라는 도전적 메시지를 타협 없이 사람
들에게 외치기 원했다. 이 책은 토저가 영적 중병이라고 여긴

것을 치료하는 강력한 명약이다.

  여기서 내가 지적하지 않을 수 없는 것은 이 도전적 메시지를 전하기 위해 토저 자신도 대가를 치렀다는 것이다. 그의 가족과 친구들도 종종 그를 오해했다. 언젠가 그가 쓴 〈성도는 혼자 걷는다〉라는 제목의 사설도 그의 경험에서 우러나온 글이었다. 많은 사람과 함께 걷는 것은 쉽다. 하지만 십자가에 못 박힌 삶의 길을 성실히 걸어가는 사람은 언제나 주변의 오해와 반대의 역풍을 이기며 전진해야 한다.

  그러므로 십자가에 못 박힌 삶은 결코 쉬운 일이 아니다. 사실, 인생을 살면서 가장 힘든 일이 될 것이다. 분명, 큰 대가를 치러야 그 길을 갈 수 있다. 그 길은 험하고 종종 외롭다. 하지만 그 보답은 아주 매력적이고 풍성하다. 왜냐하면 하나님을 깊이 사귀며 알게 되기 때문이다.

제임스 L. 스나이더

THE CRUCIFIED LIFE

PART 1

십자가에 못 박혀라,
진짜 삶을 원한다면

CHAPTER **1**
포기할 수 없는 주제, 십자가

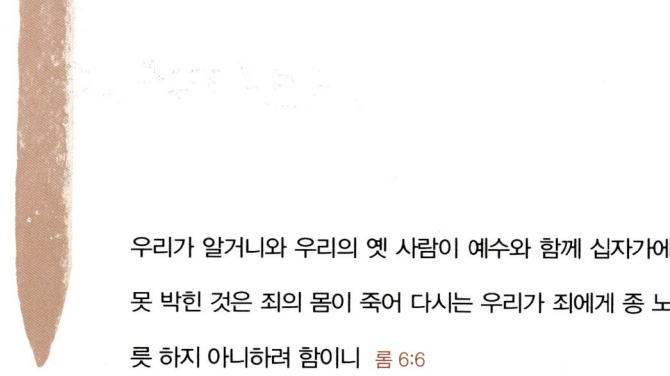

우리가 알거니와 우리의 옛 사람이 예수와 함께 십자가에 못 박힌 것은 죄의 몸이 죽어 다시는 우리가 죄에게 종 노릇 하지 아니하려 함이니 롬 6:6

다른 어떤 주제를 다룰 때보다 이 주제, 즉 '십자가에 못 박힌 삶'이라는 주제를 다룰 때면 마음이 더 무거워진다. 이 주제가 성경의 그토록 중요한 주제가 아니라면 우리는 이것과 관련된 여러 가지 논쟁을 무시하고 다른 주제로 쉽게 넘어갈 수 있을 것이다. 하지만 이 주제는 그럴 수 있는 것이 아니다. 이것은 교회의 건강과 성장을 위해 지극히 중요한 문제이기 때문이다.

교회는 우주의 이곳저곳을 떠돌아다니는 비인격적이고 추상적인 존재가 아니다. 교회는 예수 그리스도를 자신의 구주와 주님으로 믿고 의지하는 개인들의 집합체이다. 교회의 건강은 그리스도인들 각각의 영적 건강에 정비례한다. 교회가 건강해지고 성장하려면 교회의 구성원인 그리스도인 각자가 영적으로 성장해야 한다. 건강해서 힘이 넘치는 교회만이 그리스도께서 주신 대사명, 즉 "너희는 온 천하에 다니며 만민에게 복음을 전파하라"(막 16:15)라는 사명을 능히 감당할 수 있다.

그런데 여기서 우리가 생각해보아야 할 중요한 사실이 하나 있다. 그것은 그리스도인들이 모두 똑같지 않다는 것이다. 우선, 마태복음 13장에 기록된 예수님의 말씀을 읽어보자.

"좋은 땅에 뿌려졌다는 것은 말씀을 듣고 깨닫는 자니 결실하여 어떤 것은 백 배, 어떤 것은 육십 배, 어떤 것은 삼십 배가 되느니라 하시더라"(마 13:23).

우리 중 너무나 많은 사람이 삼십 배의 결실을 맺는 그리스도인으로 사는 것에 만족하고 만다. 그러나 우리 주님은 우리가 계속 전진하여 백 배의 결실을 맺는 그리스도인이 되기를 원하신다. 그러므로 우리는 어떻게 해야 백 배의 열매를 맺는 그리스도인으로 살아갈 수 있는가 하는 문제를 가지고 고민해야 한다.

바로 이 문제를 깊이 생각해보고자 하는 것이 이 책의 목적이다. 내 의무는 삼십 배나 육십 배밖에 결실하지 못하는 그리스도인들에게 자극을 주어 백 배의 열매를 맺는 그리스도인이 되게 하는 것이다.

백 배의 열매를 맺는 그리스도인! 이것이야말로 그리스도인의 이상적인 삶이다. 그리고 이런 이상에 도달할 수 있는 방법은 십자가에 못 박힌 삶을 사는 것이다.

그런데 현재 기독교 서적의 대부분이 삼십 배의 결실을 하는 그리스도인을 만들어내는 데 초점을 맞추고 있다. 일부 서적들이 육십 배의 열매를 맺는 신자들을 상대로 이야기를 펼쳐나가는 용기를 보인다. 하지만 백 배의 열매를 맺는 그리스도인에게 초점을 맞춘 책은 거의 없다고 해도 과언이 아니다.

이 책은 독자가 백 배의 결실을 하는 그리스도인이 되도록, 즉 십자가에 못 박힌 삶을 살도록 자극을 주기 위한 것이다. 이런 목적을 품고 이 책을 쓰기에, 나는 이 책에서 사용될 몇 가지 개념에 대해 독자에게 분명히 밝혀야 한다고 생각한다. 내가 어떤 용어를 사용했는데 독자가 그것을 내 의도와 다르게 이해한다면, 나와 독자 사이의 의사소통이 불가능해지기 때문이다.

그렇기 때문에 이 책에서 계속 사용될 기본적 개념 중 몇 가지에 대해 분명히 정의(定義)해주고 싶다.

십자가에 못 박힌 삶에 대해

내가 말하는 '십자가에 못 박힌 삶'이 무엇인지를 우선 분명히 밝히겠다. 사도 시대 이후 이 개념을 표현하기 위해 다양한 용어가 사용되어져 왔다. 예를 들면 더 깊은 삶, 더 높은 삶, 완전히 성화된 삶, 성령충만한 삶, 그리스도인의 승리의 삶, 맞바꾼 삶 같은 것이다. 그런데 이 주제를 다룬 기독교 서적들을 어느 정도 읽어보았지만, 평균 수준의 그리스도인의 삶보다 더 깊거나, 더 높거나, 더 거룩하거나, 더 성령충만한 삶으로 인도해주는 책을 보지는 못한 것 같다. 일부 책들의 경우에는 더 깊은 삶, 더 높은 삶, 완전히 성화된 삶, 성령충만한 삶, 그리스도인의 승리의 삶, 맞바꾼 삶 같은 말이 단지 구호에 그치고 마는 것 같다는 인상을 받기도 했다.

온전히 바쳐진 삶

내가 말하는 '십자가에 못 박힌 삶'은 완전한 겸손과 순종 가운데 온전히 주님께 바쳐진 삶이다. 이것은 주님을 기쁘게 해드리는 희생제사이다. '십자가에 못 박힌'이라는 말을 들을 때 우리는 그리스도께서 십자가에 못 박히신 사건을 생각하게 된다. 이와 관련하여 중요한 성경구절은 갈라디아서 2장 20절이다.

"내가 그리스도와 함께 십자가에 못 박혔나니 그런즉 이제는 내가 사는 것이 아니요 오직 내 안에 그리스도께서 사시는 것이라 이제 내가 육체 가운데 사는 것은 나를 사랑하사 나를 위하여 자기 자신을 버리신 하나님의 아들을 믿는 믿음 안에서 사는 것이라"(갈 2:20).

자연적인 관점에서 보는 사람은 '십자가에 못 박힌 삶'이라는 말에서 모순을 느끼게 된다. 물론 가장 큰 모순은 이 표현 자체이다. 십자가에 못 박혔다면 그것은 죽은 것이지 산 것이 아니다. 사람이 죽었으면서 동시에 살아 있는 것이 어떻게 가능하단 말인가? 하지만 죽었으면서 동시에 살아 있는 것이 예수님의 십자가 죽음이 우리를 위해 마련한 삶의 신비로운 모순 중 하나이다. 겉으로 보기에 모순처럼 보이는 이것이야말로 정말 복된 것이다!

성경으로 증명되는 삶

성경의 이곳저곳에서 몇몇 구절을 끌어다가 자기 마음대로 끼워 맞추어 놓고서 희한한 교리를 만들어내는 것은 매우 잘못된 것이다. 무릇 교리라는 것은 성경 전체의 지지를 받아야 한다. 십자가에 못 박힌 삶에 대한 내 연구는 성경의 명백한 교훈에서 벗어나는 그리스도인의 체험을 결코 인정하지 않는다. 내가 이 책에서 주장하는 모든 것은 성경 전체의 가르침과 일치한다.

그렇다면 성경 전체의 가르침은 무엇인가? 이것은 지극히 중요한 질문이다. 사실 현대 기독교의 메시지 중 너무나 많은 것이 세상의 철학들이나 심지어 다른 종교들에서 빌려온 것이다. 그런 메시지에 등장하는 개념이나 구호는 표면적으로 보면 매우 그럴듯해 보이지만 사실 성경에서 벗어난 것이거나, 또는 메시지 전달자의 존재감을 높이려는 것에 불과한 것이 많다.

그러므로 '기독교'라는 이름이 붙은 메시지의 내용이 무엇이든지 간에, 누가 그 메시지를 전달하든지 간에 우리는 그 주장이 성경에 근거한 것인지를 반드시 확인해야 한다. 그리고 성경적 증거가 없는 주장은 즉시 거부되어야 한다.

이 말이 너무 경직된 사고에서 나오는 말처럼 들릴 수도 있겠지만, 사실은 그렇지 않다. 비성경적인 교훈을 거부하는 것은 그리스도인의 마땅한 의무 중 하나이다. 그리스도인은 성경에 의해 살고, 성경에 의해 죽기 때문이다.

이 책에서 나는 성경에 의해 증명될 수 없는 것이라면 그것이 무엇이든 간에 지지하지 않았다. 성경에 의해 증명된다는 것은 한두 개의 특정 구절에 의해 증명된다는 것을 의미하지 않는다. 성경 전체가 지지하는 교훈이 성경적 교훈이다.

우리는 성경의 몇몇 구절만을 믿는 게 아니라 성경 전체를 믿는다. 그리스도인의 삶이 영적 완전함을 향해 전진해야 한다는 사상은 성경 전체가 지지하는 사상이다. 영적 완전함은 사도 바울도 갈망하고 언급했던 것이다.

"내가 이미 얻었다 함도 아니요 온전히 이루었다 함도 아니라 오직 내가 그리스도 예수께 잡힌 바 된 그것을 잡으려고 달려가노라"(빌 3:12).

십자가에 못 박힌 삶은 그리스도 예수를 따르기 위해 절대적으로 헌신하는 삶이다. 그분을 더욱 닮고, 그분처럼 생각하고, 그분처럼 행동하고, 그분처럼 사랑하기 위해 모든 것을 바치는 삶이다.

영적 완전함의 모든 것은 예수 그리스도와 깊은 관계가 있다. 이것은 어떤 규정이나 규칙, 우리가 옷을 입는 방식, 우리가 행하는 것 또는 우리가 행하지 않는 것과는 아무 관계가 없다. 우리는 서로 간에 닮을 필요가 없고 각자가 예수님을 닮으면 된다. 그러므로 그분을 따르는 영광스런 기쁨을 모른 채 신앙생활의 자잘한 것들에 매달리고 몰두하는 것은 아주 잘못된 것이다. 우리가 그분께 나아가는 것을 가로막는 것은 모두 내려놓아야 한다.

기독교 신비가에 대해

이 책에는 사도 시대부터 있었던 위대한 기독교 신비가들의 글이 여럿 인용될 것이다. 우선, 내가 말하는 '신비가'가 무엇인지를 정의해보자. 유감스럽게도, 이 용어는 많이 오용되어 왔다. 둘론, 이 개념을 표현하기 위해 다른 용어를 사용하는 것도 나쁘지는 않을 것이다. 하지만 어떤 개념을 표현하기 위해 다른 이름을 붙이면 그것의 본래 의미 중 일부가 사라지는 경향이 있다. 그렇기 때문에 나는 아무런 미련이나 주저함 없이 이 오래된 용어를 사용하겠다.

내 나름대로의 연구를 통해 나는 신비가들, 즉 하나님의 옛 성도들이 정말로 하나님을 알았다는 사실을 깨닫게 되었다. '신비가'란 그분과의 깊은 관계를 즐기는 사람을 가리킨다. 나 역시 하나님과의 깊은 관계를 추구하는 사람이기에 그들이 그분에 대해 무엇을 알았는지, 그들이 어떻게 그분과 그토록 깊은 관계를 즐길 수 있었는지를 알고 싶다. 그렇다고 해서 내가 그들의 모든 생각에 동의하는 것은 아니다(그들뿐만 아니라 어느 누구라도, 그들의 주장에 무조건 동의하지는 않는다).

내가 성장기를 보낸 펜실베이니아의 농장에는 오래된 사과나무가 있었다. 그것은 삭막한 느낌을 주는 볼품없는 사과나무였다. 그것을 언뜻 쳐다보는 사람은 그 나무에서 얻을 것이 없다고 생각하기 쉬웠다. 그러나 나무가 아무리 볼품없다 해도 그 열매는 아주 맛있었다. 내 평생 먹어본 사과 중에 가장 맛있는 편에 속했다. 나는 그렇게 맛있는 사과를 먹을 수 있다면 그토록 볼품없는 가지쯤은 신경 쓰지 않을 수 있었다.

내가 과거의 위대한 신비가들에게 느끼는 것은 고향의 그 사과나무에 대해 느꼈던 것과 별반 다르지 않다. 우리의 눈에는 옛날 신비가들이 볼품없어 보이거나 엄격해 보일지라도 그들의 영적 열매는 정말 놀랍다. 중요한 것은 열매이지 겉모양이 아니지 않은가?

우리가 어떤 사람을 상대할 때 그 사람이 양복을 입었느냐 로브(robe, 길고 품이 넓은 겉옷)를 입었느냐 하는 것은 중요하지 않다. 중요한 것은 그 사람 자체이다. 내가 읽고 있는 책의 저자가 정말로 하나님을 안다면, 즉 토마스 칼라일(1795~1881. 영국의 평론가이자 역사가)이 즐겨 썼던 표현처럼 '이단이 가르치는 하나님이 아닌 하나님'을 안다면 나는 그의 다른 부분들에 대해서는 개의치 않을 것이다.

너무나 많은 사람들이 다른 사람에게서 들은 이야기를 반복한다. 그러나 다른 사람 역시 또 다른 사람에게서 들은 이야기를 반복한 것일 뿐이다! 다른 사람의 이야기를 반복하는 것이 아니라 자기 이야기를 하는 사람의 말을 들으면 힘이 불끈 솟는다.

내가 말하는 신비가들은 바로 자기의 이야기를 한다. 교회의 역사 속에서는 이런 신비가들이 늘 있어 왔다. 그들은 하나님에 대해 더 깊이 알고 싶은 열정과 그분을 향한 굶주림으로 가득했기에 그 외의 것들은 부차적인 것으로 여겼다. 그들 중 많은 이들이 기성교회로부터 냉대와 박해를 받았다. 어떤 이들은 하나님을 향한 갈망 때문에 순교하기까지 했다. 그들 중 많은 사람이 종교개혁 이전에 살았기 때문에 개신교가 무엇인지, 복음주의가 무엇인지를 알지 못했다. 대개의 경우, 그들은 자신들에게 어떤 이름표가 붙느냐 하는 것에 관심조차 없었다. 그들의 관심은 오직 하나님을 찾는 일에만 있었다.

그들은 개신교도도, 가톨릭 신자도, 근본주의자도, 복음주의자도 아니었다. 단지 하나님을 열정적으로 찾는 그리스도인이었다. 그들이 흔든 깃발은 오직 '여호와 닛시'(여호와는 나의 깃발, 출 17:15 참조)뿐이었다. 그들이 계속 간직하고자 한 것은 오직 예수 그리스도의 영광이었다. 그들은 하나님을 향한 사랑과 경배로 충만한 삶을 사람들에게 보여주었다. 그 무엇도 하나님을 향한 그들의 열정의 불을 끌 수 없었다. 그리고 그들이 떠난 후 오랜 세월이 흘렀지만 그 불은 지금까지도 꺼지지 않고 있다.

우리에게 정말 다행스러운 것은 그들이 삶의 모든 것을 바쳐 쓴 경건서적 중 일부가 아직까지 보존되어 있다는 것이다. 그들의 책을 읽으면 마치 시간의 한계를 벗어나 신비의 세계로 들어가는 것 같다.

그 신비의 세계는 하나님을 찾아가는 놀랍고 아름다운 세계이다. 그들의 책은 독자가 그들과 동시대에 살고 있는 것 같다는 착각에 빠지게 한다. 책을 조금만 읽어도 금세 저자가 지닌 열정의 고동을 느낄 수 있다. 그런데 유감스럽게도 오늘날의 기독교 안에서는 이런 책을 찾는 독자가 거의 없다. 특히 복음주의 교회 안에서는 더욱 그렇다.

찬송가를 펴보라. 특히 옛날 찬송가를 펴보라. 그러면 기독교 신비가들이 쓴 찬송을 많이 볼 수 있을 것이다. 하나님을 간절히 찾았던 그들은 그들이 사랑하는 하나님을 다른 사람들에게 전하겠다는 열망으로 충만했다. 이 책에서 그들의 글을 읽게 되면 당신의 마음에서도 열정의 불이 타오를 것이다.

찬송가에 대해

또 하나 정리해두고 싶은 것은 '찬송가'에 대한 것이다. 교회에서 찬송가가 점점 홀대받는 현상을 볼 때, 나는 마음이 아프다. 그리스도인의 삶과 신앙을 위한 소중한 보고(寶庫) 중 하나가 바로 찬송가이다. 찬송가는 성도들의 깊은 영적 체험에서 우러나온 것이다. 물론 어떤 찬송가의 가사는 시적으로 뛰어난 운문이 아니고, 또 어떤 것은 부르기 어려운 것도 있다. 하지만 그렇다고 해서 찬송가를 멀리한다면 기독교의 큰 영적 보물을 잃어버리는 것과 같다.

찬송가는 기독교의 풍성한 영적 유산을 마음껏 누리게 해준다. 그러므로 이 시대의 그리스도인들에게서 이런 유산을 빼앗는다는 것은 말도 안 되는 일이다.

더욱 전진하여 백 배의 결실을 맺는 그리스도인이 되고 싶은가? 그리스도인의 온전함에 도달하는 십자가에 못 박힌 삶을 살기 원하는가? 그렇다면 교회의 아름답고 풍성한 유산의 보고로 안내하는 찬송가를 늘 가까이하라!

당신의 성경책과 찬송가가 어떤 상태인지를 내게 보여준다면 나는 당신 영혼의 상태를 정확히 진단해줄 수 있다. 우리의 영혼은 갈고 다듬고 물을 주고 경작해야 하는데, 그것을 위한 좋은 방법 중 하나가 찬송가를 애용하는 것이다. 어떤 그리스도인이 찬송을 부르며 시간을 보낸다면 그는 최고의 시간을 보낸 것이다. 거의 매일 아침, 나는 무릎을 꿇고 성경과 찬송가를 펴놓고 찬송을 부른다. 음정에 신경 쓰지 않고 편하게 부르는 찬송이 얼마나 은혜로운지 모른다.

나는 그리스도인 젊은이들에게 "네가 성경 읽기를 생활화했다면 그 다음에는 찬송가를 펼쳐라"라고 종종 조언한다. 만일 어떤 젊은이가 일 년 동안 성경을 통독하면서 아이작 왓츠(1674~1748. 영국의 비국교파 목사로서 찬송시 작가)의 찬송시를 묵상했다면 그는 4년 동안 신학대학을 다닌 사람보다 신학교육을 더 잘 받은 것이다. 아이작 왓츠 같은 찬송 작사가들은 신학을 그들의 찬송가에 넣어서 표현했기 때문이다. 뛰어난 찬송 작사가들은 그들 세대의 그리스도인들에게 신학이 담긴 찬송가를 부를 수 있게 해주었다. 마음속에 있는 신학은 곡조 있는 찬양과 경배를 통해 극적으로 표현된다.

십자가에 못 박힌 삶을 추구하라

십자가에 못 박힌 삶을 추구하는 것은 마음의 열의가 없는 사람들에게는 적합하지 않은 여행이다. 이 여행은 위험과 어려움으로 가득 차 있으며 아주 힘겹다. 게다가 우리가 그리스도를 볼 때까지는 끝나지 않는다. 그러나 이 여행이 끝나는 곳에서 그리스도를 얼굴과 얼굴을 대하여 볼 수 있기에, 이 모든 고생쯤은 얼마든지 감수할 수 있는 것이다.

저 요단강 건너편에 찬란하게 뵈는 집
예루살렘 새 집에서 주의 얼굴 뵈오리

주가 내게 부탁하신 모든 일을 마친 후
예비하신 그 집에서 주의 얼굴 뵈오리

성도들이 함께 모여 할렐루야 부를 때
나도 기쁜 마음으로 화답하여 부르리

이 세상에 사는 동안 주의 일에 힘쓰고
썩을 장막 떠날 때에 주의 얼굴 뵈오리

(후렴)
빛난 하늘 그 집에서 주의 얼굴 뵈오리
한량없는 영광 중에 주의 얼굴 뵈오리

_ 캐리 E. 브렉(Carrie E. Breck, 1855~1934)
  저 요단강 건너편에 찬란하게(새찬송가 489장)

CHAPTER **2**
예수님은 내게 누구신가

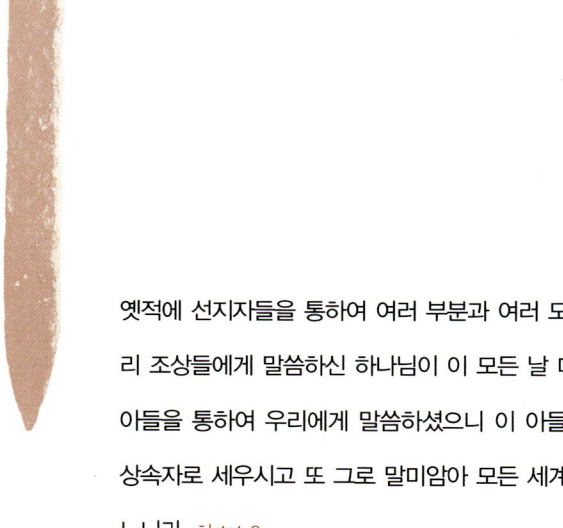

옛적에 선지자들을 통하여 여러 부분과 여러 모양으로 우리 조상들에게 말씀하신 하나님이 이 모든 날 마지막에는 아들을 통하여 우리에게 말씀하셨으니 이 아들을 만유의 상속자로 세우시고 또 그로 말미암아 모든 세계를 지으셨느니라 히 1:1,2

'천 리 길도 한 걸음부터'라는 말이 있다. 이 한 걸음, 즉 첫 걸음을 떼지 않는다면 한 발짝도 앞으로 나아갈 수 없다. 이 한 걸음을 내딛지 않고 천 리 길 여행에 대해 이런저런 말을 하는 것은 모두 부질없는 짓이다. 십자가에 못 박힌 삶을 사는 것에 대해 말하는 그리스도인은 많지만, 그들의 삶을 들여다

보면 그들이 첫걸음조차 떼지 않았다는 걸 알게 된다.

  삼십 배 결실하는 그리스도인들을 자세히 관찰해보면 구원의 기쁨은 많아 보이지만, 영적 완전함을 향해 여행을 계속하겠다는 의지는 보이지 않는다. 그들은 과거와 달라진 자신의 모습이 너무 기쁜 나머지 그들을 향한 하나님의 뜻이 무엇인지를 보지 못한다.

  기독교에는 영광스러운 승리의 삶이 있지만 이것을 체험하는 그리스도인은 극히 드물다. 나는 이 세상에 있는 그리스도의 교회와 복음주의 신앙인들에게 바로 십자가에 못 박힌 삶을 살 때 가능한 삶, 즉 그리스도인의 승리의 삶에 대해 말하고 싶다.

  우리의 약점은 깊은 영적 풍성함 가운데 그리스도를 알기 위해 전진하는 모습이 발견되지 않는다는 것이다. 더 나쁜 것은 이런 것에 대해 이야기조차 하지 않는다는 것이다. 기독교 잡지나 서적이나 방송 또는 교회에서도 그분을 가까이 느끼고 그분과 동행하는 삶에 대한 이야기를 거의 들을 수가 없다.

  나는 하나님을 더 깊이 알아가기 원하는 영적 갈망에 대해 당신에게 들려주기 원한다. 이런 깊은 갈망이 있을 때 비로소 우리가 영적 완전함을 향해 전진하게 되기 때문이다.

  오늘날의 기독교가 높은 영적 수준으로 올라가지 못하고 낮은 수준에 머물러 있게 된 이유는 두 가지 때문이다.

첫째, '더 깊은 그리스도인의 체험'으로 들어가라고 권하는 성경의 교훈들을 제대로 가르치지 않는 것이다. 대부분의 교회들은 어떻게 하면 그리스도인이 될 수 있는지에 대한 초보적 교훈을 가르치는 것에 만족한다. 더욱이 그런 초보적 교훈조차 강하고 분명하게 말하지 않는다. 기껏 강조한다는 것이 우리가 언젠가 죽으면 천국에 간다는 것이다.

둘째, 그리스도인으로서 승리의 삶을 살기 위해서는 대가를 치러야 하지만, 많은 이들이 그럴 용의가 없다는 것이다. "그리스도인이 된다는 것은 예수님이 대가를 치르셨으므로 '천국행 공짜 티켓'을 받는 것이다"라고 가르치는 자들과 그렇게 믿는 자들이 많은데, 이것은 아주 잘못된 것이다.

나는 이 책에서 이 두 가지 부분에 대해 자세하게 언급하고자 한다.

진정으로 중요한 질문

먼저 언급할 것은 "그리스도인이란 무엇인가?"라는 단순한 질문이다. 이 질문에 대해 수많은 대답이 세상에 떠돌아다니고 있지만 오직 성경에 근거한 대답만이 진리이다.

그저 다른 사람에게서 "당신은 그리스도인입니다"라는 말을 들었기 때문에 자기가 그리스도인이라고 믿어버리는 사람이 얼마나 많은가? 그렇게 믿고서 평생을 살았는데, 죽고 나서 보니 자기가 그리스도인이 아니라면 어떻게 되겠는가? 간략하게 대답하자면, 그리스도인이란 예수 그리스도와 올바른 관계를 유지하는 사람이다. 그리스도인은 필요하다면 다른 모든 관계를 희생시켜서라도 그분과의 관계를 유지하려 한다.

이 시대의 사람들에게는 질문이 많다. 사람들마다 자기 나름대로의 질문을 가지고 있다. 질문을 던지는 것이 나쁜 것은 아니지만, 그보다 더 중요한 것은 올바른 질문을 던지는 것이다. 법정에 선 변호사는 어떤 질문을 던지느냐, 또는 어떤 질문을 던지지 않느냐에 따라 승소하기도 하고 패소하기도 한다.

그러나 질문이란 끝이 없기 때문에 시시콜콜한 질문들까지 모두 대답하려고 하다가는 질문의 수렁에서 헤어나지 못하기 십상이다. 사실, 오늘날 같은 시대에 질문의 미로에서 빠져나오기란 거의 불가능하다.

이와 같은 시대를 사는 우리에게도 무수한 질문들이 있겠지만, 그것들은 딱 한 가지 질문으로 요약될 수 있다. 이 하나의 질문에 정확히 대답할 수 있다면 다른 모든 질문들에 대한 답도 찾게 될 것이다. 사실, 이 하나의 질문이 해결되면 다른 모든 질문들은 무의미해진다.

버드로는 그리스도의 위대한 모범에 대해 말해야겠다는 의도를 굳이 가질 필요가 없었다. 그리스도의 교훈은 고결했고, 그분의 모범은 사람들이 본받아 마땅한 것이었기 때문이다.

신약성경은 십자가에 못 박혀 돌아가신 후 부활하신 그리스도에게 초점을 맞추면서, 그분이 믿음의 궁극적 대상이라고 가르친다.

그러므로 우리가 던져야 할 중요한 질문은 단지 "그리스도인이란 무엇인가?"라는 것이 아니라 "당신은 그리스도가 누구시라고 믿는가?"라는 것이 되어야 한다.

그리스도는 내게 누구신가?

오늘날의 복음주의 교회 역시 이런저런 질문들 때문에 소란스럽다. 그런 질문들에 대답하느라 시간이 낭비되는 것 같다는 인상도 받게 된다. "성경에 대해 어떻게 생각하느냐?", "교회에 대한 당신의 견해는 무엇이냐?" 하는 질문 외에도 다른 질문들이 아주 많다. 하지만 이런 질문들은 완전히 시대에 뒤떨어진 것들이다.

예를 들어보자. "성경에 대해 어떻게 생각하느냐?"라는 질문은 시대에 뒤질 뿐만 아니라 무의미한 것이다. 왜냐하면 그리스도의 부활로써 성경의 진실성이 입증되어버렸기 때문이다. 예수님은 성경 전체를 완전히 인정하셨다.

또 "교회에 대한 당신의 견해는 무엇인가?"라는 질문도 의미가 없다. 이런 질문을 던지는 사람은 진지한 마음으로 이 질문을 던진 것이 아니다. 왜냐하면 교회가 무엇인지에 대한 예수님의 분명한 선언이 있음에도 그것을 받아들이지 않고 쓸데없이 질문을 던지고 있기 때문이다. 우리가 잘 알듯이, 그분은 교회에 대해 "내가 이 반석 위에 내 교회를 세우리니 음부의 권세가 이기지 못하리라"(마 16:18)라고 선언하셨다. 그러므로 이런 질문들과 이와 같은 성격의 다른 많은 질문들은 적절하지 못한 것이다.

우리가 던져야 할 모든 질문은 결국 예수 그리스도를 어떤 분으로 보고, 그분을 어떻게 대할 것인가의 문제로 귀결된다. 세상의 모든 인간은 "당신은 그리스도가 누구시라고 생각하는가? 당신은 그분에 대하여 어떤 결단을 내릴 것인가? 하나님께서 죽은 자 가운데서 일으키신 그리스도에 대하여 어떤 결단을 내릴 것인가?"라는 질문에 대답해야 한다. 그리스도에 대해 성경은 이렇게 증언한다.

"옛적에 선지자들을 통하여 여러 부분과 여러 모양으로 우리 조상들에게 말씀하신 하나님이 이 모든 날 마지막에는 아들을 통하여 우리에게 말씀하셨으니 이 아들을 만유의 상속자로 세우시고 또 그로 말미암아 모든 세계를 지으셨느니라"(히 1:1,2).

또 성경은 그리스도가 "말씀이 육신이 되어 우리 가운데"(요 1:14) 거하신 분이라고 증언한다. 말씀이 육신이 되셨을 때 하나님께서 말씀하셨다. 하나님께서 육신 안에서 그분의 말씀을 전하셨는데, 육신으로 오신 그리스도가 바로 그 말씀이시다. 하나님께서 인간에게 말씀하기 원하시는 모든 것이 그리스도를 통해 전달되었다. 하나님께서 그리스도를 통해 이미 말씀하신 것이 인간의 심리학의 발전에 따라 수정되거나 편집될 필요는 없다.

그러므로 우리는 그리스도에 대해 물어야 한다. 이런저런 핑계를 대면서 이 문제를 피해 가려는 사람들이 있는데, 만일 이 문제를 피해 간다면 다른 모든 문제들은 아무 의미가 없게 된다.

그들의 문제는 자기 자신을 사랑하는 것이다. 그들은 자기중심주의와 자기 사랑에 눈이 멀었다. 그러므로 나는 "성경과 교회와 도덕에 대해 풀리지 않는 의문들이 많습니다"라고 말하는 사람들의 정직성을 의심하지 않을 수 없다. 그들이 말하는 질문들은 사실 한 가지로 요약된다. 그리고 하나님께서 주 예수 그리스도를 통해 그분의 영원한 말씀을 주셨다. 그러므로 그리스도는 모든 질문에 대한 답이 되신다.

기독교의 유일한 증거는 하나님께서 그분의 아들을 죽은 자들로부터 다시 살리신 것이다. 이 증거는 진정으로 기독교에 관심이 있는 사람들의 의문을 얼마든지 풀어줄 수 있다. 그러므로 기독교의 증거를 찾고자 하는 사람이 물어야 할 진짜 질문은 "기독교의 증거가 무엇인가?" 하는 것이 아니다. 우리의 문제는 '기독교'가 아니기 때문이다. 우리에게 중요한 것은 '예수 그리스도'이시다.

육신이 되어 사람들 중에서 행하시고, 우리를 위해 자신의 목숨을 내어주셨으며, 죽은 지 사흘 만에 부활하여 속량을 완성하신 분이 우리의 궁극적 관심의 대상이시다! 다시 말하지만, 모든 사람이 던져야 할 질문은 "기독교에 대해 어떻게 생각하느냐" 하는 것이 아니라, "그리스도를 어떤 분으로 생각하고 그분에 대해 어떻게 결단할 것인가" 하는 것이다.

정직한 사람은 "그리스도는 그분이 주장하신 그런 존재이신가?"라고 묻지 않는다. 어떤 이들은 풀리지 않는 의문들이 있다고 말하면서, 그리스도께서 자신에 대해 증언하신 것에 대해 의문을 제기한다. 그러나 그들은 전혀 불필요한 의문을 제기하는 것이다.

왜냐하면 성경이 "하나님께서 나사렛 예수로 큰 권능과 기사와 표적을 너희 가운데서 베푸사 너희 앞에서 그를 증언하셨느니라"(행 2:22)라고 분명히 말하기 때문이다. 만일 그리스도의 자기주장이 옳다는 것을 증명하기 위해 출판된 두꺼운 책들을 모은다면 큰 빌딩의 지하실부터 맨 꼭대기 층까지 가득 찰 것이다.

하나님을 경배하는 사람은 그리스도의 자기주장이 옳다고 믿는다. 왜냐하면 하나님께서 성령을 보내사 그 사람의 양심에 확증을 주시기 때문이다. 그분의 확증은 인간들이 요구하는 증거와 다르다. 역사상 가장 큰 증거는 하나님께서 그리스도를 죽은 자 가운데서 일으켜 세워 그분의 우편에 앉히신 것이다.

예수님의 도덕적 교훈

정직한 사람은 "예수 그리스도의 교훈이 도덕 철학자나 세상 종교들의 교훈보다 우월한가?"라고 묻지 않는다. 어떤 이들은 이런 질문을 던지면서 자기가 대단한 존재라도 되는 듯이 으스댄다. 그러나 이런 질문은 그에 대답하기도 전에 이미 해결된 것이나 마찬가지이다. 왜냐하면 만일 그리스도가 진리시라면 그분의 도덕적 교훈이 서는 것이고, 그분이 진리가 아니시면 그분의 도덕적 교훈은 무너질 것이기 때문이다. 사실 그 누구도 주님을 상대로 반론을 펼 수 없고, '진리로 충만하신 분'의 진리에 의문을 제기할 수 없다. 감히 자리에서 일어나 "예수님이 주님이십니까? 그분의 교훈이 정당한 것입니까? 하나님께서 그분을 인정하셨습니까?"라고 물을 권리가 있는 사람은 아무도 없다.

그분의 교훈에 의문이 생기는가? 그러나 만일 당신이 그리스도인이라면 당신의 의문은 이미 해결된 것이다. 우리의 최우선적 관심의 대상은 우리 주 예수 그리스도, 바로 그분이시지 그분의 교훈이 아니다.

물론 예수님의 교훈은 우리에게 더할 나위 없이 소중하다. 그분의 교훈을 통해 우리는 그분의 계명을 지키고, 그분을 향한 우리의 사랑을 증명할 수 있다. 하지만 그분의 교훈의 정당성의 뿌리는 바로 그분 자신이시다. 하나님께서 주시는 증거는 영적인 것이다. 그분의 증거는 이성에 호소하지 않고 양심에 호소한다.

만일 그리스도의 부활이 이성의 법정에서 인정받을 수 있는 것이라면 매우 이성적인 사람들만 회심에 이를 수 있을 것이다. 만일 그리스도의 부활이 자료 수집과 평가를 통해서만 믿을 수 있는 것이라면, 자료 수집과 평가의 훈련이 잘된 사람들만 믿음을 갖게 될 것이고, 그런 훈련이 안 된 사람들은 그렇지 못할 것이다. 즉, 지적 직업에 종사하지 않기 때문에 깊은 생각을 할 필요가 없는 사람들은 회심에 이르지 못할 것이다. 그러나 예수님이 이 땅에서 활동하실 때 그분을 따른 사람들은 지적 능력이 뛰어난 자들이 아니었다. 오히려 보통 사람들이 그분의 말씀을 즐겁게 들었다.

예수님에게 끌린 사람들은 양심의 가책에 시달리는 소박한 사람들이었다. 그들은 괴로워하는 양심을 가슴에 안고 예수님에게 나아갔다. 그들은 부활하신 그리스도께서 베드로에게 나타나셨고, 그 후 500여 명의 형제에게 일시에 나타나셨다는 것을 알았다. 그들은 하나님께서 예수님을 인정해주시고, 그분의 정당성과 유일성을 입증해주셨으며, 그분에게 인을 치시고, 그리스도로 증명해주셨다는 것을 알았다.

여러 분야의 사람들이 회심하지만, 이것은 어떤 증거를 평가할 수 있는 그들의 능력 때문이 아니다. 만일 구원이 어떤 사실의 진위(眞僞)를 판단할 수 있는 능력에 의해 좌우된다면, 사실을 조사하는 분야에서 훈련받은 사람들에게만 구원의 문이 열릴 것이다. 만일 어떤 주장이 진실과 부합하는지를 확인할 수 있는 사법적 능력이 구원을 좌우한다면, 변호사 같은 사람들만 구원에 이를 것이다.

그러나 그리스도께서 죽은 자들로부터 부활하셨다는 진리는 인간의 이성을 완전히 초월하여 모든 인간의 양심에 직접적으로 호소한다. 그리하여 구원의 메시지가 선포되는 순간, 인간의 양심은 그 메시지의 진실성을 알게 된다.

그러므로 괜히 쓸데없는 질문을 던질 필요가 없다. 사실, 쓸데없는 질문을 하는 것 자체가 무례한 일이다. 예수님은 부활하여 그분의 제자들에게 나타나셨다. 하나님께서는 그분의 부활을 확증해주셨고, 성령을 보내주셨다. 천지를 지으신 지극히 높으신 하나님께서 친히 판결을 내려주신 것이다. 그분이 보내신 성령께서 사람들의 양심에 그 판결을 전달하셨다.

마음에 찔려

사도행전 2장에서는 베드로가 사람들에게 메시지를 선포했을 때 일어난 일에 대해 "그들이 이 말을 듣고 마음에 찔려"(행 2:37)라고 증언한다. 여기서 '찔려'라고 번역된 단어는 '살짝 찔렀음'을 표현할 때 사용되는 단어이다. 하지만 이 단어가 사용되었음에도 불구하고 베드로의 메시지가 사람들의 마음속으로 아주 깊이 파고들었기 때문에 이 단어의 헬라어 원어에는 '한정 및 강조 접두사'가 붙어 있다.

한편, 예수님이 십자가에서 돌아가신 직후에 일어난 일에 대해 요한복음 19장 32-34절은 "군인들이 … 예수께 이르러서는 이미 죽으신 것을 보고 … 그중 한 군인이 창으로 옆구리를 찌르니"라고 증언하는데, 이 구절에 사용된 '찌르다'라는 단어도 사도행전 2장 37절의 단어와 같은 단어에서 번역된 것이다.

그런데 사도행전 2장 37절에 사용된 헬라어 원어에 '한정 및 강조 접두사'가 붙어 있다는 것은 예수님의 옆구리를 찌른 로마 군병의 창보다 베드로의 말이 사람들의 마음속으로 더 깊이 파고들었음을 말해준다. 성령의 진리의 창끝이 사람들의 마음속을 찔렀을 때 그들은 "우리가 어찌할꼬"(행 2:37)라고 물었고, 베드로는 즉시 다음과 같이 대답했다.

"베드로가 이르되 너희가 회개하여 각각 예수 그리스도의 이름으로 세례를 받고 죄 사함을 받으라 그리하면 성령의 선물을 받으리니"(행 2:38).

베드로의 이 말을 다시 풀어서 설명하면 이런 말이 된다.

"너희는 주 예수 그리스도를 믿고 너희의 믿음을 증명해야 한다. 즉 너희가 그분과 하나가 되었음을 증명하는 세례를 받으라. 세례는 '그분과 하나 됨'을 보여주는 것이다. 그리고 세례는 너희가 죽은 자들로부터 살아나신 분을 믿는다는 걸 온 세상에 선언하는 것이다."

베드로의 말을 받은 사람들은 기꺼이 세례를 받았고, 바로 그날 약 3천 명의 새 신자가 생겼다(행 2:41 참조). 아무리 사실들을 열거하고 이성에 호소해도 이런 놀라운 일은 일어나지 않는다. 내가 어떤 사람을 그리스도인으로 만들기 위해 그를 설득하고 그와 논쟁하고 그에게 말씀을 전할 수는 있을 것이다. 심지어 키케로(B.C. 106~43, 로마의 웅변가, 정치가 및 철학자)나 데모스테네스(B.C. 384~322, 고대 그리스의 웅변가 및 정치가)처럼 화려한 언변을 구사할 수도 있을 것이다. 하지만 내 말이 다 끝난 후에 보면, 내가 설득한 것은 그의 지성에 불과하다는 것이 드러날 것이다.

우리의 양심을 깨우는 것은 무덤에서 살아나신 예수님의 임재뿐이다. 어떤 이들은 예수님의 생애가 우리를 구원했다고 생각하지만 그렇지 않다. 그분은 죽으셔야 했다! 또 어떤 이들은 그분이 십자가에서 돌아가셨을 때 우리가 구원받았다고 말하지만 그렇지 않다. 그분은 죽은 자들로부터 살아나셔야 했다! 그분의 생애와 죽음과 부활이 모두 있었기 때문에 우리가 믿고 의지할 수 있는 구주가 되신 것이다. 그분은 사람들 가운데서 흠 없고 점 없이 거룩하고 순결하게 사셔야 했다. 그리고 성경대로 우리를 위해 죽으시고 사흘 후에 다시 살아나셔야 했다. 그분은 삶과 죽음과 부활을 모두 거치셨다.

성령께서 우리의 마음에 전달하기 원하시는 것은 바로 우리의 양심에 전달된다. 좀 더 정확히 말하면, 성령은 그분의 메시지를 우리의 양심에 찔러 박으신다. 그 메시지는 우리가 예수님을 상대로 모종의 결단을 내릴 때까지 계속 우리의 양심에 박혀 있다.

우리가 치러야 할 대가

우리가 두 번째로 생각해보아야 할 것은 십자가에 못 박힌 삶을 살기 위해 어떤 대가를 치러야 하느냐 하는 것이다. 물론 예수님이 우리의 구원을 위한 대가를 치르셨다. 하지만 우리 각자가 치러야 할 대가도 있다. 그리스도인의 삶은 공짜가 아니다.

우리는 무엇을 해야 하는가? 베드로는 사람들이 무엇을 해야 할지에 대해 말해주는 것을 두려워하지 않았다. 그런데 유감스럽게도, 오늘날 복음주의 교단의 일부 사역자들은 무엇을 '하라'(do)고 사람들에게 말하는 것을 두려워한다. 심지어 그들은 그런 말을 하는 것이 예의에 어긋난다고 암시한다. 그러나 베드로는 그런 말을 하는 것을 전혀 두려워하지 않았다. 그것이 공로(功勞)의 '하라'가 아니라 조건의 '하라'이기 때문이다. 베드로는 주 예수 그리스도의 은혜를 삶 속에 받아들이기 위해 무엇을 해야 하는가 하는 질문에 이렇게 대답한다.

"주 예수 그리스도를 믿고, 세례를 통해 그분과 하나가 되어라."

그렇다! 우리는 베드로의 말을 따라야 한다. 그의 말대로 하는 것이 부활절의 의미를 실현하는 것이다. 당신은 이것을 피해갈 수 없다. 부활절 행사는 일 년에 한 번 하지만 부활절의 의미는 일 년 내내 지속되어야 한다. 하나님의 섭리 가운데 당신이 죽음을 맞는다 할지라도 부활절의 의미는 무덤까지 따라갈 것이고, 그 후에도 영원히 당신을 따라갈 것이다. 왜냐하면 하나님께서 그분의 아들 예수 그리스도를 세상에 주시고 "내 아들을 믿어라"라고 말씀하셨기 때문이다.

"그를 믿는 자마다 멸망하지 않고 … 믿지 아니하는 자는 하나님의 독생자의 이름을 믿지 아니하므로 벌써 심판을 받은 것이니라"(요 3:16-18).

이것이 조건의 '하라'이다. 그리스도께서 살아 계신 것이 사실이라면 당신은 그분에 대해 결단해야 한다. 그분이 살아 계신다면, 당신이 그분의 살아 계심에 대해 어떤 식으로든 반응할 때까지 그분이 당신의 양심을 누르실 것이다. 성령께서 오셔서 그리스도의 부활의 증거를 사람들의 양심에 분명히 제시하심으로 그분의 살아 계심은 증명되었다.

찔림을 받은 양심

감사하게도, 그리스도께서 살아 계시다. 감사하게도, 싸움은 끝났다. 감사하게도, 전투는 그리스도의 승리로 끝났고, 생명의 승리는 우리의 것이 되었다. 하지만 이 모든 진리에 당신이 적절히 반응할 때까지 당신의 양심은 편하지 않을 것이다. 몇 세대가 흘러간다 해도 당신의 양심에는 평안이 없을 것이다. 하나님께서는 그리스도의 승리를 보고도 결단을 미루던서 십자가에 못 박힌 삶을 회피하는 수많은 사람들의 양심을 누르고 계신다. 하지만 나는 이런 사람들처럼 살 수 없다.

그리스도께서 나를 위해 돌아가셨다. 그분이 내 죄를 없애셨다. 하나님께서 그분을 죽은 자들로부터 다시 살리셨고, 성령을 보내어 "이는 내 사랑하는 아들이요 내 기뻐하는 자니 너희는 그의 말을 들으라"(마 17:5)라고 말씀하셨다.

그러므로 나는 듣고, 귀를 기울이고, 그리스도와 하나가 되며, 내 죄를 인정하고, 그분을 따르고, 그분께 헌신하며, 열심히 일해야 한다. 어린양이 어디로 가시든지 그분을 따라야 한다. 그렇게 하지 않으면 그분이 내 양심을 누르신다. 그리스도께서 부활하여 승리하셨다는 사실이 내 양심에 깊이 새겨져 있다. 온 인류를 위한 구원의 은혜를 증언하는 확증이 내 양심에 박혀 있기 때문이다.

기독교의 기초는 오직 하나, 예수 그리스도이시다. 누구든지 그리스도인들의 체험의 깊이와 십자가에 못 박힌 삶의 역동성을 이해하려면 이 기독교의 기초를 먼저 이해해야 한다. 건축을 비유로 들자면, 기초의 내력(耐力)을 초과하는 건물을 짓는 것은 불가능하다. 더 좋은 건물을 지으려면 먼저 더 좋은 기초를 다져야 한다.

우리 모두가 던져야 할 질문은 아주 간단하다.

"예수 그리스도가 누구신가?"

그리고 이 질문 다음에 곧바로 이어져야 할 질문은 바로 이것이다.

"나는 그분에 대해 어떤 결단을 내릴 것인가?"

모두에게 버림받고 배신당하신 예수님이
친구도 없이 빌라도의 재판석 앞에 서 계신다
들어보라! 저 갑작스런 부름의 소리는 무엇인가?
당신은 예수님에 대해 어떻게 결단하려는가?

예수님은 미동조차 없이 재판을 받고 계신다
당신은 그분을 배신할 수도 있고,
좋을 때나 나쁠 때나 그분께 충성할 수도 있다
그분에 대해 어떻게 결단하려는가?

빌라도처럼 그분을 피해 가려는가?
아니면 무슨 일이 일어나도 그분을 선택하겠는가?
그분을 피해 숨으려는 것은 부질없는 짓이니
그분에 대해 어떤 결정을 내리려는가?

베드로처럼 당신의 주님을 부인하려는가?
아니면 그분을 버리고 도망치는 걸 수치로 여겨
살아도 그분을 위해 살고
죽어도 그분을 위해 죽으려는가?
그분에 대해 어떤 결단을 내리려는가?

주님께 고백하라
"예수님, 오늘 주님께 제 마음을 드립니다
예수님, 주님께 기꺼이 순종하며
끝까지 주님을 따르겠습니다
반드시 그렇게 하겠습니다."

예수님에 대해 어떤 결단을 내리려는가?
중립은 허용되지 않는다
언젠가 당신은 스스로에게 물어야 할 것이다
"저분이 나를 어떻게 하실 것인가?"

_ A. B. 심슨(A. B. Simpson, 1843~1919)
　예수님에 대해 어떤 결단을 내리려는가?

CHAPTER **3**

십자가 이후에 오는 부활

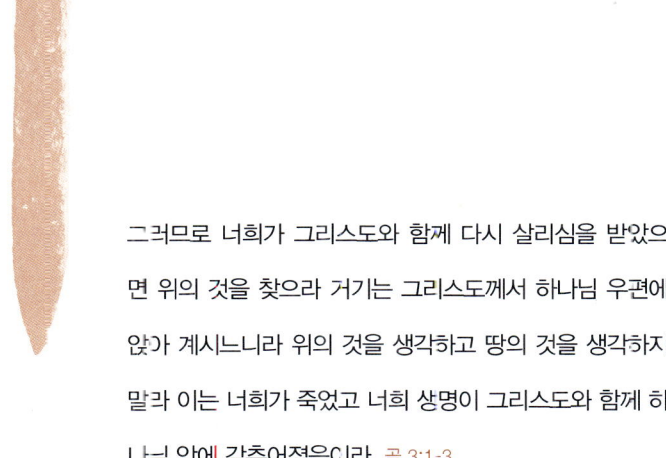

그러므로 너희가 그리스도와 함께 다시 살리심을 받았으면 위의 것을 찾으라 거기는 그리스도께서 하나님 우편에 앉아 계시느니라 위의 것을 생각하고 땅의 것을 생각하지 말라 이는 너희가 죽었고 너희 생명이 그리스도와 함께 하나님 안에 감추어졌음이라 골 3:1-3

여행의 출발점은 예수 그리스도가 누구이신지를 아는 것이다. 그리고 이제 우리는 하늘의 예루살렘을 향한 우리의 믿음이 추호도 흔들리지 않게 해야 한다. 우리는 그 여행의 도착지에서 그리스도와 얼굴을 대하여 마주보게 될 것이다. 여느 여행과 마찬가지로, '십자가에 못 박힌 삶'이라는 여정에도 장애물들이 있기 마련이다. 거기서 만일 우리 자신의 힘을 의지한다면 실패하게 될 것이다. 그리스도인의 이 여행이 성공하려면 예수 그리스도의 능력을 의지해야 한다.

그리스도인에게 삶의 승리는 자동으로 주어지는 것이 아니다. 정원을 가꾸듯 우리의 영혼을 가꾸어야 한다. 우리의 의지가 거룩해져야 하고 철저히 기독교적인 것이 되어야 한다. 우리는 하늘의 보화를 소망하고, 위의 것을 추구하며, 육신적인 것들을 굴복시켜야 한다. 현대 복음주의 역사에서는 이런 이야기들을 찾아보기 어렵겠지만 신약성경에는 아주 분명히 나와 있다.

그럼에도 백 배 결실하는 그리스도인이 되기 위한 일에는 별로 관심이 없고 단지 현재의 상태에 만족하는 사람들이 너무 많다. 그들은 현재의 상태에 만족하기 때문에 '행함'에는 관심이 없다. 우리의 목표는 믿음의 경주를 다 마치는 것이다. 출발선을 떠난 사람은 많지만 결승선을 통과하는 사람은 별로 없는 이 경주에서, 계속 앞으로 전진할 수 있는 비결은 무엇인가? 경주의 어려움을 견뎌내며 끝까지 완주할 수 있는 힘은 어디에서 나오는가?

모든 것을 설명해주는 근본적인 것

죽음을 이기신 그리스도의 승리는 우리 믿음의 기초이며 근원이다. 초대교회 신자들은 그분의 승리를 가장 귀한 것으로 여겼다. 그분이 죽은 자들로부터 다시 사신 사건은 그들에게서 세 가지 반응을 이끌어냈다. 첫째, 그들은 그분의 부활을 보고 깜짝 놀랐다. 둘째, 부활의 기적으로 말미암아 기쁨으로 충만하게 되었다. 셋째, 많은 증거들과 성령의 증거가 뒷받침해주는 확신으로 얼굴이 환하게 빛났다. 그들이 볼 때, 그분의 부활은 모든 것을 설명해주는 근본적인 것이었다.

초대교회의 외침은 "그분이 부활하셨다"라는 것이었다. 그분의 부활은 말로 다 표현할 수 없는 담대함을 그들에게 주었다. 기독교 역사의 처음 2백 년 동안, 무수한 순교자가 나왔다. 초대교회의 신자들에게 있어서 부활절은 휴일이 아니었고 심지어 거룩한 날도 아니었다. 그들이 볼 때 부활절은 의미를 가진 어떤 '날'이 아니라 완성된 '사건'이었다. 그 사건은 일 년 내내 그들과 함께 살았고, 그들의 날마다의 행동의 이유가 되었다. 그들은 "그분이 살아 계시기 때문에 우리가 살아 있다. 그분이 승리하셨으므로 우리도 그분 안에서 승리한다. 그분이 우리와 함께 계시고 우리를 인도하시니 우리는 그분을 따른다"라고 말했다.

그들이 전심으로 새 생명만을 바라보았던 이유는 그리스도께서 죽은 자들로부터 다시 사셨기 때문이다. 특정한 날에 그분의 부활을 기념하고는 다시 일상생활로 돌아가 일 년 동안 살다가 다음 해에 처박아놓았던 부활절을 다시 꺼내 기념하는 것은 그들의 개념에 없었다. 그들은 그리스도께서 죽은 자들로부터 살아나셨고, 그들도 그분과 함께 살아났다는 사실에 의지하여 살아갔다.

사도 바울은 "너희가 그리스도와 함께 다시 살리심을 받았으면 위의 것을 찾으라"(골 3:1)라고 가르쳤다. 여기서 "받았으면"은 일종의 가정이지만 '불확실성의 가정'은 아니다. 이 말의 의미는 사실 "너희가 그리스도와 함께 다시 살리심을 받았으므로"라고 보아야 한다.

로마서 6장 4절, 에베소서 2장 5,6절 그리고 그 밖의 다른 곳에서 바울은 그리스도께서 죽은 자들로부터 다시 살아나셨고, 그분의 사람들도 그분과 함께 다시 살아났다고 선언한다. 죽음을 피할 수 없는 존재들이 그분과 함께 다시 살아났다. 우리의 영이 그분과 함께 부활했다. 죽은 자들로부터의 부활은 과거에 완성된 사건이었을 뿐 아니라 오늘도 여전히 완성된 사건이다.

하늘의 보화

"너희가 그리스도와 함께 다시 살리심을 받았으면 위의 것을 찾으라"(골 3:1). 여기서 '위의 것'은 무엇을 의미하는가? '위의 것'이라는 말이 의미가 모호하고 포괄적인 표현 같지만 실제로는 그렇지 않다. '위의 것'은 우리가 어렵지 않게 확인할 수 있는 구체적인 것이다. 종이 한 장을 꺼내 중간쯤에다 위에서 아래도 선을 하나 길게 그어라. 그리고 왼쪽에다가 땅에 속한 것들을 적고, 오른쪽에는 하늘에 속한 것들을 적어보라. 땅의 것들은 인간의 오감(五感)과 이성의 대상이 되는 것으로, 우리의 눈에 보이는 것들이다. 그러나 하늘의 것들은 하나님을 믿고 의지하는 신앙의 대상이다.

왼쪽에는 이 땅의 쾌락들이 적힐 것이고, 오른쪽에는 주님을 향한 기쁨이 기록될 것이다. 왼쪽에는 이 땅의 보화가, 오른쪽에는 하늘의 보화가 적힐 것이다. 하늘의 보화가 있는 곳에 대해 우리 주님은 "거기는 좀이나 동록이 해하지 못하며 도둑이 구멍을 뚫지도 못하고 도둑질도 못하느니라"(마 6:20)라고 말씀하셨다.

왼쪽에는 사람들에게서 얻을 수 있는 명예를 적거나 사람들과 사이좋게 지내고 싶은 우리의 생각을 써 넣을 것이다. 하지만 오른쪽에는 하나님과 함께 영광 가운데 거하고 싶은 마음을 적어 넣을 것이다. 왼쪽에 적히는 것은 고급 주택일 것이고, 오른쪽에 적히는 것은 하늘의 처소일 것이다. 왼쪽에는 세상의 유명인사들과 어울리고 싶은 욕망이, 오른쪽에는 이 땅에서 하나님과 동행하고 싶은 소원이 기록될 것이다. 왼쪽에는 사람들의 철학을 따르는 지혜를, 오른쪽에는 하나님의 계시를 따르는 지혜를 써 넣을 것이다. 왼쪽에는 육체를 가꾸고 이 땅의 삶에 몰두하는 것이, 오른쪽에는 성령을 위해 살며 영원한 세계를 준비하는 것이 기록될 것이다.

우리와 세상 사람들을 비교할 때 그 차이가 아주 분명히 드러나야 한다. 그리스도인은 다른 존재라는 것이 눈에 확 들어와야 한다. 우리는 세상과 완전히 달라야 한다. 당신이 기록한 종이의 왼쪽에 적힌 것들을 훑어보라. 눈에 보이는 것들, 인간의 이성 그리고 인간의 오감이 보일 것이다. 이런 것들은 이 땅의 기쁨을 주는데, 이런 기쁨에 매료된 자들은 이 땅의 보화를 추구하게 된다. 그들은 세상의 명예를 얻고 고급 주택에서 살라고 당신에게 권한다. 세상의 유명인들과 어울리고 인간의 철학을 따라 사는 것이 성공적인 삶이라고 가르친다.

그러나 하나님께 속한 것들은 그분을 믿고 의지하는 신앙으로 우리를 이끌어준다. 그분에게서 오는 것들을 볼 줄 아는 사람들은 그분을 기뻐하고, 위에 있는 보화의 가치를 안다. 이런 사람들은 우리에게 하늘의 처소에서 하나님과 함께 영광을 누리고, 이 땅에서 그분과 동행하며, 그분의 계시를 따르고, 영원과 영혼을 위해 살라고 조언한다.

교회는 세상과 달라야 한다

사도 바울은 신자들이 항상 범하는 큰 실수에 대해 언급하기 위해 초대교회 신자들에게 편지를 써서 보냈다. 우리는 마땅히 지혜로운 자가 되어 올바로 분별해야 하지만, 실제로는 언제나 교회와 세상을 혼동한다. 우리는 그리스도인들로 하여금 어떤 일을 하게 하려다가 실패하면 세상의 힘으로 그 일을 이루려고 애쓴다. 잡지나 신문에 기고를 하거나 설교를 하거나 찬송가를 부를 때 우리는 미국과 미국의 현대문명, 그리고 또 어떤 다른 나라들의 문명을 기독교와 동일시한다. 하지만 이것은 아주 잘못된 것이다.

기독교는 특별한 것이다. 기독교는 특정한 나라 사람들만을 위한 것이 아니다. 그리스도의 교회는 창에 찔려 상처 난 그리스도의 옆구리에서 나온 종교이며, 성령으로 태어난 새로운 피조물이며, 인류 역사상 유례가 없는 새로운 종족이다. 교회는 지구상의 인류 위에 뛰어난 새로운 백성이다. 우리는 그리스도와 함께 부활했기에 세상과 달라야 한다.

사도 바울은 신자들에게 "위의 것을 찾으라. 너희의 의지와 관심을 위의 것에 집중하라. 거기에는 그리스도께서 하나님 우편에 앉아 계신다"라고 역설했다. 위의 것을 찾는 것이 그리스도인의 삶의 중심이 되어야 한다.

성경은 그리스도께서 무덤에서 일어나 영원히 살아 계시며 믿음의 사람들에게 늘 임재하신다고 가르친다. 그분은 그분의 사람들이 모이는 곳이라면 언제, 어디나 함께 계신다. 박해를 피해 동굴에서 모이는 사람들에게도 찾아가신다. 노새를 키우는 헛간이든 초대형 교회이든 가리지 않으신다. 하나님의 백성이 모이는 곳이라면, 그들 한가운데 계신다. 그들은 주님을 섬기며 기도한다. 그리스도의 교회가 사는 것은 그분이 살아 계시기 때문이다. 일 년 중 어떤 때에는 임하시고 다른 때에는 임하지 않으시는 것이 아니다. 그분은 무덤에서 나오셨고, 다시는 무덤 안으로 들어가지 않으실 것이다. 이제 더 이상 사망이 그분에 대해 지배권을 갖지 못한다.

그리스도께서 부활하셨으므로 우리에게는 의무가 주어졌다. 하늘로부터 들리는 거룩한 음성은 우리에게 "그 의무를 늘 마음에 새기며 행하라"라고 외치며 권한다. 성경은 "위의 것을 찾으라. 위의 것을 생각하라"라고 말한다. 그분이 무덤에서 다시 사셨고 우리도 그분과 함께 다시 살았으므로 우리는 위의 것을 추구해야 한다. 과거에 행하던 삶의 방식들을 버리고, 세상의 모든 이들을 용서하며, 주님을 위해 시간을 내어 헌신해야 한다.

그러나 우리에게서는 다른 것들에 시간을 거의 다 사용한 후 남는 시간을 하나님께 드리는 경향이 너무 자주 일어난다. 만일 예수님이 그분의 남는 시간만을 우리에게 주셨다면 우리는 지금 결코 끝나지 않을 영원한 어둠을 향해 달려가고 있을 것이다. 그렇지만 그분은 넝마처럼 너덜너덜한 자투리 시간을 우리에게 주신 것이 아니라 모든 시간을 우리에게 주셨다.

우리 중 어떤 이들은 자기의 돈이나 재능을 자기를 위해 먼저 사용하고 나머지를 그분께 드린다. 그분께 모든 것을 받았으면서도 자기의 시간을 그분께 온전히 드리지 않는다. 우리에게 있는 선한 것과 좋은 것은 그분이 모든 것을 희생하셨기 때문에 우리에게 주어질 수 있었다. "주께서 그러하심과 같이 우리도 이 세상에서 그러하니라"(요일 4:17)라는 말씀대로 우리도 그분처럼 행하는 것이 그분의 뜻이다.

경건한 마음을 키우라

한 가지 예를 들어보자. 우리는 그리스도인다운 마음을 가져야 한다. 우리의 문제는 세속적인 마음과 신앙적인 마음을 모두 갖고 있다는 것이다. 우리는 생활의 대부분에서 세속적인 마음으로 행한다. 그런 후에 신앙적인 것에는 약간의 투자만 한다. 약간의 투자를 통해 주님을 위한 최대의 결과를 기대하지만, 애당초 투자가 적다 보니 최대의 결과는 나오지 않는다.

그리스도인에게는 세속적인 마음이 전혀 없어야 한다. 당신이 그리스도인이라면 '위의 것'을 찾아야 한다. 세상에 속한 마음이 당신에게 있어서는 안 된다.

혹시 어떤 이는 "그렇다면 공부는 어떻게 해야 합니까? 집안일은 어떻게 해야 합니까? 사업은요?"라고 물을지 모르겠다. 어렵게 생각할 것 없다. 사업을 하고, 집안일을 하고, 공부를 하라. 다만 그것들을 하나님께 드린다는 마음으로 하라. 교회의 헌금바구니에 넣는 헌금처럼 그것들을 드려라. 교인들의 눈에 띄는 교회봉사를 할 때처럼 그것들을 그분께 드린다는 생각으로 하라.

십자가에 못 박힌 삶은 성(聖)과 속(俗)이 구분된 삶이 아니다. 부분적으로는 세속적이고 부분적으로는 영적인 삶은 십자가에 못 박힌 삶이 아니다. 일부는 이 세상에 속하고 일부는 저 위의 세상에 속한 삶은 신약이 가르치는 삶이 전혀 아니다. 그리스도인으로서 우리는 세상의 눈에는 아주 보잘것없어 보이는 일도 아주 놀라운 영적인 일로 변화시킬 수 있다. 물론, 그렇게 하려면 그 일을 하나님께 올려드려야 한다.

'로렌스 형제'라고 불리는 니콜라스 헤르만(약 1611~1691. 파리에 있는 까르멜 수도회에서 평신도로 섬겼다)이 했던 일은 설거지였다. 그는 자기가 하나님의 영광을 위해 설거지를 한다고 말했다. 그는 힘든 일을 끝낼 때마다 바닥에 엎드려 하나님을 경배했다. 남들이 그에게 무슨 일을 시키든 그는 하나님의 영광을 위해 그 일을 했다. 그는 "사실 나에겐 바닥에 떨어져 있는 지푸라기 하나도 줍고 싶은 마음이 없었지만 하나님의 영광을 위해서라면 기꺼이 했다"라고 말했다.

어떤 성도는 물 한 잔을 마실 때마다 하나님을 찬양했다고 한다. 주위 사람들에게 말하지는 않았지만 마음속으로 하나님께 감사를 드린 것이다.

나는 집을 나설 때마다 하나님을 의지한다. 즉, 그분이 내게 복을 주시고 내 길을 안전하게 지켜주시기를 바란다. 비행기를 탈 때마다 그분이 나를 지켜주시고 비행기가 무사히 착륙하고 결국 내가 집으로 무사히 돌아오게 해달라고 기도한다. 만일 나를 이 땅에 두는 것보다 하늘나라로 데려가는 것이 그분의 뜻에 더 부합하는 것이라면 그분은 내 기도에 응답하지 않으실 것이다. 그러면 이 땅에서의 내 생명은 거기까지일 것이고, 나는 그분과 함께 천국에 있게 될 것이다. 아무튼 그분이 나를 이 땅에 두시는 동안, 나는 날마다, 매 순간마다, 모든 것에 대해 그분께 감사할 것이다.

세속적인 생각을 버리고 거룩한 생각을 키워나가자. 우리는 세상의 직업을 갖고 살아가지 않을 수 없다. 그러나 거룩한 마음으로 세상의 직업에 충실하면 그것은 더 이상 세속적인 것이 아니라 하나님께 바치는 삶의 일부가 된다. 그것은 다른 종교적 행위들처럼 그분께 드려진다.

하늘에 속한 티를 내라

그리스도께서 다시 사셨다. 우리도 영적으로는 그분과 함께 다시 살아나 그분과 함께 아버지의 우편에 앉아 있다. 그리고 머지않아 인간의 몸을 입고 그곳에 앉아 있게 될 것이다. 그때까지 우리는 마치 그곳에 앉아 있는 것처럼 세상에서 행동해야 한다. 그런데 그렇게 행동하다 보면 무엇인가 세상 사람들과는 다른 냄새를 풍길 수밖에 없다.

시골 농장의 소년이 도시에 오면 왠지 시골티가 나는데 그것은 본래 시골에서 살았기 때문이다. 도시의 소년이 시골로 가면 왠지 시골에 어울리지 않는 것 같은데, 계속해서 도시에 살았기 때문이다. 시골에서 살지 않던 사람이 시골에 가면 조심조심 걸어 다니고, 신발에 흙을 묻히지 않으려고 진흙을 피해서 걷는다. 비록 시골에 있지만 도시 사람처럼 행동하는 것이다. 우리 그리스도인도 이 세상에서 바로 이런 식으로 행해야 한다.

우리는 저 위에 속한 사람처럼 말해야 한다. 사고방식에 있어서도 마찬가지이다. 우리의 모든 것의 뿌리는 저 하늘나라이다. 우리가 이 땅에서 살아갈 때 사람들이 우리를 보고 "저 사람은 그리스도인이다. 하늘에 속한 티가 난다"라고 말하게 해야 한다. 나는 하늘에 속한 사람을 많이 안다.

내 생각에 이 세상에서 보기 흉한 것 중 하나가 거위가 뒤뚱뒤뚱 땅 위를 돌아다니는 모습이다. 반면, 우리가 하늘을 쳐다볼 때 볼 수 있는 멋진 광경 중 하나는 야생 거위가 날개를 펴고 남쪽이나 북쪽을 향해 날아가는 모습이다.

이 땅에서 우리 그리스도인의 행동은 어느 정도 어색할 수밖에 없다. 왜냐하면 우리는 저 위에 속한 사람들이기 때문이다. 큰 사무실에서 비그리스도인들에 둘러싸여 일하는 그리스도인들은 휴식시간에 그들의 대화에 쉽게 끼어들지 못한다. 당신이 그런 입장이라면 왠지 어색하고 난처해하거나 수치심을 느낄 수도 있다. 왜 그런 현상이 벌어지게 되는지 의아할 수도 있다.

내가 그 이유를 말해주겠다. 당신이 하나님께 속한 사람이기 때문이다! 당신의 마음과 언어는 그들과 다르다. 이 세상의 말을 하지만, 왠지 당신의 말투에서는 이 세상이 아닌 다른 곳의 향기가 풍긴다.

반면, 다른 사람들이 종교에 대해 말할 때 그들의 말에서는 세상의 냄새가 난다. 그들은 이 땅에 속해 있고 당신은 하늘에 계신 하나님께 속해 있기 때문에 그들은 당신의 생각에 동의하지 않는다. 그들은 당신이 여기 이 땅에서 어색한 걸음걸이로 걸어 다닌다고 생각할 것이다. 그들은 당신이 날개를 활짝 펴고 창공을 나는 모습을 아직 보지 못했다.

하나님의 자녀들이여! 날개를 활짝 펴고 날아올라 영광 가운데 그분을 만나는 날이 올 때까지 기다리자! 그때가 오면 세상 사람들은 그 모습이 얼마나 영광스러운지를 보게 될 것이다. 물론, 우리가 이 땅에 있을 동안에는 우리의 영광이 그들의 눈에 보일 리 없다.

이 땅에 있는 하늘의 보화

바울은 "너희 생명이 그리스도와 함께 하나님 안에 감추어졌음이라"(골 3:3)라고 말했다. 이 구절을 네 부분으로 나누어 생각해보자. 첫째는 '우리의 생명'이고, 둘째는 '감추어졌다'는 것이고, 셋째는 '그리스도와 함께'라는 것이고, 넷째는 '하나님 안'이라는 것이다.

여기에서의 포인트는 하늘에서 이 땅으로 내려온 보화이다. 이 영적 보화에 대한 우리의 확신이 강해질수록 믿음도 성장하게 된다. 이 말씀은 여러 가지 신앙적 문제들을 풀어주는 데 도움이 되는 명약(名藥)이다.

교회의 소망은 "우리 생명이신 그리스도께서 나타나실 그때에 너희도 그와 함께 영광 중에 나타나리라"(골 3:4)라는 말씀이 성취되는 것이다. 이것이 교회가 바라고 바라는 것이다. 하지만 교회들이 신학에서 논의되는 종말론의 모든 세부사항에 획일적으로 동의해야 하는 것은 아니다.

한 세대 전에 우리는 스스로의 꾀에 빠져 있었다. 즉, 그리스도의 재림에 관련된 세부사항을 모두 안다는 착각에 빠져 있었다. 당시 신자들은 자기가 종말에 관한 예언을 완벽하게 알고 있다고 생각했다. 하지만 그런 생각이 틀렸다는 게 이제 와 밝혀졌다. 이제는 모든 신자들이 종말에 관한 예언에 대해 말하는 것을 두려워한다. 그들이 배웠던 종말론의 전부 혹은 일부가 이제는 배척당하고 있기 때문이다.

물론 그리스도는 분명히 다시 오실 것이고, 그분이 오시면 당신은 영광 중에 그분과 함께 있게 될 것이다. 그분의 십자가와 부활의 사건 때에 당신이 그분과 함께 있었듯이, 그분이 영광 중에 다시 오실 때에도 그분과 함께 있을 것이다. 그때가 이를 때까지 당신은 믿음으로 살아야 한다.

이것은 신부가 잠시 동안 신랑과 떨어져 있어야 하는 것과 흡사하다. 신부는 그에게 편지를 쓰고 장거리 전화를 열심히 건다. 그와 함께 있기를 원한다. 그는 신부와 함께 살 좋은 집을 구하려고 애쓴다. 하지만 그녀는 "집은 아무래도 좋아요. 당신과 함께 있으면 돼요"라고 말한다. 중요한 것은 가구나 장식들 같은 것을 잘 갖춘 집이 아니다. 그녀가 원하는 것은 그녀의 신랑이다. 우리와 예수님과의 관계도 마찬가지이다. 우리는 그분을 원한다. 그분만 계시면 영광은 저절로 따라올 것이다.

나는 요한계시록을 읽었고, 교회의 찬송가를 묵상했으며, 영광에 대해 연구해보았다. 우리 대부분은 아직 천국에 대해 많이 알지 못한다. 우리가 천국에 가면 그곳의 영광을 보고 매우 놀랄 것이다. 그리스도께서 오실 때까지는 천국의 영광에 대한 우리의 지식이 별로 늘어나지 않겠지만, 그럼에도 불구하고 시간이 흐를수록 천국의 영광이 마음에 더욱 깊이 와 닿을 것이다. 그분을 알게 되면 영광이 무엇인지에 대해서도 알게 될 것이다. 그분이 천국의 영광이시기 때문이다. 어린양이 천국의 빛이시다.

'십자가에 못 박힌 삶'은 십자가의 죽음 다음에 찾아오는 부활과 더불어 시작된다. 예수님이 살아 계시기 때문에 내가 산다. 하지만 사는 것은 내가 아니라 언제나 그리스도이시다.

예수 부활했으니 할렐루야
만민 찬송하여라 할렐루야
천사들이 즐거워 할렐루야
기쁜 찬송 부르네 할렐루야

대속하신 주 예수 할렐루야
선한 싸움 이겼네 할렐루야
사망 권세 이기고 할렐루야
하늘 문을 여셨네 할렐루야

마귀 권세 이긴 주 할렐루야
왕의 왕이 되셨네 할렐루야
높은 이름 세상에 할렐루야
널리 반포하여라 할렐루야

길과 진리 되신 주 할렐루야
우리 부활하겠네 할렐루야
부활 생명 되시니 할렐루야
우리 부활하겠네 할렐루야

_ 찰스 웨슬리(Charles Wesley, 1707~1788)
예수 부활했으니(새찬송가 164)

CHAPTER **4**

영혼의 외로움을 피하지 말라

내가 여호와께 바라는 한 가지 일 그것을 구하리니 곧 내가 내 평생에 여호와의 집에 살면서 여호와의 아름다움을 바라보며 그의 성전에서 사모하는 그것이라 시 27:4

시편 27편을 쓴 사람은 다윗이다. 다윗은 하나님을 찾았다. "여호와를 찾는 자는 모든 좋은 것에 부족함이 없으리로다"(시 34:10)라는 진리를 알았기 때문이다. 또 다른 다윗의 고백들을 들어보자.

"내 영혼이 마른 땅같이 주를 사모하나이다"(시 143:6).

"나의 영혼이 잠잠히 하나님만 바람이여 나의 구원이 그에게서 나오는도다. 나의 영혼아 잠잠히 하나님만 바라라 무릇 나의 소망이 그로부터 나오는도다"(시 62:1,5).

"하나님이여 주는 나의 하나님이시라 내가 간절히 주를 찾되 물이 없어 마르고 황폐한 땅에서 내 영혼이 주를 갈망하며 내 육체가 주를 앙모하나이다"(시 63:1).

"나의 영혼이 주를 가까이 따르니 주의 오른손이 나를 붙드시거니와"(시 63:8).

이것이 다윗의 고백이었다. 이런 고백은 아브라함에게서도 들을 수 있고, 구약 전체에서도 들을 수 있다. 오늘날 우리는 하나님을 찾다가 도중에 그만두지만, 과거의 신앙인들은 그분을 갈망하며 그분을 찾고 또 찾기를 원했다.

주님을 따르며 깊이 사랑하라

어떤 위대한 신앙인들은 다윗처럼 일편단심으로 하나님을 찾았다. 우리의 눈에는 그들이 꽤나 특이하게 보일 수도 있을 것이다. 물론, 이런 신앙인들을 떠받들어 모시고 싶은 것은 아니다. 왜냐하면 그들도 우리와 마찬가지로 주 예수 그리스도께 칭찬을 들으면 그만이기 때문이다. 그들이나 우리나 예수님이 알아주시면 되는 것 아닌가? 우리는 '내가 이미 얻었다 함도 아니요 온전히 이루었다 함도 아니라 오직 내가 그리스도 예수께 잡힌 바 된 그것을 잡으려고 달려가노라"(빌 3:12)라는 말씀대로 믿음의 길을 달려가면 된다.

끝없이 하나님을 찾는 믿음의 자세는 위대한 신앙인들을 낳았다. 예를 들면 어거스틴, 요한 타울러(14세기 도미니크파의 수도사), 토마스 아 켐피스, 리처드 롤(1295~1349. 잉글랜드의 기독교 저술가 및 성경번역가), 클레르보의 버나드(1090~1153. 수도원 개혁자, 신비가 및 신학자), 클루니의 버나드(12세기 찬송시 작가), 십자가의 요한(1542~1591. 스페인의 신비가), 귀용 부인, 프랑소아 페넬롱 그리고 헨리 수소(약 1296~1366. 독일의 신비가) 같은 사람들 말이다.

이 이름들을 들으면 어떤 사람들은 생소하게 느낄 수도 있겠지만, 나는 하나님을 갈망하고 찾은 그리스도인들이 생각난다. 이들은 구약시대의 다윗처럼 하나님을 추구하는 간절한 열망으로 가득했던 사람들이다.

방금 언급한 이름들보다 당신에게 더욱 친숙할 것으로 추정되는 이름들도 있다. 그들은 사무엘 러더퍼드(1600~1661. 스코틀랜드의 장로교 신학자), 존 웨슬리, A. B. 심슨(미국의 저명한 복음전도자이자 찬송시 작가) 같은 사람들이다. 갈증을 해소해 줄 시원한 물을 찾는 갈망이 이들을 움직였다. 그들은 하나님을 알게 될수록 더욱 깊이 알기를 원했다. 그런데 지금 이 시대에는 "그리스도를 믿고 그분을 영접하면 그 후에는 그분을 찾을 필요가 없습니다"라는 교훈이 판을 치고 있다. 정말 불행한 일이다.

이런 불행이 오늘날 복음주의 교회에서 일어나고 있다. 그러므로 나는 하나님을 찾으라고 사람들에게 권하려고 노력한다. 화살이 목표물을 맞히려면 올바른 방향으로 날아가야 한다. 중요한 것은 화살이 날아가는 방향이다. 만일 당신의 목표가 하나님을 찾는 것이고, 당신이 그분을 향해 나아가고 있다면, 나는 더할 나위 없이 기쁠 것이다.

구약성경 중 사람들이 거의 읽지 않는 책이 하나 있다. 사실 나 자신도 이 책을 읽는 것이 망설여진다. 약간 외설적으로 보이기 때문이다. 그래서 많은 사람들이 이 책을 읽지 않는데, 사실 그것은 이 책의 의미를 모르기 때문이다. 이 책은 바로 〈아가서〉이다.

옛 신비가 중 한 사람인 클레르보의 버나드는 이 책을 본문으로 삼아 〈아가서 설교〉라는 제목으로 시리즈 설교를 쓰겠다고 마음먹었지만, 죽을 때까지 겨우 1장에 대해서만 썼을 뿐이다. 나는 그가 저 천국의 영광 가운데서 나머지 부분을 썼을 것이라고 추측해본다.

아가서는 젊은 목동과 깊은 사랑에 빠진 젊은 여자의 이야기이다. 교회는 아가서가 '아주 놀라운 사랑의 이야기'라고 이해해왔는데 실제로 그렇다. 찰스 웨슬리가 쓴 찬송시 〈주님은 이스라엘의 목자요 나의 목자시라〉(Thou Shepherd of Israel, and Mine)는 아가서를 배경으로 삼아 쓰였다.

주님은 이스라엘의 목자요 나의 목자시며
내 마음의 기쁨과 소원이시니
내가 주님과 더 깊이 사귀기를 원하고
주님 계신 곳에 거하기를 갈망하나이다
내가 찾기 원하는 푸른 초장이 있으니
그곳에서는 모든 이가 목자를 따르며
주님의 품에 기대어 꿀을 먹고
한낮의 뜨거운 해를 피하나이다

오, 그 복된 장소를 내게 보여주소서
주 백성의 거처를 보여주소서
그곳에서 성도들은 더없는 기쁨 가운데
십자가에 달리신 주를 바라보며 경배합니다
죄인을 향한 주님의 사랑을 널리 알리시고
주님의 십자가 고난과 죽음을 선포하소서
주와 함께 고난당하고 승리하도록
내 마음을 갈보리로 이끌어가소서

주님의 양떼가 있는 그곳에서, 오직 그곳에서
쉬고, 바위 아래 눕고,
일어나 주님 품에 숨기를 간절히 원하나이다

그곳에 항상 거하기를 원하니
한시라도 그곳을 떠날 마음이 없습니다
주님의 옆구리 그 찢어진 틈 안에 숨어
영원히 그분의 마음속에 있으렵니다

이 훌륭한 찬송시는 하나님에 대해 경박하게 말하지 않는다. 하지만 오늘날의 기독교는 어떤가? 지금의 기독교는 "나는 그리스도를 믿는다. 자, 이제 나가서 소다수나 한 잔 마시자!"라고 말하는 분위기에 젖어 있다. 현재 예수 그리스도의 교회는 교회의 거리이신 그분을 화제(話題)로 삼지 않고 그저 자기의 이런저런 생각에 대해 떠들어대느라고 바쁘다.

그러나 성령께서는 인간의 머리가 아니라 마음을 채워주신다. 전능하신 하나님께서는 철학과 과학에서 도움을 받으려는 기독교를 통쾌하게 여기실 것이다. 그래서 눈먼 기독교가 앞으로 나아가다가 결국 자유주의에 빠지는 것을 그냥 내버려두실 것이다. 하지만 그분의 백성이 어딘가에는 있다. 그분의 백성이 누구인가? 그들이 사랑하는 하나님을 계속적으로 찾는 자들이다.

하나님의 백성이 되는 문제에서는 인간의 윤리가 끼어들 여지가 없다. 저자 미상의 책 《무지의 구름》(The Cloud of Unknowing)에서 저자는 이렇게 썼다.

"나의 이 말이 잘 이해되지 않을 것이다. 머리 좋은 사람의 호기심이나 상상력으로도 잘 이해되지 않을 것이다. … 인간의 호기심이나 상상력으로 찾을 수 없는 하나님을 만나려면 그분을 사모하고 기억해야 한다."

이 말을 정리해서 다시 말하자면, 인간의 사고나 상상을 통해서는 하나님께 도달할 수 없다는 것이다. 그분께 나아가는 일에는 미지의 요소가 있다.

열매를 맺지 못하는 생각

나는 나의 모든 것을 바칠 수 있는 거룩한 존재, 즉 하나님이 아닌 그 무엇에는 도저히 만족할 수 없다. 나는 인간의 사고나 상상의 영역을 초월하여 살기 위해 노력할 것이다. 복음주의 교회의 가장 큰 문제는 생각을 통해 하나님께 이르려고 애썼다는 것이다. 이것이야말로 가장 열매 없는 노력으로, 오로지 좌절감만 안겨줄 뿐이다.

하나님을 아는 지식의 충만함에 이르는 길은 오직 은혜의 길밖에 없다. 생각을 통해 그분에게 이를 수 있는 인간은 없다. 인간의 생각은 그분의 수준까지 오를 수 없으며, 사실 그분 근처에도 갈 수 없다. 하지만 그분을 향한 굶주림으로 가득한 사람은 그 사랑의 대상이신 하나님을 간절히 찾게 되고, 결국 그분을 만나게 된다.

그렇다면 우리는 어떻게 하나님을 알 수 있는가? 어떻게 해야 어둠의 구름을 뚫을 수 있을까? 어떻게 해야 사랑의 화살을 맞아 그분을 끝없이 연모(戀慕)하게 될까? 그 비결은 오직 하나님께 이르겠다는 동기에서 그분을 갈망하는 것이다. 많은 사람이 그분께 이르지 못하고 단지 그분의 행하심이나 심지어 신학에 만족하고 만다. 물론 생각하는 것도 필요하고 좋은 것이지만 결국은 무력할 뿐이다. 왜냐하면 그분을 찾는 것이 단순히 생각의 영역에서 일어나는 것이 아니기 때문이다. 이성만으로는 그분께 도달할 수 없다. 윌리엄 카우퍼(1731~1800. 영국의 시인)는 이 진리를 그의 찬송 〈말씀의 빛과 영광〉(The Light and Glory of the Word)에 잘 담아냈다.

성령충만을 받으라

어떤 이들은 자기도 모르는 사이에 하나님 대신 성경을 붙잡는다. 성경이 그들과 하나님 사이를 가로막는 장벽이 된 것이다. 그들은 나름대로 자부심에 사로잡혀 "우리에게는 성경이 있으니 다른 것은 필요 없다"고 말한다.

그러나 그들의 삶을 자세히 살펴보라. 그러면 성경이 그들의 삶에 아무런 변화도 일으키지 않았다는 걸 알게 될 것이다. 그저 성경을 믿는 것은 성경말씀을 가지고 일하시는 성령의 행하심을 통해 삶이 변화되는 것과는 다르다. 우리는 이 점을 반드시 기억해야 한다.

많은 사람들이 성경에서 어떤 것에 대해 읽으면 그것을 체험한 것이라는 착각에 빠진다. 이것은 큰 문제이다. 거듭남에 대해 성경에서 읽었다고 해서 살아 계신 하나님의 영에 의해 위로부터 다시 태어나는 것은 아니라는 말이다. 성령충만에 대해 읽은 사람이 성령의 강력한 채워주심을 자동적으로 체험하는 것은 아니다. 성령충만을 체험한 사람은 삶이 근본적으로 변해 하나님의 놀라운 일들을 찬양하게 된다.

읽는 것이 곧 체험은 아니다. 성령께서 성경에 입김을 불어넣지 않으시면 성경은 아무 힘도 발휘하지 못한다. 세상의 수많은 책들과 별로 다를 것이 없다. 성령의 손에 붙잡히지 않은 성경은 그저 훌륭한 문학작품에 머물 뿐이다. 단순한 책으로서의 성경을 무한히 초월하는 그 무엇, 즉 성령의 일하심이 있어야 한다.

성경의 약속을 내 것으로 만들어라

어릴 적 주일학교에서 부르던 짧은 노래를 기억하는가? 그 노래에는 "성경의 약속 하나 하나가 내 것일세"라는 가사가 들어 있다. 우리가 착각하기 쉬운 것이 있는데, 그것은 단순히 성경의 약속을 믿는다고 해서 그 약속이 우리의 삶에서 실현되지는 않는다는 것이다.

이런 경우를 가정해보자. 얼굴 앞으로 내민 손조차 보이지 않을 정도로 깜깜한 밤에 어떤 사람이 비틀거린다. 그와 함께 있던 사람이 "이렇게 어두운데 어떻게 길을 가려고 합니까?"라고 묻자 그 사람이 "염려 없습니다. 내 주머니 안에 손전등이 있습니다"라고 대답했다.

그러나 주머니 안에 들어 있는 손전등은 꺼내서 켜지 않으면 아무 소용이 없다. 이렇듯 하나님의 약속은 성경에서 꺼내어 우리의 삶 속에서 믿음을 통해 우리의 것으로 만들어져야 비로소 가치를 가진다.

복음주의 교단들에서 유행하는 말이 있는데 그것은 "하나님께서 말씀하셨고 내가 그 말씀을 믿으니 모든 게 해결되었다"라는 것이다. 그러나 그분의 말씀을 우리의 삶 속에서 우리의 것으로 만들지 않는다면 그것은 믿는 게 아니다. 성경은 "빛 가운데 행하라"고 가르치는데 우리가 빛 가운데 행하지 않으면 이 빛은 아무 소용이 없다.

사람들을 의지하지 말라

어떤 그리스도인들은 그럴듯한 말로 나름의 목적을 이루기도 한다. 하지만 아무리 머리를 써 봤자 더 이상 앞으로 나가지는 못한다. 그러니 차라리 머리를 쉬게 하는 게 좋을 것이다. 하나님과의 관계를 가로막는 베일을 뚫고 나아가 그분을 만날 수 있도록 동력을 주는 것은 '굶주린 마음'이다. 이런 일은 자연세계가 아니라 마음속 깊은 곳에서 조용히 일어난다. 하나님께서 우리를 만나주시는 곳은 허망한 것들을 좇느라고 정신없는 군중 속이 아니다.

구약에 나오는 성막에 대해 공부한다면 내 말의 의미를 더 잘 이해하게 될 것이다. 구약의 대제사장이 자연광이 차단된 곳에서 여호와 앞에 서려면 그 전에 몇 단계를 거쳐야 했다. 그렇게 해서 그분 앞에 서면 그분의 임재에서 나오는 초자연적인 빛이 허락되었다.

그곳에서 그를 보호해줄 수 있는 것은 하나님의 약속에 대한 확신과 제사의 피뿐이었다. 그런 상태에서 그는 초자연적인 그 빛 안에 홀로 서 있었다. 그를 따라 그 밝은 곳으로 들어갈 수 있는 사람은 아무도 없었다.

이 깊은 진리를 이해할 수 있는 그리스도인이 이 시대에는 별로 없다. 우리는 도움의 손길이 많은 시대에 살고 있다. 그리스도인으로서 살아가는 데 도움을 주는 것들이 가장 많은 시대가 바로 지금이다. 역사 속에서는 그토록 많은 도움이 없었다. 그런데 성경에 대한 지식이 많아질수록 영적 능력은 더욱 줄어드는 현상을 보이고 있다. 정말 모순이다. 이렇게 된 이유는 간단하다. 우리에게 주어지는 각종 신앙적 도움은 우리를 어느 수준까지만 이끌어줄 뿐 그 이상으로 넘어가지 못하기 때문이다.

　교사는 학생에게 읽는 법을 가르쳐 줄 수 있지만 그 이상을 해줄 수는 없다. 실제로 책을 읽는 것은 학생이 해야 한다. 교사의 도움이 끝나는 곳에서 학생의 노력이 시작되어야 하는 것이다.

　우리의 인생에는 이런 것들이 많다. 우리 삶의 어떤 것들은 우리가 스스로 하지 않으면 안 되는 것들이다. 누구도 우리를 도와줄 수 없다. 우리가 갈 길을 다른 사람이 대신 가줄 수는 없다. 바로 이 점에서 오늘날 복음주의 교단들이 실패하고 있다.

　우리는 서로 의지해서 무엇을 해보려고 애쓴다. '서로 돕는 사역'을 통해 자신의 문제를 해결하려고 시도한다. 그런데 주변에 사람들이 없으면 완전히 무력해진다. 잡다한 것들을 모두 제치고 하나님 앞으로 나아가는 일이 아주 외로운 작업이라는 것을 깨닫지 못한다.

　우리 주변에 친구들이 있다 할지라도 그들이 우리를 대신해 십자가에 못 박힌 삶을 체험해줄 수는 없다. 더욱이 다른 사람들이 어떤 체험을 했다 해도 우리가 그것에 동참할 수 있는 것도 아니다. 핵심을 콕 찔러 말하자면, 결국 중요한 것은 하나님과 나 사이의 문제라는 것이다. 우리가 그분 앞에 나아가는 것은 나 홀로 하는 것이다.

　그리스도인들끼리 나누는 교제는 아름다운 것이지만, 때로는 그런 교제조차 하나님을 만나는 데 방해가 될 수 있다. 당신의 전후좌우에서 많은 사람들이 웅성웅성 댄다 할지라도 당신은 외로울 수 있다. 오순절 날에 베드로의 메시지 선포를 통해 3천 명이 회심했지만, 그 3천 명은 각자 회심한 것이다. 성령은 그들에게 '집단적으로' 임하신 것이 아니다. 성령은 '각자에게' 임하셨고, 각각의 사람은 마치 그곳에 혼자 있었던 것처럼 성령을 체험했다.

만일 당신이 다른 이들을 돕고 싶다면 최선을 다해 도우라. 하지만 하나님께서는 당신이 자연광의 도움이 없는 곳까지 힘써 나아가기를 원하신다. 당신이 그분 앞에 이르면, 자연적인 것은 당신에게 도움을 줄 수 없다.

스스로 결심하라

언젠가 어떤 사람이 복음주의적 잡지에 "나는 모 교파의 교리를 받아들였다"라고 썼다. 이는 누군가 다른 사람이 그를 대신하여 결심해주도록 허락한 것이다. 이런 사람들이 가톨릭이나 감리교나 장로교 할 것 없이 도처에서 발견되는데, 그들은 자만에 빠져 있다.

그들이 그렇게 된 이유는 어떤 다른 사람의 생각을 맹목적으로 따랐기 때문이다. 누군가 그들을 안심시키는 말을 해주고, 그들에게 사랑과 위로의 말을 해주고, 그들을 위해 대신 생각해주었다. 그들은 "영향력 있는 사람이 모든 것을 떠맡았으므로 나는 군말 없이 따르기만 하면 된다"라고 말한다.

내가 이런 말을 하는 것은 공연히 누군가를 헐뜯기 위함이 아니다. 다만 어떤 교파들이 대중의 이런 심리를 이용하여 교인들을 모으면서 그들에게 "중요한 것은 하나님과 당신 사이의 문제입니다"라고 말해주지 않는다는 것을 지적할 뿐이다.

당신은 "사슴이 시냇물을 찾기에 갈급함같이"(시 42:1) 하나님을 찾아야 한다. 혼자서 그분을 찾아야 한다. 내가 성경과 관련된 것들에서는 당신을 도울 수 있을 것이다. 나는 최선을 다해 당신을 도울 것이다. 하지만 하나님께서 당신을 만나주실 때는 당신 혼자서 그분을 뵈어야 한다. 당신은 어떤 사람의 권위도 의지해서는 안 된다. 아무도 당신에게 "좋습니다. 다 이루어졌습니다. 이로써 오늘 이 시간 나는 당신에게 아무 문제가 없다는 것을 선언합니다"라고 말할 수 없다.

하나님을 열심히 찾는 어떤 젊은 그리스도인이 내게 "제가 보기에 목사님은 정확히 아시는 것 같습니다"라고 말했다. 하지만 감사하게도 하나님께서 내게 주신 지혜로 그 청년이 나를 의지하도록 만들지 않았다. 만일 내가 그 청년이 내 권위에 의지하게 만들었다면 나는 지도자로서 실패한 것이다.

내가 원하는 것은 모든 사람들이 하나님께 부르짖는 것이다. 그들이 오직 그분을 찾겠다는 간절한 마음으로 그분을 향해 나아간다면 나는 더 바랄 것이 없다. 나는 그분을 원한다. 그 밖의 다른 것은 필요 없다.

하나님을 믿으라

어떤 이들은 "그리스도의 속량으로 의롭다 함을 얻는 것은 단지 비유에 불과하다"라고 말한다. 그러나 그렇지 않다. "나를 영접하는 자는 나를 보내신 이를 영접하는 것이니라"(마 10:40)라는 예수님의 말씀 속에는 그분이 나를 영접하셨다는 뜻이 내포되어 있다.

만일 어떤 머리 좋은 학자가 내게 "예수님의 말씀은 외국의 법정에서 빌려온 비유입니다"라고 말할지라도 나는 눈 하나 깜짝하지 않을 것이다. 혹시 그분의 비유가 외국의 법정에서 빌려온 것이라 할지라도 그것은 단지 단순한 비유가 아니다. 왜냐하면 그 비유 속에 내 삶과 미래와 소망을 좌우하는 엄중한 진리가 들어 있기 때문이다. 그것이 단지 비유일 뿐이라면 내 소망은 물거품이 되고 말 것이다.

믿음으로 의롭다 함을 얻는다는 것은 만세반석 위에 굳건히 선 움직일 수 없는 사실이요 진리이다. 왜냐하면 예수님이 나의 천국행을 가로막는 모든 법적 장애물을 제거하셨기 때문이다. 나는 거룩하신 하나님께서 그분의 거룩한 법에 따라 그분의 우주를 통치하셔야 한다고 믿는다. 그분이 그분의 나라를 그분의 거룩한 법에 따라 통치하시는 것에 대해 나는 이의를 제기하지 않는다. 어차피 나는 그분의 모든 법을 의도적으로나 또는 간접적으로 어긴 사람이다. 그러므로 그분의 의롭다는 인정, 즉 칭의가 반드시 있어야 한다. 속량이 반드시 있어야 한다. 그분이 내 하나님이 되시고 내가 그분의 자녀가 되기 위해서는 반드시 어떤 법적 조치가 있어야 한다. 그런데 그 법적 조치가 이미 이루어졌다. 그분께 감사하라! 그분이 법적인 문제를 모두 해결하셨다!

하나님과 그분의 말씀을 믿는 것밖에는 우리가 아무것도 할 수 없는 때가 있다. 그분을 사랑하는 마음으로 그분을 믿어라. 《무지의 구름》의 저자는 "인간은 이성으로 하나님을 알 수 없다. … 그분은 우리의 사랑의 대상이지 사고의 대상이 아니시다"라고 말했다.

전능하신 하나님께서 우주를 창조하셨고 그분의 임재가 헤아릴 수 없을 만큼 다양한 정도로 우주에 충만하기 때문에 우리의 작은 머리, 즉 우리의 지성으로 그분을 이해하는 것은 불가능하다. 우리가 우리의 사고로 그분께 이르는 게 불가능하다는 것을 그분은 잘 알고 계신다.

자신을 비워라

어떤 그릇에 무엇이 가득 담겨 있다면 그 외의 다른 것은 그

그릇 속에 담길 수 없다. 이런 원리는 영적 법칙에도 적용된다. 내 삶이 다른 어떤 것으로 가득 차 있다면 하나님이 들어오실 수 없다.

내가 내 삶을 절반만 비우면 그분이 나를 절반만 채우실 수 있다. 그렇게 되면 내 영적인 삶은 자연인의 일들로 인하여 힘을 잃게 된다. 유감스럽게도 오늘날 많은 그리스도인이 이런 상태에 빠져 있는 것 같다. 그들은 자신의 삶에서 어떤 것들을 제거하기 원하고, 하나님께서 찾아오셔서 최대한 그들을 채워 주시기를 원한다. 그러나 모든 것을 포기하기 전에는, 비유적으로 말해서 모든 것을 제단에 올려놓기 전에는 하나님께서 그들의 삶 전체를 채우실 수 없다.

우리가 이해하기 힘든 하나님의 독특한 면 중 하나는 그분은 우리가 허락하는 만큼 우리 안에 들어오신다는 것이다. 내가 종종 말했듯이, 그리스도인은 그가 원하는 만큼 성령충만해진다. 때때로 우리는 성령충만을 간구하고 성령충만에 대해 많이 이야기한다. 하지만 자신을 비울 용의가 없다면 성령충만은 우리의 삶에 주어지지 않는다. 다시 말하지만 하나님께서는 우리가 허락하는 만큼만 우리를 채우신다.

우리가 삶 속에 일종의 진공(眞空)을 만든다면, 성령께서 급히 우리 안으로 들어오시도록 초대하는 것이다. 오순절 날에 "급하고 강한 바람 같은 소리가"(행 2:2) 있었다. 이런 일이 가능했던 이유는 예수님의 제자들이 자신을 완전히 비우고 하나님 앞에 섰기 때문이다. 그들은 오직 하나님께만 공간을 내어드렸다. 그들이 완전히 빈 그릇이 되어 그분 앞에 나왔을 때 그분이 급하고 강한 바람처럼 임하여 채워주셨다.

어느 시대를 깊이 들여다보든지 간에, 어떤 세기(世紀)를 깊이 연구하든지 간에 성령의 행하심과 말씀에서 하나의 일관성이 발견된다. 오순절 날부터 오늘에 이르기까지 성령의 마음은 오직 하나인데, 그것은 그분의 영광스런 임재로 교회를 가득 채워주시는 것이다. 그분의 메시지는 간단하다.

"너를 비워라. 그러면 내가 임하여 넘치도록 너를 채워줄 것이다!"

착각에서 벗어나라

어떤 이들은 "목사님, 더 훌륭한 목회자 밑에서 신앙생활을 한다면 제가 더 훌륭한 그리스도인이 될 것 같습니다"라고 말하고 싶을 것이다. 그렇다면 나도 "그렇게 되면 얼마나 좋겠습니까!"라고 대답하고 싶다. 하지만 그렇게 되지는 않는다. 왜냐하면 더 훌륭한 목회자 아래 있을수록 영적 식객(食客)이 되어 목회자를 더욱 의지하게 될 것이기 때문이다.

설교가 형편없는 목회자의 교회에서 신앙생활을 하는 교인들 중에 아주 신령한 사람들이 종종 있다. 그들은 설교단에서 오는 도움을 별로 기대하지 않기 때문에 스스로 하나님을 의지하는 법을 배운 사람들이다. 목회자의 설교에서 너무 많은 도움을 받게 되면 목회자를 의지하는 식객이 되기 마련이다. 나는 '만인제사장주의'를 믿는다.

착각에 빠지지 말라. 오직 하나님만이 꺼내주실 수 있는 깊은 수렁에 당신이 빠져 있다면, 그것은 그분이 당신에게 가까이 오셨다는 증거이다. 당신이 대단한 존재라고 착각하지 말라. 당신이 경건한 신학자이기 때문에 스스로 문제를 해결할 수 있다고 생각하지 말라. 아마 당신은 그렇게 생각할 만큼 어리석지는 않을 것이라고 믿는다.

누군가 전에 말했듯이, "하나님을 알고 거룩함을 얻는 것이 사랑을 통해서는 가능하지만 지식을 통해서는 불가능하다." 당신의 지혜나 상상력에 의지해 '더 깊은 삶'으로 들어가겠다는 생각은 버려라. 스스로의 힘으로 하나님을 바라보며 그분을 당신의 마음속에 모시겠다는 생각도 버려라. 지금 나는 제단으로 가서 기도하는 것이 잘못이라고 말하는 것이 아니다. 그런 기도는 또 다른 문제이다. 나는 군중에게서 차단된 영혼의 외로움에 대해 말하는 것이다.

큰 무리가 예수님을 따라가며 에워싸고 밀 때 혈루증 환자였던 여인이 그분께 가까이 가기를 원했다. 큰 무리에 가로막혀 그분께 나아가는 것이 힘들었지만 그래도 끝까지 노력해 그분의 옷에 손을 대었다. 그때 예수님은 "누가 내 옷에 손을 대었느냐"라고 물으셨다(막 5:31 ; 눅 8:45 참조).

그분의 질문이 제자들은 무리가 그분을 에워싸 밀고 있다고 대답했지만, 그분은 "그런 뜻으로 물은 것이 아니라 누가 믿음으로 내 옷에 손을 대었느냐고 물은 것이다"라는 취지로 대답하셨다(눅 8:46 참조).

예수님과 함께 있던 제자들은 에워싸 미는 무리 속에 있었다. 하지만 혈루증 환자였던 여인은 혼자였다. 그녀는 믿음과 사랑으로 혼자서 무리를 뚫고 예수님에게 접근하여 그분의 기적을 체험하였다.

우리의 마음이 치유될 필요가 있다. 하나님의 기름부음이 우리의 마음에 임해야 한다. 이 점을 아주 분명히 지적한 A. B. 심슨의 옛 찬송가가 하나 있다.

그렇습니다, 향유가 있습니다
길르앗에 향유가 있습니다
그곳에 위대한 의사가 계십니다
그분 앞에 우리의 모든 질병을 내어놓고
그분께 모든 근심을 맡깁시다

십자가에 못 박힌 삶은 복된 삶이지만 동시에 고독한 삶이다. 이것은 다른 사람이 대신 살아줄 수 없는 삶이다.

    성령께서 말씀 위에 입김을 불어넣으시고
    진리를 밝히 드러내십니다
    교훈과 약속이
    성화(聖化)의 빛을 비춥니다

    영광이 거룩한 책을 휘감으니
    태양처럼 장엄한 영광입니다
    그 영광이 모든 시대에 빛을 주지만
    아무리 주어도 모자라지 않습니다

    빛을 주었던 그 손은 지금도
    은혜의 빛과 따스함을 주십니다
    그분의 진리가 열국 위에 떠오르니
    떠오르지만 결코 지지 않습니다

    영원한 감사를 주님께 돌리게 하소서
    주님의 밝은 빛이 나타나
    어둠의 세계를
    천상의 대낮처럼 밝히셨습니다

내 사랑하는 분의 발걸음을 따르기를
내 영혼이 기뻐하오니
결국에는 저 위의 더 밝은 세계에서
영광의 빛을 불현듯 볼 것입니다

_ 윌리엄 카우퍼(William Cowper, 1731~1800)
  말씀의 빛과 영광

PART 2

십자가에 못 박혀라,
진정한 힘을 원한다면

CHAPTER **5**
영적 실패자로 마칠 것인가

내 종 모세가 죽었으니 이제 너는 이 모든 백성과 더불어 일어나 이 요단을 건너 내가 그들 곧 이스라엘 자손에게 주는 그 땅으로 가라 내가 모세에게 말한 바와 같이 너희 발바닥으로 밟는 곳은 모두 내가 너희에게 주었노니

수 1:2,3

    종교적 교훈의 질(質)을 테스트할 수 있는 아주 좋은 방법은 구원받지 못한 사람들이 그 교훈에 얼마나 열정적으로 반응하는가를 보는 것이다. 만일 자연인이 어떤 종교적 교훈을 너무 열정적으로 받아들인다면, 그 교훈은 하나님의 영으로부터 나온 것이 아니다. 사도 바울의 분명한 교훈에 따르면, 자연인은

영적인 일을 알 수 없기 때문이다. 자연인에게는 영적인 일들이 아주 어리석은 것으로 보인다(고전 2:14 참조).

자연인이 이해하고 받아들이는 종교적 교훈, 즉 자연인의 논리에 딱 맞는 종교적 교훈이 있기는 하다. 그러나 하나님의 영에서 나오는 교훈은 자연인에게 이해되지 않는다. 그것을 이해할 수 있는 능력이 그에게 없기 때문이다.

자연인은 이 세상에 속해 있다. 완벽하게 건강하거나 아이큐가 130이나 될 수도 있다. 그리스의 조각상처럼 아주 멋지고 잘 생긴 남성일 수도 있고, 원숙한 여성미를 자랑하는 여성일 수도 있다. 그러나 이런 사람들이라도 자연인의 상태라면 영적인 복과 은혜의 밖에 있는 사람일 뿐이다.

자연인과 대조되는 것은 영적인 사람이다. 이들은 성숙한 믿음을 가지고 있으며, 성령의 인도하심과 가르치심과 통제 아래 있다. 성령은 그들에게 말씀하신다.

자연인과 영적인 사람 외에 우리가 생각할 수 있는 있는 세 번째 유형은 육신적인 사람이다. 이들은 성숙하지 못한 그리스도인들로, 하나님의 은혜로 말미암아 새롭게 되어 은혜 안에 있기 때문에 자연인은 아니지만 영적인 사람도 아닌 어중간한 위치에 있다. 거듭나긴 했지만 영적 생활에 진보가 없다. 성령의 영향력이나 인도하심 아래 있지도 않고, 그저 자신의 저급한 본성에 따라 살아간다.

이 세 유형 중에서 십자가에 못 박힌 삶을 사는 사람은 영적인 사람이다. 성령께서는 이런 사람 안에 거하신다.

구약의 이스라엘이 상징하는 것

자연인의 원형, 즉 '은혜 안에 있지 않은 사람'의 원형은 애굽 안에 있던 이스라엘 민족이다. 이스라엘 민족은 4백 년 동안 애굽에 있었고, 그중 대부분의 기간 동안 바로의 속박에 묶여 있었다. 그러던 중 모세가 나타나 피와 속죄와 능력을 통해 이스라엘 자손을 애굽에서 이끌어냈다. 그들은 홍해를 건넜지만 애굽 사람들은 건너지 못했다. 홍해가 두 민족을 갈라놓았다.

출애굽 사건은 새롭게 태어나는 것을 상징한다. 중생, 즉 거듭남은 자연인을 그리스도인으로 만든다. 이 사건은 인간을 자연의 상태에서 이끌어내어 은혜의 상태 안으로 들어가게 한다. 이스라엘이 애굽에서 나와 홍해를 건넌 후 열렸던 홍해가 다시 닫힘으로 애굽인들은 물에 빠져 죽었다. 피와 능력을 통해 속량 받은 이스라엘은 4백 년 만에 처음으로 자유로운 민족이 되었다.

이것은 자연인이 그리스도인으로 바뀌는 과정을 설명해준다. 평생 여러 가지 속박에 묶여 영적 자유를 얻지 못하던 사람이 어린양의 피와 성령의 능력으로 말미암아 영적 애굽에서 빠져나오고, 그의 뒤에서 홍해가 닫힌다. 과거에 나는 엘리사

A. 호프만(1839~1929. 장로교 목사로 2천 편 이상의 찬송가 가사를 지었다)이 지은 〈나는 세상을 등졌다네〉(I've Turned My Back upon the World)라는 찬송을 열심히 부르곤 했다.

나는 세상을 등졌다네,
헛된 쾌락으로 가득 찬 세상을.
더 좋은 것들
더 높고 더 거룩한 보물에
내 마음을 빼앗겼다네.
반쯤이는 세상이
눈부신 세상이
내게는 더 이상 없다네.
허영은 내 눈을 멀게 하겠지만
나는 이미 강을 건넜다네.
세상을 강 두에 두고 왔다네.

이 찬송의 가사는 홍해를 건넌 이스라엘 민족의 상태를 정확히 묘사해준다. 애굽의 속박에 묶여 있던 자연인이 애굽에서 나와 11일 동안 여행하여 거룩한 땅으로 들어가는 것이 하나님의 선하신 계획이었다. '거룩한 땅'은 하나님께서 아브라함에게 주겠다고 약속하신 땅이었다. 이스라엘 민족은 '약속된 땅', '약속의 땅', 또는 '가나안'이라는 이름으로 불리는 이 거룩한 땅을 그들의 본향으로 삼아야 했다.

이스라엘은 애굽에서 빠져나와야 했을 뿐만 아니라 그들의 영적 본향인 거룩한 땅으로 들어가야 했다. 하나님께서 그들을 이끌어내신 것은 그들을 그냥 밖에 머물러 있도록 하시기 위함이 아니라 약속의 땅으로 이끌어들이고자 함이셨다. 그런데 그분의 이런 뜻이 오늘날의 기독교 교육에서는 실종되고 말았다.

하나님께서 범죄자를 구원하시는 것은 그 사람이 그 사건 이후 40년 동안 일 년에 한번씩 자신의 구원에 대해 말하도록 하기 위함이 아니라, 그로 성도가 되게 하기 위함이다. 그를 속박에서 이끌어내신 것은 그를 약속의 땅으로 이끌어들이기 위함이다. 약속의 땅 안으로 더 깊이 들어갈수록 그 사람은 자기가 과거에 어디에 있었는지에 대해 말할 필요성이 점점 줄어든다. 이스라엘 민족은 자신의 과거를 잊기 원했다. 그들은 하나님의 구원에 대해 감사하기 위해 어쩌다가 자기의 과거를 기억했을 뿐이다.

자기가 과거에 어떤 사람이었는지에 대해 길게 이야기하는 것은 신령함의 표시가 아니다. 그런데 유감스럽게도, 사람들은 자신이 과거에 어떤 존재였는지에 대해 과장해서 말하고 그것에 대해 책을 써서 세상에 알린다. 하지만 바울은 열매 없는 어둠의 일에 대허 "그들의 은밀히 행하는 것들은 말하기도 부끄러운 것들이라"(엡 5:12)라고 말했다. 그러므로 우리는 믿음이 없었을 때 향했던 죄악된 것들을 대화에 올리지도 말아야 한다. 당신을 이끌어내신 하나님께서는 당신이 어중간한 상태에 있기를 원치 않으신다.

이스라엘을 애굽에서 인도해내신 하나님께서는 11일의 행군 후에 그들에게 약속의 땅을 보여주셨다. 그 땅은 하나님께서 몇 세기 전에 이스라엘 민족에게 약속하신 거룩한 땅이었다. 이제 그들이 적(敵)을 몰아내고 그 땅을 차지할 수 있는 기회가 찾아온 것이었다. 그들이 그 땅을 차지해도 그것은 도둑질이 아니라 당당히 차지하는 것이었다. 강탈이 아니라 정당한 권리 행사였다. 왜냐하면 그 땅의 원래 주인이신 하나님께 선물로 받은 것이기 때문이다. 하나님께서 본래 그것을 아브라함과 그의 후손에게 주셨지만, 아브라함의 후손이 그 땅에서 애굽으로 내려갔었다. 이제 하나님께서는 그들을 다시 그 땅으로 들어가게 하려 하신다.

비유적으로 말하자면, 하나님께서 이스라엘 민족을 죄에서 이끌어내신 것은 그들을 신령한 삶으로 이끄시기 위함이었다. 그들의 행군은 거룩한 땅을 향해 나아가는 여정이었다. 그분은 그들의 행군에 복을 주셨고, 그들 위에 머무셨다. 그 행군에는 쉐키나(Shekinah, 히브리어를 음역한 단어로 많은 유대 문헌에서 하나님의 임재를 표현하기 위해 사용되었다 - 역자 주)의 빛이 함께했다. 그들의 조상인 아브라함이 수 세기 전에 떠나왔던 그 약속의 땅으로 들어간다면 그들은 영적인 사람이 되는 것이었다. 즉, 영적인 사람의 구약적 원형이 되는 것이었다.

자연인의 상태

당신이 자연인이라면, 아무리 많이 배우고 아무리 재주가 많고 아무리 잘 생기고 아무리 매력적이라 할지라도 영적인 삶과 하나님에 대해서는 아무것도 모르는 셈이다. 왜냐하면 영적인 삶과 하나님에 대해 알 수 있는 능력이 없기 때문이다.

이런 가정을 해보자. 모차르트의 교향악이 울려 퍼지는데 어떤 사람이 그 옆에서 무심히 책을 읽고 있다. 만일 그가 전혀 듣지 못하는 사람이라면 그가 음악을 모른다고 비난하지는 않을 것이다. 그에게는 음악을 즐길 수 있는 능력이 없기 때문이다.

또 이런 가정을 해보자. 당신이 미술관에서 그림을 감상하고 있는데 어떤 시각장애인이 그저 의자에 앉아 있을 뿐이라해도 "이런 곳에서 저렇게 의자에 앉아만 있는 것을 보니 교양이 없는 사람인가 보다. 일어나서 그림을 좀 감상하면 좋지 않은가?"라고 말하지 않을 것이다. 왜냐하면 그에게는 그림을 볼 수 있는 능력이 없기 때문이다.

마찬가지다. 당신이 누구라 해도, 아무리 많이 배웠다 해도, 아무리 종교생활을 잘하고 있다 해도 거듭나지 않았다면, 새로 태어나지 않았다면, 새롭게 지음 받지 못했다면 하나님을 알 수 없다. 영적으로 죽은 자를 다시 살리시는 성령을 통해 구원의 빛을 본 사람이 아니라면 하나님을 알 수 없다. 거듭나지 못한 사람은 영적인 일들에 대해 전혀 알 수 없다. 다만, 영적인 일들의 역사(歷史)에 대해서는 알 수 있을 것이다. 이런 사람의 종교적 열정이 아무리 뜨겁다 해도, 그는 허상을 좇는 것이다.

맴돌고 있는 영적인 사람

사도 바울의 교훈에 의하면, 영적으로 죽은 상태에서 다시 살리심을 받아 생명을 얻었지만 해가 거듭되어도 앞으로 전진하지 못하는 그리스도인들은 영적으로 맴돌고 있는 것이다. 그들은 하나님의 자녀이다. 그들은 더 이상 자연의 상태에 있지 않고 은혜의 상태에 있다. 하지만 영적으로 전진하지는 못한다.

그들은 때로 거룩한 땅보다는 애굽 쪽으로 가까이 갔다가 다시 거룩한 땅 쪽으로 가까이 간다. 그런 다음 다시 애굽 쪽으로 가까이 간다. 마치 시계추가 왔다 갔다 하듯이 양쪽 사이에서 왔다 갔다 한다. 애굽 쪽에 가까이 가면 홍해 저편을 쳐다보며 과거의 노예 시절을 기억한다. 그러다가 다시 방향을 바꿔 거룩한 땅 쪽으로 간다. 기도회나 부흥회에 참석하고 열심을 낸다. 거룩한 땅에 아주 가까이 가기 때문에 그것이 손에 잡힐 것 같지만 그 안으로 들어가지는 않는다.

그렇게 거룩한 땅으로 들어가지도 않고 애굽으로 돌아가지도 않고 그 사이에서 세월을 보낸다. 세상으로 돌아가지도 않고 영적인 삶 안으로 들어가지도 않는다. 과거에 살았던 옛 세계와 마땅히 들어가야 할 새 세계 사이에서 시계추처럼 왔다 갔다 할 뿐이다.

이런 사람들은 만성 심장질환을 키우는 것과 같다. 더 깊은 영적 삶 안으로 뛰어들기에 가장 좋은 시기는 믿음을 가진 지 얼마 안 되어 열정이 넘칠 때이다. 그런 시기에 깊은 경건의 습관을 뿌리 깊게 형성해야 한다.

만일 내가 지금 이 나이에 일본어를 배우려고 한다면 상당한 한계에 부딪힐 것이다. 열심히 노력하면 일본어를 읽고 쓰는 것은 가능할지 모르지만, 상대방이 내 일본어를 알아들을 만큼 정확한 발음을 구사하기란 거의 불가능할 것이다. 너무나 오랜 세월에 걸쳐 내 혀와 입술과 입천장이 모국어에 익숙해져 있기 때문이다. 나이를 먹을수록 내가 외국어를 배우는 것은 점점 더 힘들어질 것이다.

하지만 젊은이들이 외국어를 배우면 금방 유창하게 말한다.

나이를 먹을수록 입의 발성 습관은 점점 더 굳어지기 때문에 어릴수록 외국어를 배워 말하는 것이 그만큼 더 쉽다. 영적인 습관을 형성하는 것 역시 마찬가지다.

육신적인 사람의 상태

여기서 '육신적인 사람'이란 앞으로 나아가지 않는 미성숙한 그리스도인을 가리킨다. 그의 영적 발전은 느리다. 그는 성령의 영향과 통제 아래에 있지 않고 자신의 저급한 본성에 따라 살아간다.

이스라엘 민족은 약속의 땅을 향해 얼마 동안 전진한 후 가데스바네아에 이르렀을 때 거기서 멈추었다(민 13,14장 참조). 모세는 이스라엘 사람들에게 "이제 우리는 하나님께서 애굽에서 우리를 이끌어내셨을 때부터 소망해왔던 땅으로 들어가려 한다"라는 취지로 말했다.

그러자 백성은 "우리는 조금 두렵습니다. 그러므로 열두 사람을 먼저 보내 그 땅을 정탐하게 합시다"라고 말했고, 모세는 그 땅을 정탐하도록 열두 사람을 보냈다. 그들이 보고하는 내용을 들어보고 그 땅을 취할 것인지 아닌지를 결정하기 위함이었다. 정탐꾼들이 돌아와 만장일치로 보고한 내용은 약속의 땅이 지극히 좋다는 것이었다. 당시에는 은이나 금이나 다이아몬드보다 물이 더 큰 재산 가치를 가지고 있었다. 그렇기 때문에 '물이 풍부하고 좋은 땅'이라는 정탐꾼들의 보고는 그곳이 일종의 낙원이라는 말과 다를 바 없었다.

게다가 그곳의 포도는 너무 커서 "포도송이가 달린 가지를 … 둘이 막대기에 꿰어 메고"(민 13:23) 옮겨야 할 정도였다. 그들이 그곳에서 발견한 것 중에 대추야자가 있었는데, 오늘날로 말하면 설탕이나 사탕, 통조림 과일로 만들어 먹을 수 있는 것이었다. 그곳 사람들은 모두 단 것을 즐겨 먹었을 것이다. 또한 그곳에는 석류가 있었다. 말 그대로 비타민의 보고인 석류는 아주 우수한 음식이다.

그리고 그 땅에는 젖과 꿀이 있었다. 성경이 "젖과 꿀이 흐르는 땅"(출 3:8)이라고 말할 때 그것은 별 생각 없이, 되는 대로 표현한 것이 아니다. 그 땅에는 벌이 매우 많았다. 그래서 꿀이 너무 많아 줄줄 흘러 큰 바위들 위로 떨어지는 경우가 있었다. 또 그 땅에는 양과 염소의 젖이 풍부했다. 그곳은 이스라엘 민족이 조금 전까지 있던 애굽과는 너무 달랐다.

그러나 열두 정탐꾼 중 열 명은 약속의 땅이 어떤 곳인지에 대해 보고한 후 이런 식으로 말했다.

"우리는 저 땅으로 올라가지 않는 게 좋습니다. 저 곳이 물과 포도와 무화과와 석류와 젖과 꿀이 풍성한 좋은 땅인 것은 사실이지만, 그곳 사람들은 너무 크고 강합니다. 그들은 거인이고 그들의 성은 성벽이 하늘까지 이를 정도로 거대합니다."

나는 이 말을, 그 땅의 거대한 거민들이 물과 포도와 무화과와 석류와 젖과 꿀을 다 마시고 다 먹어 없애고 있었다는 말로 해석하고 싶지 않다. 게다가 열두 정탐꾼은 그 땅의 거민들이 그 땅의 풍부한 먹거리를 다 먹어치우는 것을 볼 때까지 오래 머물렀던 것도 아니었다. 열두 명 중 열 명은 단지 두려움과 불신앙에 사로잡혀 가나안 진입을 반대했던 것이다. 그들은 이렇게 말했다.

"그냥 광야에 머물러 있는 게 좋겠습니다. 우리는 감사하게도 애굽에서 벗어났으니 더 이상 노예가 아닙니다. 광야에서 사는 것이 최선은 아니지만, 그래도 저 좋은 약속의 본향에 있는 거인들을 상대로 싸우는 것보다는 낫습니다."

그러자 갈렙과 여호수아가 나서서 말했다.

"우리는 저 땅으로 들어갈 준비가 되었습니다. 비관적으로 말하는 이 사람들의 말을 듣지 마십시오. 우리는 저 땅을 쉽게 취해서 양식을 얻을 수 있습니다. 저 땅은 우리의 것입니다. 우리 조상의 하나님께서 저곳을 아브라함에게 주셨으므로 저곳은 우리의 것입니다. 올라가 저 땅을 취해야 합니다."

갈렙과 여호수아는 약속의 땅의 여러 장점에 대해 이야기했다. 그들은 견고한 성에 사는 강한 거인들 때문에 그 땅을 취할 수 없다는 논리를 받아들이지 않았다.

"교회는 몇몇 지도자가 이끌어가는 것이 아니라 완전히 민주주의 방식에 의해 운영되어야 한다"는 주장이 오늘날의 교회에 떠돌아다니지만, 이런 생각은 신약과 구약의 지지를 전혀 받지 못하는 허튼소리이다. 열두 명의 지도자가 약속의 땅을 정탐하도록 파견되었고, 이스라엘 백성은 그들의 말에 다소간 의존했다. 이것은 당신과 내가 민주주의 국가에서 정치 지도자들에게 많이 의존하는 것과 흡사하다. 교회의 경우도 마찬가지이다.

이스라엘 백성은 열 사람의 부정적 보고를 들었다. 즉, 다수의 견해를 들었다. 갈렙과 여호수아는 겨우 두 명이었기 때문에 소수의 견해였다. 이런 상황에서 백성은 통곡하면서 그들의 장막 문 앞에 쓰러졌다. 그들은 차라리 애굽에서 나오지 말았으면 좋았을 것이라고 생각했고, 모세에게 불평하며 "다시 애굽으로 돌아가면 좋겠다"라고 말했다.

진정한 유산은 믿음이다

이스라엘 백성이 본 것은 견고한 성과 거인들뿐이었다. 그들은 젖을 넘치도록 선사하는 염소들과 나무에서 잔디 위로 줄줄 흘러내리는 달콤한 꿀과 포도를 보지 못했다. 시냇물과 강과 풍부한 목초지가 그들의 눈에 보이지 않았다. 그들의 눈에는 그 땅의 거인들만 보였다. 하나님께서 "그 땅으로 올라가라. 그것을 너희에게 주리라"라고 말씀하셨다는 것을 잊어버렸기 때문에 "우리의 불쌍한 여자들과 아이들이 죽임을 당할 것이다"라며 불평했다.

영적이지 못한 사람은 언제나 이렇게 주장한다.

"나는 내 가족을 생각하지 않을 수 없습니다. 내 가족을 버릴 수는 없는 것 아닙니까? 하나님께서는 우리가 지혜로운 결정을 내리기 원하십니다. 그러니 무조건 믿음으로 밀고나갈 수는 없습니다. 내 가족을 돌보아야 하기 때문에 영적인 일에만 치중할 수는 없습니다. 내 처자를 고생시킬 수 없습니다. 그들에게 부담을 주는 선택을 할 수는 없습니다."

이런 사람은 아내와 자식을 기쁘게 해주어야 한다는 생각에 늘 사로잡혀 있기 때문에 가장으로서 가족에게 남겨줄 수 있는 최고의 유산이 무엇인지를 망각한다. 가장이 영적인 사람이었다는 기억이야말로 가장이 가족에게 물려줄 수 있는 최고의 유산이다!

만일 여성이 영적인 그리스도인이 되었을 때는 주변 사람들 때문에 더 많은 어려움을 겪기 쉽다. 그녀의 가족은 그녀를 모진 말로 공격하고, 빈정거리며 꾸짖고, 그녀를 반대하고, 그녀 스스로 자기가 바보 같다고 느끼도록 만들 수 있다. 하지만 그녀는 그들과 다투지 않고 조용히 물러난다. 그녀의 마음은 더 슬퍼졌지만 그녀의 선택은 더 지혜로워졌다. 그녀는 가족에게 남길 수 있는 최고의 유산이 무엇인지를 아는 사람이다. 그녀가 영적인 그리스도인이었다는 것은 가족에게 줄 수 있는 최고의 유산이다!

만일 이스라엘 민족에게 믿음이 있었다면, 그들은 아내와 아이들을 데리고 몇 시간 안에 약속의 땅으로 들어가 그 땅을 모두 차지할 수 있었을 것이다. 하지만 실제로는 그렇지 못했다. 약속의 땅으로 들어가면 아내와 아이들이 죽임을 당할까봐 두려워했던 이스라엘 민족은 결국 40년 동안 광야에서 끝없이 맴돌고 말았다.

그들이 과거에 살았던 애굽 가까이 갔다가 다시 약속의 땅, 즉 그들이 마땅히 들어갔어야 했던 거룩한 땅 가까이 갔다. 그러다가 이제는 살지도 않는 애굽 쪽으로 다시 갔다가, 빙 돌아 그들의 본래 목적지 가까이 접근하곤 했다.

그들의 자녀들이 성장하여 중년이 되고, 그들의 아내들이 죽을 때까지 40년을 떠돌았다. 40년을 그렇게 허송세월한 이유는 남자들이 울며 불신앙의 말을 쏟아냈기 때문이다. 현재 우리의 입장에 빗대어 이야기할 것 같으면, 그들은 이렇게 말한 셈이다.

"우리는 갈 수 없습니다. 가려면 너무 큰 대가를 치러야 합니다. 우리 가족에게 불행을 안겨줄 수 없습니다. 우리는 주일 저녁에, 수요일 저녁에, 그리고 선교대회 기간 내내 가족과 함께 있어야 합니다. 우리는 아이들이 비행 청소년으로 전락할 수도 있는 위험성을 받아들일 수 없습니다."

그러나 가족이 범죄에 빠지지 않도록 가장이 취할 수 있는 가장 좋은 방법은 바로 세상과 타협하지 않고 하나님을 사랑하는 신앙인의 모습, 영적인 그리스도인이 되기 위해서라면 목숨이라도 내놓을 수 있는 신앙인의 모습을 가족에게 보여주는 것이다.

"이미 너는 주님의 일을 위해 필요 이상으로 많은 것을 바쳤다. 만일 네가 영적인 사람이 되려고 한다면 네 가족이 힘들어질 것이다"라는 마귀의 간교한 속삭임을 듣지 않는 신앙인의 모습을 보여주는 것이 가족을 잘못된 길에서 건지는 최고의 방법이다.

이스라엘은 하나님의 심판으로 인하여 40년 간 광야에서 떠돌았다. 그분은 "내가 맹세하여 너희에게 살게 하리라 한 땅에 결단코 들어가지 못하리라"(민 14:30)라고 말씀하셨다. 그분은 "그 땅에 대하여 악평한 자들"(민 14:37)의 말을 듣고 의심과 불평에 빠지고 죽음을 두려워한 자들을 기뻐하지 않으셨다.

'더 깊은 영적 삶'에 대해 악평하고 있는 자들은 어두운 곳에 서서 햇빛을 악평하는 자들과 같다. 거룩한 삶으로 들어가기를 거부하는 자들은 모두 광야에서 영혼의 본향을 악평하는 것이다. 이스라엘 민족은 40년 동안 목적 없이 떠돌았다. 그러나 하나님께서 그들과 함께 계셨다. 그분은 그들을 멸하지 않으셨다. 오히려 그분은 그들이 한 명씩 죽어가게 하셨다. 그들은 그분의 벌을 받았지만 국가 전체가 멸망하지는 않았다.

영적 차별성을 보이라

나는 쉽게 낙심하는 사람이 아니다. 하지만 광야에서 40년 동안 떠도는 그리스도인들을 옆에서 지켜보면 마음이 아주 무거워진다. 그들은 죄에 다시 빠지지는 않지만 그렇다고 해서 거룩한 삶으로 들어가지도 않는다. 목적 없이 맴돌면서 때로는 약간 뜨거워지고 때로는 약간 식는다. 때로는 약간 더 거룩해지고 또 어떤 때는 거룩하지 못하다. 오랜 세월에 걸쳐 형성된 그들의 신앙적 습관들은 쉽게 변하지 않는다. 이런 것을 볼 때 나는 그들이 영적 실패자로 살다가 영적 실패자로 죽을 것이라고 믿지 않을 수 없다. 정말 끔찍한 일이다.

이런 경우를 가정해보자. 어떤 사람이 변호사가 되기로 결심하고 몇 년 동안 법을 공부해서 결국 변호사 사무실을 열었다. 하지만 그의 기질적 문제 때문에 변호사로서 성공하지 못했다. 이런 경우 이 사람은 완전한 실패자이다. 그는 30세에 법조계에 들어와 지금 50세가 되었지만 그동안 자기 밥벌이도 못해 왔다. 그렇다면 변호사로서 그는 실패자이다.

다른 예를 들어보자. 어떤 사업가가 회사를 인수해서 경영을 시작한다. 그는 모든 경영 능력을 발휘해서 사업을 끌어가지만 회사가 제대로 굴러가지 못한다. 매년 장부(帳簿)의 기록은 적자를 말해주고 이익 창출은 요원하다. 가능한 모든 곳에서 빚을 얻은 후 약간의 용기와 희망을 가져보지만 그 용기와 희망도 사라지고 무일푼이 된다. 결국 많은 빚을 지고 사업에서 손을 뗀다. 그렇다면 그는 사업계에서 실패자로 기록될 것이다.

다시 다른 예를 들어보자. 어떤 여성이 교육 과정을 마치고 교사가 되지만 다른 교사들과 원만하게 지내지 못한다. 그녀의 기질이나 성격의 문제 때문에 아이들과도 잘 어울리지 못한다. 이 학교, 저 학교를 전전하다가 결국 교사직을 포기하고 다른 지역으로 가서 사무보조직을 얻는다. 그녀는 가르치는 일에 맞지 않기 때문에 교육계에서 실패한 것이다.

나는 자신이 목회자로 부름 받았다고 믿었던 목사들을 알고 있다. 그들은 기도하고 연구하고 헬라어와 히브리어를 공부했지만 어찌된 영문인지 교인들을 모으지 못했다. 그들의 설교를 듣기 원하는 사람들이 없었다. 그들은 목회 분야에서 실패자이다.

그리스도인이 되었지만 실패자가 될 수도 있다. 광야에서 떠돌았던 이스라엘 민족의 경우가 바로 그렇다. 그들은 하나님의 백성이었고 그분의 보호와 공급을 받았지만 실패자였다. 그들은 그분이 원하시는 자리에 있지 못했다. 어중간한 위치에 있었다. 과거에 있었던 곳과 마땅히 있어야 할 곳 사이의 중간쯤에 있었다. 그들과 똑같은 상태에 있는 주님의 백성이 오늘날 많이 있다. 이런 사람들은 영적 실패자로 살다가 영적 실패자로 죽는다.

나는 하나님께서 선하고 자비로운 분이시기 때문에 기쁘다. 실패자도 그분의 품 안으로 기어들어가 긴장을 풀고 "아버지, 제가 일을 그르쳤습니다. 저는 영적 실패자입니다. 제가 밖에 나가 악을 행한 것은 아니지만, 지금 이 모습밖에 보여드릴 게 없습니다. 이제는 늙었고 이 땅을 떠날 준비가 되었습니다. 저는 실패자입니다"라고 말한다.

우리의 선하고 자비로우신 하늘 아버지는 이렇게 말하는 사람에게 "내가 너희를 도무지 알지 못하니 … 내게서 떠나가라"(마 7:23)라고 말씀하시지 않을 것이다. 왜냐하면 그가 예수 그리스도를 믿었고, 또 믿고 있기 때문이다. 이 사람은 단지 평생 실패자로 살았을 뿐이다. 이제 그는 세상을 떠나 천국에 갈 시점에 와 있다. 내가 볼 때, 사도 바울의 다음과 같은 말이 바로 이런 사람을 두고 한 말인 것 같다.

"이 닦아둔 것 외에 능히 다른 터를 닦아둘 자가 없으니 이 터는 곧 예수 그리스도라 만일 누구든지 금이나 은이나 보석이나 나무나 풀이나 짚으로 이 터 위에 세우면 각 사람의 공적이 나타날 터인데 그날이 공적을 밝히리니 이는 불로 나타내고 그 불이 각 사람의 공적이 어떠한 것을 시험할 것임이라 만일 누구든지 그 위에 세운 공적이 그대로 있으면 상을 받고 누구든지 그 공적이 불타면 해를 받으리니 그러나 자신은 구원을 받되 불 가운데서 받은 것 같으리라"(고전 3:11-15).

이 구절에 대한 내 이해가 맞을 것이다. 아무튼, 우리는 우리의 영혼을 구원할 뿐만 아니라 우리의 삶도 구원하는 그리스도인이 되어야 한다. 멸망을 목전에 둔 소돔을 떠날 때, 롯은 빈손으로 빠져나왔다. 그래도 감사한 것은 소돔을 빠져나왔다는 것이다. 하지만 만일 낙타에 재물을 가득 싣고 소돔의 성문에서 작별을 고했다면 훨씬 더 좋았을 것이다. 그가 자신감 있게 얼굴을 들고 사악한 소돔을 떠났다면 더 좋았을 것이다. 가족과 함께 당당히 그곳을 빠져나왔다면 새 장소에 정착해서도 아주 넉넉한 생활을 누렸을 것이다(벧후 1:11 참조).

감사하게도, 물론 당신은 천국에 갈 것이다. 그런데 최근의 당신 모습을 그대로 간직한 채 그곳에 이르기 원하는가? 즉, 목적 없이 떠돌고 방황하다가 천국에 가기를 원하는가? 예수님이 우리의 머리 위에 '즐거움의 기름'(시 45:7 ; 히 1:9)을 부어 주시는 곳은 이 세상의 그 어떤 곳보다 더 복된 장소이다. 그곳은 바로 보혈로 산 속죄소이다.

당신이 지성소에 들어가 속죄소의 그늘 아래에서 살고, 또 거기서 밖으로 나갔다가 늘 다시 돌아와 재충전과 새 양식으로 새롭게 되는 것이 하나님의 뜻이다. 당신이 속죄소 옆에서 세상과 구별된, 거룩하고 정결한 자기희생적 삶을 사는 것이 그분의 뜻이다. 이것은 영적인 차별성을 늘 보여주는 삶이다. 이렇게 사는 것이 지금 당신의 삶보다 훨씬 더 좋지 않겠는가?

주 사랑하는 자 다 찬송할 때에
그 보좌 앞에 둘러서 그 보좌 앞에 둘러서
큰 영광 돌리세 큰 영광 돌리세

주 믿지 않는 자 다 찬송 못하나
하나님 자녀 된 자들 하나님 자녀 된 자들
그 기쁨 전하세 그 기쁨 전하세

저 하늘 황금길 나 올라갈 때에
시온성 언덕 위에서 시온성 언덕 위에서
수많은 천사들 날 인도하리라

내 눈물 다 씻고 늘 찬송 부르리
저 임마누엘 주 앞에 저 임마누엘 주 앞에
나 영광 누리리 나 영광 누리리

(후렴)

저 밝고도 묘한 시온성 향하여 가세

내 주의 찬란한 성에 찬송하며 올라가세

_ 아이작 왓츠(Isaac Watts, 1674~1748)
  주 사랑하는 자 다 찬송할 때에(새찬송가 249장)

CHAPTER **6**

오늘이 끝이 아니다

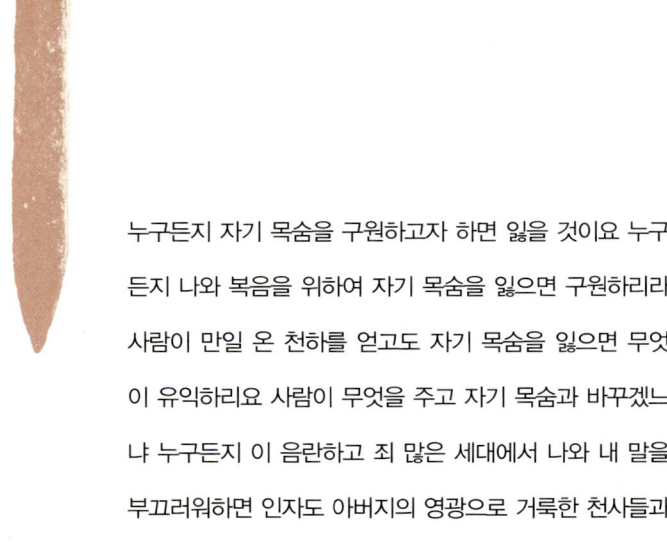

누구든지 자기 목숨을 구원하고자 하면 잃을 것이요 누구든지 나와 복음을 위하여 자기 목숨을 잃으면 구원하리라 사람이 만일 온 천하를 얻고도 자기 목숨을 잃으면 무엇이 유익하리요 사람이 무엇을 주고 자기 목숨과 바꾸겠느냐 누구든지 이 음란하고 죄 많은 세대에서 나와 내 말을 부끄러워하면 인자도 아버지의 영광으로 거룩한 천사들과 함께 올 때에 그 사람을 부끄러워하리라 막 8:35-38

어떤 사람이 믿음으로 구원을 받고 나면 성령께서는 그 어린 그리스도인을 격려하신다. 그에게 "앞으로 전진하라. 그리고 다른 이들이 전진하도록 격려하라"라고 말씀하신다. '더 나은 그리스도인의 삶'이라는 개념은 현대에 들어와 생긴 것이 아니다. 이것은 구약에서도 찾아볼 수 있다. 그리고 이스라엘 민족의 체험과 깊은 관련이 있다.

이스라엘의 역사는 이 개념이 얼마나 중요한지를 보여주는 구체적인 사례이다. 하나님께서는 기적을 통해 그들을 애굽에서 이끌어내시고 홍해를 건너 광야로 들어가게 하셨다. 그 후에도 계속 인도하셔서 결국 요단강을 건너 거룩한 땅으로 들어가게 하셨다. 이스라엘은 그 모든 과정에서 낮에는 구름 기둥으로, 밤에는 불기둥으로 인도함을 받았다. 그들은 바위에서 난 물을 마셨고, 천사들의 음식을 먹었다. 이것들은 위로부터 주어진 것이었다. 그들의 역사는 기적의 연속이었다.

그러나 오래 가지 않아 변화들이 생겼다. 이 변화들은 하룻밤 사이에 일어난 것이 아니라 여러 해에 걸쳐 점차적으로 일어났다. 천천히, 그러나 분명하게 이스라엘 민족은 중심에서 주변으로 옮겨갔다. 그들은 외형주의에 빠졌다. 날마다 하나님의 인도하심을 받는 삶을 버리고 타성에 젖은 생활에 만족했다. 그저께 한 일을 어제도 했고, 어제 한 일을 오늘도 했다.

내적인 불이 꺼지지 않게 하라

그들이 이런 상태에 빠져 있을 때 구약의 선지자들이 등장했다. 선지자들은 그들에게 중심으로 돌아가라고, 즉 여호와 하나님을 따르라고 촉구했다.

　오늘날의 교회도 타성에 빠져 있다. 하나님은 우리가 본질을 회복하길 바라시는데, 우리는 단지 말하는 것에 만족한다. 우리는 단지 말하는 것만으로도 우리 양심에 만족스럽게 여긴다. 구약시대의 이스라엘처럼 오늘날의 교회는 말과 의식과 형식에 만족한다. 경배의 마음이 없는 형식뿐인 예배에도 만족한다. 하지만 그분에게는 형식이 있는지 없는지가 중요하지 않다. 그분은 진정한 경배를 원하신다.

　그렇기에 구약의 선지자들이 이스라엘에게 외쳤던 가르침은 오늘날의 우리에게도 그대로 적용된다. 하나님께서는 우리의 진심과 사랑과 경배를 원하신다. 즉, 하나님 안에 있는 내적 불과 같은 우리의 영적 본질을 원하신다.

　이 내적 불이 꺼지면 외형주의가 발달하기 시작한다. 이런 현상이 나타날 때 하나님께서는 선지자와 거룩한 선견자를 보내어 껍데기만 남은 예배를 꾸짖으시고 더 깊은 삶, 즉 십자가에 못 박힌 삶을 촉구하신다. 이런 삶은 일반적인 그리스도인들에게서 볼 수 있는 삶보다 더 깊은 것이며, 신약성경의 이상적 기독교에 더 가까운 것이다. 신약이 보여주는 이상적 교회가 우리의 기준이 되어야 한다.

　교회가 점차 외형주의에 빠지는 현상은 교회의 역사에서 쉽게 발견된다. 하나님께서는 때때로 강력한 부흥을 통해 그분의 백성에게 새 힘을 불어넣으신다. 하나님께서 그분의 능력을 부어주시면 사람들은 크게 자극을 받고 외형주의를 떨쳐버린다. 예배의 대부분을 차지했던 껍데기뿐인 형식을 극복한다. 그리고 열정적으로 그분을 찾아 체험하는데, 이런 체험은 주변에서 볼 수 있는 평균적인 것을 뛰어넘는 것이며, 지금까지 알지 못했던 것이다. 교회의 많은 찬송가들이 하나님께서 일으키신 이런 부흥의 시기에 만들어졌다.

제도주의의 역학

하나님께서 일으키시는 이런 부흥은 정말 아름답고 위대한 것이지만 얼마 가지 않아 사람들은 다시 서서히 외형주의로 빠져들곤 한다. 그렇게 외형주의가 뿌리를 내리면 제도주의가 성장하기 시작한다. 그 다음에는 형식과 의식과 전통이 중요시되고, 교회는 과거의 업적이나 사람들을 기념하는 데 치중하며, 외형적 의식이 성령의 내적 불을 대신하기 시작한다.

하나님의 선지자들은 이런 잘못들을 비판했다. 우리는 구약의 말라기서에서 지극히 사랑스럽고 아름다운 한 구절을 발견할 수 있다. 이 구절은 그리스도의 탄생 4백 년 전에 말라기 선지자가 남긴 기록이다.

말라기는 이스라엘 민족에게 하나님의 거룩한 말씀을 전하기 위해 등장한 구약의 마지막 선지자였다. 그는 모든 방법을 동원해 책망하고 경고했다. 외형주의에 빠진 백성에게 권면과 촉구의 메시지를 선포했다. 그들은 제도화된 거대한 종교 조직 안에 안주했고, 그 속에서 타성에 젖은 부속품의 역할을 하는 것에 만족했다. 가슴 뛰는 참된 경배와 그 안에 살아 있는 생명에 대해서는 전혀 관심이 없었다.

하지만 그런 시대에도 '더 깊은 그리스도인의 삶'이 무엇인지를 아는 소수의 사람들이 있었는데, 이런 경건한 사람들에 대해 말라기는 다음과 같은 아름다운 증언을 남겼다.

"그때에 여호와를 경외하는 자들이 피차에 말하매 여호와께서 그것을 분명히 들으시고 여호와를 경외하는 자와 그 이름을 존중히 여기는 자를 위하여 여호와 앞에 있는 기념책에 기록하셨느니라 만군의 여호와가 이르노라 나는 내가 정한 날에 그들을 나의 특별한 소유로 삼을 것이요 또 사람이 자기를 섬기는 아들을 아낌같이 내가 그들을 아끼리니 그때에 너희가 돌아와서 의인과 악인을 분별하고 하나님을 섬기는 자와 섬기지 아니하는 자를 분별하리라"(말 3:16-18).

이 구절에 등장하는 사람들이 많지는 않지만 이들이야말로 부름 받은 자들이었다. 이런 사람들은 여호와를 경외했고, 서로 교제했으며, 여호와는 그들을 기뻐하셨다. 말라기는 그들에 대해 기록했다. 그들은 구약시대에 진정한 예배가 무엇인지를 보여준 사람들이다.

신약시대 교회의 외형주의

그렇다면 이제 신약시대에 대해 생각해보자. 신약에는 성육신, 십자가, 그리스도의 부활, 오순절 성령강림 같은 놀라운 사건이 기록되어 있다.

구약시대의 이스라엘처럼 교회도 생명과 능력의 불길 가운데 시작되었다. 교회는 성실함, 믿음, 사랑, 순수성 그리고 영적 경배로 인하여 자꾸 알려지게 되었다.

그러나 세월이 흐른 후 교회의 내적 불은 꺼지고 외형주의의 잔해만 남았다. 이렇게 되자 하나님께서는 그분의 선지자들을 다시 보내셨다.

어거스틴은 아주 놀라운 체험을 통해 그분을 만났다. 기성 교회의 틀 안에 살면서도 하나님을 알았기 때문에 넘치는 기쁨과 경배의 가슴 설렘을 체험했고, 탁월한 저서들을 통해 그의 고백과 사상을 세상에 전했다. 그의 많은 책들이 그토록 유명한 것은 아주 당연한 일이다.

12세기에는 클루니의 버나드가 나타났다. 그는 로마 방문을 간절히 원했고, 많은 노력과 준비 끝에 로마에 갈 수 있었다. 그리고 로마에서 교회의 총본부라고 할 수 있는 곳을 찾아갔다. 하지만 거기서 본 것은 그를 실망시켰다. 그는 사제들의 허세를 보았고, 그들이 실제 어떻게 살고 있는지를 보았다. 그들에게는 형식과 의식이 있었지만 진정한 영성은 거의 없었다.

심지어 고위 성직자들도 마찬가지였다. 그는 쓰라린 가슴을 안고 그의 작은 골짜기로 돌아와 칩거하면서 유명한 《천상의 나라》(The Celestial Country)를 썼다. 이 책은 이 땅의 사람이 쓸 수 있는 매우 열정적인 문학작품 중 하나로, 하나님께 굶주린 인간의 강렬한 부르짖음을 담고 있다. 이것은 클루니의 버나드가 교회의 형식주의, 특히 부패를 거부하는 가운데 탄생한 작품이다.

아시시의 프랜시스(1182~1226. 이탈리아의 신비가로서 프란체스코 수도회의 창설자)도 교회의 형식주의에 항거했다. 나는 그의 수도회가 그의 마음속에서 일어난 강력한 부흥의 결과라는 생각을 지우기 힘들다. 그가 수도회를 만든 것은 진정한 영적 종교가 다시 살아나도록 기회를 주기 위함이었다. 하지만 그가 조상들과 함께 잠들자 곧 형식주의와 외형주의가 다시 교회를 지배했다. 이런 식의 현상은 교회의 역사 속에서 반복되어 왔다.

내가 방금 언급한 신앙인들은 시대를 꾸짖고 참된 영성의 길을 촉구했다. 하나님께서는 교회의 역사 속에서 오랜 시간에 걸쳐 열정적으로 그분의 사람들을 훈련시키셨는데, 이는 그들이 성경의 가르침에 따라 사는 거룩한 사람이 되도록 하기 위함이었다.

강력한 유혹에 침식당한 개신교

이제까지 나는 로마 가톨릭에 속했던 신앙의 위인들에 대해 언급했다. 이번에는 개신교의 위대한 신앙인들을 살펴보자. 내가 지적하지 않을 수 없는 아주 슬픈 역사적 사실은 개신교도 이스라엘 민족이나 로마 가톨릭처럼 자주 외형주의에 빠졌다는 것이다. 루터가 일어나 종교개혁의 깃발을 높이 올렸지만 그 후 개신교에서도 형식주의의 폐해가 강하게 나타났다. 외형적인 것들, 즉 말과 전통과 형식과 관습과 관행의 유혹은 너무 강해서 뿌리치기가 어렵다.

우리는 하나님의 일을 이루는 데 아무 도움이 안 되는 각종 전통을 가득 지고 있다. 이런 현상을 가리켜 예수님은 "사람의 계명으로 교훈을 삼아 가르치니 나를 헛되이 경배하는도다"(마 15:9)라고 책망하셨다. 말이 행위를 대신하도록 허락한다면 우리에게는 행위는 없어지고 말만 남게 될 것이다.

변색된 스테인드글라스

나는 대도시에 갈 때마다 시간을 내 큰 규모의 성당이나 교회 또는 대형 종교기관을 찾아가 본다. 가톨릭이나 개신교를 가리지 않고 그렇게 한다. 언젠가 한 도시에 갔을 때 나를 안내하던 사람이 이렇게 설명해주었다.

"목사님이 지금 보시는 이 창문은 유럽의 유명한 대성당의 창문을 정확히 본떠서 만든 것입니다. 예술가가 유럽의 그 유명한 대성당으로 가서 아주 정교하게 만들어 가지고 왔습니다. 이곳의 스테인드글라스 창문은 모두 그 대성당의 것과 똑같이 만든 것입니다."

이렇게 말한 후 그 사람은 꽤 충격적인 말을 했다.

"목사님께 보여드릴 게 있습니다. 여기저기 반점이나 얼룩 같은 것들이 보이십니까? 유리창의 가장자리를 따라서, 즉 창틀 가까운 부분이 약간 변색되어 있는 것이 보이십니까?"

그의 말대로 반점이나 얼룩 같은 것들이 내 눈에 보였고, 나는 그것들이 보인다고 말했다. 그는 말을 이었다.

"유럽 대성당의 창문의 나이는 수백 살입니다. 수백 년간 나라들과 왕국들의 흥망이 이어지는 동안 그 창문은 묵묵히 자리를 지켰습니다. 오직 하늘에서 내리는 비에 씻겼을 뿐입니다. 얼룩과 변색 그리고 수백 년의 먼지가 곧 그 창문의 역사입니다. 먼지와 변색 때문에 창문이 더 운치 있어 보이고 이전보다 오히려 더 아름다워졌다고 믿는 사람들이 있었습니다. 그래서 이 창문을 만든 예술가는 유럽의 대성당에 갔을 때 그곳의 창문을 닦지 않고 그 창문의 얼룩과 먼지와 변색까지 그대로 살려냈습니다. 지금 우리 눈에 보이는 이 창문은 그 대성당에 있던 스테인드글라스의 예술성을 그대로 보여줄 뿐만 아니라, 수 세기에 걸쳐 쌓인 세월까지도 완벽하게 재현한 것입니다."

장구한 세월을 고스란히 간직한 그 창문은 이스라엘 민족에게 일어난 일을 설명해주는 좋은 상징이다. 어디 이스라엘 민족뿐인가? 초대교회, 역사 속에서 출현한 모든 교파, 그리고 뜨거운 전도의 열정으로 만들어진 모든 새 교단에도 적용되는 상징이다. 그들은 변색된 스테인드글라스 창문처럼 되었다. 수 세기의 먼지가 그들의 교리들과 신앙적 관습들에 쌓여 녹아들었기 때문에 이제는 어느 것이 하나님으로부터 왔고 어느 것이 세월의 유산인지 구별하기 힘들게 되었다.

이 말은 지금 우리의 시대에도 그대로 적용된다. 우리를 하나님께 되돌리기 위해 분연히 일어나 경고의 메시지를 외친 선지자와 선견자가 우리 시대에 없었다고 생각하지 말라. 껍데기만 남은 예배에 도저히 만족하지 못하는 하나님의 사람들이 아직도 있다. 그들은 특정한 교단에만 모여 있는 것이 아니다. 그들은 신앙의 참된 내면성을 회복하고자 짝퉁이 아닌 진짜를 추구한다. 인위적으로 만들어낸 것을 원하지 않는다. 자기들의 것이 진짜임을 확인하기 원한다. '크고 화려한 짝퉁'보다는 차라리 '작고 소박한 진짜'를 선택한다. 그 이유는 구약에서 가르치듯이, 살아 있는 개가 죽은 사자보다 낫기 때문이다 (전 9:4 참조).

다시 말하지만, 진짜를 흉내 낸 인위적인 대형교회보다는 살아 있는 작은 교회가 더 낫다. 소박하지만 살아 있는 경건이 화려하고 거창하지만 공허한 의식보다 낫다.

오직 성경만을 원하는 사람들

다행스럽게도, 성경 외에는 다른 아무것도 원하지 않는 사람들이 오늘날에도 있다. 이런 사람들은 하나님의 백성이 있는 곳이라면 어디에서나 발견된다. 나는 거의 모든 교파에서 이들을 만나보았다. 이곳저곳을 돌아다니다 보면 그런 사람들을 만나게 된다.

분명히 말하지만, 당신과 나는 성경을 믿게 된 사람이다. 성경은 우리에게 생명수를 주는 반석이다. 성경은 우리의 만나이다. 우리 신앙의 설계도는 '성경'이라는 청사진에 근거해서 만들어져야 한다. 성경은 광야를 통과하는 우리를 인도하는 안내자이다. 성경은 우리에게 지극히 소중한 것이며, 우리는 성경 이외에 다른 것을 원하지 않는다. 내가 방금 언급한 사람들은 성경에 있는 것이 아니라면 결코 원하지 않았다.

일반적으로, 역사 속에서 늘 있었던 문제점은 사람들이 잘못된 교리를 가르친 게 아니라 자기가 가르치는 교리대로 살지 않는 것이었다. 이런 문제점은 개혁가나 선지자가 나타나 내적 본질 없는 교리만 붙들고 있는 교회를 꾸짖을 때 비로소 드러났다. 존 웨슬리 같은 사람들이 나타났을 때 그들은 교회의 조직과 교리를 바로잡으려고 하지 않았다. 다만 교회의 교훈이 사람들의 마음속에서 영적 실재(實在)로 나타나야 한다고 주장했다.

우리는 존 웨슬리 같은 개혁가와 선지자들을 따른다. 왜냐하면 하나님의 말씀의 교훈이 그들의 마음속에서 영적 실재로 이루어졌기 때문이며, 그들이 오직 성경만을 따랐기 때문이다. 그들은 성경의 교훈이 그들에게서 그대로 실현되기를 바랐다.

이런 사람들에게 영적 보화를 안겨준 근원은 오직 하나이다. 그들의 모든 보화는 예수 그리스도 안에 있었다. 그들의 경우, 그리스도 한 분이면 충분했다. 그분 위에 다른 무엇을 보탤 필요가 전혀 없었다. 그분이 그들의 모든 것이셨고 그들의 모든 필요를 충족시키셨다. '더 깊은 그리스도인의 삶'을 추구하는 사람들 그리고 주 예수 그리스도 안에 있는 보화를 원하는 사람들은 다른 곳, 다른 보화, 다른 근원을 찾지 않고 오직 그분을 찾는다.

편승하는 사도들

오늘날 부와 명예와 인기 같은 것들을 얻기 위해 종교를 이용하는 사람들이 많다. 그들에게 있어서 종교는 그들의 목적을 이루기 위한 수단이다. 그들은 상황을 이용하고 유행에 편승하는 데 아주 능숙하다. 이제와 뒤돌아보니 유행의 파도를 타고 달려가 목적을 이루려 했던 많은 사역자들이 생각난다.

하지만 그들보다 더 오래 살아남은 사람은 나이다.

그들은 그때그때의 유행을 재빨리 간파하여 이용했지만 나는 정공법으로 나가서 복음을 전했다. 적어도 내가 목회한 교회에서는 거대한 군중을 상대로 설교한 적이 없다. 하지만 '변하지 않으시는 그리스도'를 전했다. 많은 추종자를 거느리고 인기와 명예를 얻겠다는 욕망은 십자가에 못 박힌 삶을 사는 사람에게 어울리지 않는다.

이런 삶을 사는 사람은 이런 욕망에 사로잡혀서는 안 된다. 이런 사람은 하나님과 동행하고 온전함에 이르기 위해 명예를 포기해야 한다면 그것을 포기할 각오가 되어 있다. 지위와 부와 인기에 연연하지 않는다. 하나님을 갈망하는 사람은 투표를 통해 한 자리 차지했다고 해서 금방 우쭐해하지 않는다. 믿음이 정체 상태에 빠진 그리스도인들만이 고위 성직자의 자리를 얻으려고 애쓴다. 그들은 죽기 전에 높은 지위에 앉기를 원한다.

세상에서 거물로 인정받던 사람이 죽었다는 이야기가 내 귀에 종종 들린다. 그럴 때마다 나는 이렇게 중얼거린다.

"형제여, 이제는 어떻게 하려는가? 그대는 생전에 그리스도와 종교의 이름으로 다른 이들을 밟고 성공의 사다리에 올랐던 사람 아니요? 이제 세상을 떠났구려. 얼룩이 묻고 때가 낀 당신의 영혼이 불쌍하구려. 이제 온 땅의 심판자이신 분 앞에

서게 되었으니 어찌할 셈이요?"

하나님을 찾는 사람은 십자가에 못 박힌 삶을 산다

십자가에 못 박힌 삶을 사는 사람은 명예와 부와 높은 지위를 탐하지 않는다. 오히려 하나님을 알고 그리스도와 동행하기를 원한다. 그리스도를 아는 것이 그들이 가진 소원의 전부이다. 바울은 이렇게 말했다.

"또한 모든 것을 해로 여김은 내 주 그리스도 예수를 아는 지식이 가장 고상하기 때문이라 내가 그를 위하여 모든 것을 잃어버리고 배설물로 여김은 그리스도를 얻고"(빌 3:8).

하나님을 간절히 찾는 자들은 형식뿐인 것에 불만을 느낀다. 겉만 번지르르한 것들에 속지 않고 내실(內實)을 원한다.

모든 교파 안에 예수님의 얼굴을 구하는 경건한 사람들이 있다. 그들에 대해 호감과 애정을 느끼는 나로서는 우리 진영에 속하지 않는 사람들 중에도 그런 이들이 있다고 말하지 않을 수 없다. 그들이 보여주는 특징 중 하나는 내용 없는 형식을 미워한다는 것이다. 어쩔 수 없이 형식에 참여할 때에도 그들에게는 형식을 압도하는 풍부한 내실이 있다.

《하나님 임재 연습》(The Practice of the Presence of God)의 저자 로렌스 형제는 이렇게 말했다.

나는 완전히 혼자 기도하는 법을 배웠다. 그리고 항상 하나님께 말씀드렸다. 설거지를 하거나 이곳저곳을 돌아다니거나 무엇을 하든지 간에 항상 하늘 아버지와 대화를 나누었다. 내 곁에 계신 그분을 의식(意識)하는 습관을 자꾸 발전시켰기 때문에 40년을 그런 의식 속에서 살았다. 사실, 사람들이 중요하게 여기는 형식들이 내게는 필요 없었다. 사람들은 기도시간을 정해서 기도하라고 내게 말했다. 물론, 나는 순종하는 마음으로 그렇게 했다. 하지만 정해진 기도시간이든 그렇지 않은 시간이든 내게는 아무 차이가 없었다. 왜냐하면 하나님과 교제를 나누는 내적 비밀을 알았기 때문이다. 나는 그분을 찾았고 그분과 항상 교제했다.

오늘날 일반적인 그리스도인의 신앙적 진보는 하나님을 간절히 찾는 사람들의 갈망을 만족시킬 수 있는 수준이 아니다. 그들은 회심하고 교회에 출석하지만 5년이 지나도 처음 믿을 때와 달라진 것이 없다. 10년이 지나도 과거와 똑같거나 심지어 약간 퇴보한다. 이런 신앙적 모습은 하나님을 향한 굶주림과 갈증에 쫓겨 그분을 간절히 찾는 자들에게는 아주 불만족스런 것이다.

그들은 시편 기자처럼 "하나님이여 사슴이 시냇물을 찾기에 갈급함같이 내 영혼이 주를 찾기에 갈급하니이다 내 영혼이 하나님 곧 살아 계시는 하나님을 갈망하나니 내가 어느 때에 나아가서 하나님의 얼굴을 뵈올까"(시 42:1,2)라고 고백한다. 하나님을 향해 달려가는 사람들이 아니라면 이런 고백을 할 수 없다. 이런 사람들은 달팽이처럼 느린 영적 진보를 보이는 사람을 닦달하지 않는다.

하나님을 애타게 찾는 자들은 오늘날 이곳저곳에서 제공되는 짝퉁을 거부한다. 자기 내면에 진짜가 없는 사람은 밖에서 모조품을 찾기 마련이다. 사람들이 난로에서 불이 타오르고 있는 것처럼 꾸미는 것은 언제인가? 난로의 불이 꺼졌을 때가 아닌가?

불행하게도, 교회도 다를 것 없다. 심지어 복음주의교회나 소위 순복음교회도 다르지 않다. 내면에 진짜가 없으면 밖에다 온갖 화려한 장식품을 주렁주렁 매달게 되는데, 이는 내면에 진짜가 있는 것처럼 꾸미기 위함이다. 하지만 하나님을 찾는 자들은 이런 가짜들에 속지 않는다. 진짜가 무엇인지를 알기 때문이다.

지금 우리는 어떤 지경에 이르렀는가? 예루살렘 밖 갈보리 언덕에서 십자가에 달려 돌아가신 분의 이야기를 들어도 무덤덤하다. 그분은 단지 인간이 아니라 세상의 죄를 위해 돌아가신 신인(神人)이시다. 그분의 이야기를 들었음에도 왜 우리에게는 감동이나 별다른 생각이 없는가?

개신교 신자들은 폭발적으로 밀려오는 최신 영화의 홍수에 감동한다. 처음에는 작은 씨앗으로 시작되었던 것이 이제는 큰 나무가 되어버렸다. 그러나 하나님을 뜨겁게 찾는 사람들은 이런 현상을 좋아하지 않는다. 그분께 굶주린 성도들은 지난 몇 세기에 걸쳐 쓰인 경건서적들에 나오는 거룩한 사람들의 삶의 이야기를 아주 열심히 읽는다. 물론 그것을 읽는 것으로 끝나서는 안 되고 그 다음에는 행함이 뒤따라야 한다. 그런데 오늘날 행함은 어디에 있는가?

선지자들의 전통을 잇는 영성의 맥

당신은 클레르보의 버나드가 쓴 《아가서 설교》(Sermons on the Song of Songs)나 《하나님을 향한 사랑에 대하여》(On Loving God)를 읽어보았는가? 십자가의 요한이 쓴 《영혼의 어두운 밤》(Dark Night of the Soul)을 읽은 적이 있는가? 월터 힐튼의 《완전의 계단》(The Scale of Perfection)이나 《사랑의 막대기》(The Goad of Love)는 어떤가? 리처드 롤의 《삶의 교정》(The Amending of Life)이나 헨리 수소의 《종의 삶》(The Life of the Servant)과 《영원한 지혜의 작은 책》(A Little Book of Eternal Wisdom)은 읽어보았는가? 토마스 아 켐피스의 《그리스도를 본받아》(The Imitation of Christ)나 프랜시스 드 살레의 《경건생활 입문》(Introduction to the Devout Life)은 어떤가?

《무지의 구름》(The Cloud of Unknowing)이나 《사무엘 러더퍼드 서한집》(The Letters of Samuel Rutherford)이나 윌리엄 로의 저서들이나 프랑소아 페넬롱의 편지들이나 존 폭스의 일기는? 요한 타울러나 마이스터 에크하르트의 탁월한 설교는? 그리고 니콜라우스 폰 진젠도르프나 앤드류 머레이, 존 웨슬리나 A. B. 심슨의 글은 읽어보았는가?

이런 사람들은 이스라엘의 선지자들처럼 일어나 외쳤지만 교리를 바꾸지는 않았다. 그들은 세상의 공허한 외형주의에 항거하며 믿음을 고백했다. 예수 그리스도 안에 있는 영광, 예배와 기도, 그리고 거룩함을 갈망하는 소원을 다시 살려냈다

내가 방금 언급한 사람들은 서로 다른 시대에 살았지만 '깊은 영성의 전통'을 이어갔다. 그런데 유감스럽게도 그들 같은 영적 지도자가 오늘날 복음주의 주류에서는 발견되지 않는다. 오늘날 복음주의 교회에서는 하나님을 향한 갈망이 없는 보통 사람들만 발견될 뿐이다. 그들은 매주마다 기계적으로 설교를 만들어내고, 여기저기 바쁘게 돌아다니고, 낚시하고 골프를 치며 시간을 보낸다. 그러다가 주일이 가까워지면 돌아와 설교를 한다. 그들의 평생이 이런 식으로 흘러간다. 당신은 그들과 오랜 시간 대화를 나누기 힘들 것이다. 영양가 없는 수다가 끝나면 더 이상 할 이야기가 없기 때문이다. 그들과 알맹이 있는 이야기를 나누는 것은 애당초 불가능하다.

물론, 모든 설교자가 그렇다는 말은 아니다. 몇 시간 동안 하나님과 그리스도에 대해 대화를 나눌 수 있는 설교자들도 있다. 이런 설교자들은 현실 감각이 있고 순수하며 침착하고 거짓 교리를 배척하고 쓸데없는 법석과 광신을 멀리한다. 그들은 오직 하나님을 알고 거룩한 삶을 살기 원한다. 예수님을 끊임없이 찾고 그분의 빛으로 환하게 빛난다.

내가 이런 사람들에 대해 말하는 것은 당신도 이런 사람들과 같은 부류에 속하는지 알고 싶기 때문이다. 문제는 당신이 물속으로 얼마나 깊이 들어갔느냐가 아니라 잠수복을 입고 있느냐이다. 화살이 얼마나 멀리 날아갔는가의 문제가 아니라, 화살이 활에서 떠났느냐 하는 것이다. 문제는 당신이 완전하냐 하는 것이 아니라 완전함을 갈망하느냐 하는 것이다.

혹시 당신은 사교적 목적으로 신앙생활을 하고 있지는 않은가? 주일에 한 번 교회에 가면 더 이상 할 것이 없다고 믿는 신앙을 가지고 있는 것은 아닌가?

하나님께서는 당신에게 바람과 비를 주셨고, 당신의 영혼을 담고 있는 몸을 주셨다. 놀라운 지성과 여러 가지 훌륭한 능력들도 주셨다. 당신을 지켜주시고, 당신이 넘어지지 않게 붙들어주시고, 당신의 심장이 계속 뛰게 하시고, 죽음 후에 당신을 받아들이려고 기다리고 계시다.

그런데 당신은 그분께 고작 빵 부스러기를 드리는가? 그분이 자투리나 받는 분이신가? 과자 부스러기 같은 시간을 드리면서 어린양을 따르는 자라고 말할 수 있는가? 착각하지 말라. 더 깊은 신앙의 세계로 들어가 십자가에 못 박힌 삶을 살지 않는다면 어린양을 따르는 것이 아니다.

당신은 외형주의에 싫증을 내고 있는가? 하나님을 갈망하는가? 나는 그분께 굶주려 있다. 이것은 노인들의 입에서 으레 나올 수 있는 상투적인 말이 아니다. 이런저런 책에서 영향을 받아 하는 소리가 아니다(물론, 성경의 경우는 예외이다). 이것은 여러 해에 걸쳐 내 안에서 형성된 것이다.

내게 만족을 주는 것은 두 가지뿐인데, 그중 하나는 하나님과 나누는 교제이다. 그리고 다른 하나는 그분을 사모하고 그분께 가까이 가는 영적 여행이 나 혼자만의 여행이 아니라는 사실이다. 도처에 그분의 백성이 있다. 그들은 성경보다 교리를 앞세우는 것, 가식, 외형주의 그리고 전통에 반기를 든다. 그들은 오직 하나님을 향해 달려간다. 성경의 하나님, 즉 성령께서 계시하시는 하나님을 향해 달려간다. 하나님께는 그분의 백성이 있지만, 안타깝게도 그들의 수가 많은 것은 아니다. 당신은 그들 중 하나인가?

내 주는 강한 성이요 방패와 병기 되시니
큰 환난에서 우리를 구하여 내시리로다

옛 원수 마귀는 이때도 힘을 써 모략과 권세로
무기를 삼으니 천하에 누가 당하랴

내 힘만 의지할 때는 패할 수밖에 없도다
힘 있는 장수 나와서 날 대신하여 싸우네
이 장수 누군가 주 예수 그리스도 만군의 주로다
당할 자 누구랴 반드시 이기리로다

이 땅에 마귀 들끓어 우리를 삼키려 하나
겁내지 말고 섰거라 진리로 이기리로다
친척과 재물과 명예와 생명을 다 빼앗긴대도
진리는 살아서 그 나라 영원하리라

_ 마르틴 루터(Martin Luther, 1483~1546)
  내 주는 강한 성이요(새찬송가 585장)

CHAPTER **7**
주저앉아 있지 말고 전진하라

그리스도께서 우리를 자유롭게 하려고 자유를 주셨으니
그러므로 굳건하게 서서 다시는 종의 멍에를 메지 말라

갈 5:1

초대교회 때부터 늘 있어왔던 큰 문제 중 하나는 정체 상태에 빠진 그리스도인이다. 이런 그리스도인의 영적 진보는 굼벵이 수준이다. 오늘날의 기독교는 이 문제를 다루어야 한다. 현재 우리의 큰 과제는 "어디에서나 발견되는 이런 그리스도인들이 신앙성장에 관심을 갖고 평균적 신앙에서 벗어나도록 하려면 어떻게 해야 하는가?"라는 것이다. 딱하게도, 많은 그리스도인의 신앙적 체험이 정체 상태에 머물러 있거나 그런 상태로 빠져들고 있다.

사도 바울은 "너희가 달음질을 잘 하더니 누가 너희를 막아 진리를 순종하지 못하게 하더냐"(갈 5:7)라고 말했다. 바울이 지적하듯이, 영적 성장이 느려지고 막혀서 아무 데도 못 가는 현상이 그리스도인들 가운데 나타난다. 한 마디로 말해서 신앙의 정체 상태에 빠진 것이다. 그러다보니 마땅히 갖추어야 할 도덕적 능력을 갖추지 못했다. 하나님의 음성에 귀를 기울일 의지가 있다면 우리는 "귀 있는 자는 성령이 교회들에게 하시는 말씀을 들을지어다"(계 2:7)라는 말씀을 들을 것이다.

온전함을 위한 조건

성령이 오늘날 들려주시는 음성을 들을 수 있다면 우리의 귀에 다음과 같은 말씀이 들릴 것이다.

"내 종 모세가 죽었으니 이제 너는 이 모든 백성과 더불어 일어나 이 요단을 건너 내가 그들 곧 이스라엘 자손에게 주는 그 땅으로 가라 내가 모세에게 말한 바와 같이 너희 발바닥으로 밟는 곳은 모두 내가 너희에게 주었노니"(수 1:2,3).

우리는 하나님의 영께서 "온전함으로 나아가라!"라고 말씀하시는 것을 들을 수 있다. 그렇다! 과거의 죄를 회개한 것에서 머물지 말고 앞으로 나아가자. 죄 사함과 정결을 얻은 것에서 머물지 말고 성장의 길을 걸어가자. 하나님의 생명을 얻은 것에 안주하지 말고 전진하자.

그런데 그렇게 하기 전에 먼저 우리는 회개와 죄 사함과 정결과 영생을 얻었다는 것을 완전히 확신해야 한다. '더 깊은 삶'을 추구하려면 그보다 먼저 생명의 존재가 확인되어야 한다는 말이다. 비유적으로 말해서, 고속도로에서 달리려면 우선 고속도로에 들어가야 한다. 생명의 성장이 있으려면 그보다 먼저 새 생명을 가져야 한다. 죽은 행실의 회개, 죄 사함, 그리고 성령의 조명과 거듭남이 없는 사람은 더 깊은 삶, 즉 십자가에 못 박힌 삶으로 들어가려고 아무리 노력해도 결국 좌절감만 맛볼 것이다.

그런 의미에서 나는 십자가에 못 박힌 삶을 살기 위해 중요한 두 가지 조건에 대해 언급하고 싶다. 정체된 영성에서 벗어나려면 이 두 조건이 충족되어야 한다. 첫째, 십자가에 못 박힌 삶을 살려면 세상을 완전히 버려야 한다. 둘째, 십자가에 못 박힌 삶은 주 예수 그리스도께 완전히 돌이켜야 가능하다. 이 두 가지 조건은 구약과 신약이 모두 강조하는 것이며, 교회의 시작 단계부터 지금까지 전해져온 표준 공식이라고 할 수 있다. 이 공식은 교회의 역사 속에서 탄생했던 위대한 찬송가와 경건서적 안에 고스란히 녹아 있으며, 정체 상태에 빠진 영적 삶을 깨뜨리고 전진하여 성장하는 역동적 그리스도인이 되기를 꿈꾸는 자들에게 반드시 필요한 것이다.

세상을 완전히 버려라

매주 교회에 출석하는 등, 나름대로 신앙생활을 하면서도 여전히 세상을 버리지 못하는 경우가 실제로 일어날 수 있다. 이에 대한 좋은 증거는 자기가 그리스도인이라고 고백하는 사람들이 비그리스도인들에게나 어울리는 곳에서 발견된다는 것이다.

한 가지 분명히 밝혀두자면, 지금 이 문제를 논함에 있어서 나는 최대한 공정하고 관대한 마음으로 논하기 원한다. 내가 볼 때, 자신이 그리스도인이라고 말하는 사람이 발견되어서는 안 되는 곳이 있다.

예를 들어, 경쟁자를 제거하기 위해서라면 그를 불구로 만들거나 죽이는 짓을 서슴없이 행하는 범죄자들 중에 소위 그리스도인이라 불리는 자들이 없다고 확신할 수 있는가? 내가 분명히 아는 것은 어떤 범죄자들이 총에 맞아 죽거나 또는 다른 이유로 죽을 때 하나님에 대한 그들의 믿음을 암시하는 말을 중얼거린다는 것이다.

게다가 어떤 사람들은 그런 범죄자들이 하나님의 나라 안으로 들어갔다고 믿는다. 이렇게 믿는 사람들은 구원과 은혜와 죄 사함을 얻지 못한 그 잔인한 범죄자들을 하나님의 나라 안으로 집어넣으려고 무진 애를 쓴다. 그 범죄자들은 "하나님이여, 이 죄인에게 자비를 베푸소서"라는 기도를 할 시간조차 갖지 못했던 자들이다. 그런 자들을 천국으로 집어넣기 위해서 그들이 어떤 교단 소속이었다고 말하기도 하고, 그들을 위한 추도예배를 드리기도 한다.

내가 기억하는 한 젊은이가 있다. 살인죄를 범한 그는 사형선고를 받고 교도소에서 사형집행을 기다리고 있었다. 그런데 예정된 그의 사형집행일이 갑자기 변경되었다. 그날이 그가 믿고 있던 종교의 축제일과 겹치기 때문이었다. 정부는 그가 믿는 종교의 거룩한 날에 사형을 집행하기를 원치 않았던 것이다. 즉, 그의 종교적 축제일을 존중해주기 위해 사형집행일을 변경한 것이다.

이와 같이, 그리스도인들 또는 자신이 그리스도인이라고 주장하는 사람들은 어디에서나 발견된다. 격렬하고 무지막지한 스포츠 경기가 열리는 곳에 가보면 뒷주머니에 신약성경을 꽂은 그리스도인들이 꼭 눈에 띈다.

내가 볼 때, 세속적 즐거움을 누릴 수 있는 곳에는 꼭 그리스도인들이 있다. 그들은 신앙을 가졌으면서도 세상을 버리지 못했다. 몸으로는 세상을 버렸지만, 마음으로는 버리지 못한 사람들인 것이다. 겉모양으로는 세상을 버렸지만, 내면은 여전히 세속적이다. 하지만 세상을 버리기 전에는 누구도 그리스도인이라고 불릴 자격이 없다.

몸과 마음의 일치가 필요하다

기독교 역사 속에서 세상을 버리고 온전히 그리스도께 돌이키는 삶을 실천한 수녀들이 있다. 하지만 모든 수녀들이 그랬던 것은 아니다. 내가 이렇게 말하는 것은 개신교도이기 때문이 아니라 그들의 고백을 책으로 읽었기 때문이다.

성숙하고 참된 믿음의 소유자들이 13세기에 수녀들을 개혁하려고 시도했다. 즉, 수녀들의 내면적 영성이 그들의 외형적 생활과 일치하도록 만들기 위해 애썼다. 수녀들은 세상과의 분리를 상징하는 수녀복을 입고 세상에서 멀리 떨어진 곳에 살았다. 하지만 성숙하고 참된 믿음의 소유자들은 세상에서 멀리 떨어진 곳에 사는 그들이 세상 속에서 사는 사람들보다 더 세속적이라고 지적했다.

위대한 경건서적의 저자들은 수녀들이 그들의 신분에 부끄럽지 않은 내면적 영성을 갖추어야 한다고 교회를 향해 외쳤다. 그런 저자 중 한 사람이 월터 힐튼인데, 그는 종교개혁가 마르틴 루터보다 거의 2백 년 전 사람이었기 때문에 종교개혁이나 개신교에 대해 전혀 알지 못했다. 하지만 믿음이 강한 이 그리스도인은 어떤 수녀원의 수녀들에게 일련의 편지를 보냈다. 이 편지들은 수녀라는 신분에 부끄럽지 않은 영성을 키워나갈 것을 촉구했다. 그 편지들이 하나로 묶여 《완전의 계단》이라는 제목의 아주 훌륭한 책으로 탄생하였다.

이 책의 첫 장(章)에서 힐튼은 수녀들에게 그들의 겉모습에 어울리는 내면적 삶을 살라는 도전을 던졌다. 그의 말의 핵심은 이렇다.

"여러분은 세상을 등지고 나아와 특별한 장소에서 특별한 옷을 입고 생활합니다. 여러분의 복장은 여러분이 세상을 떠났다는 것을 말해줍니다. 그러니 세상을 수녀원 안으로 끌어들이지 않도록 조심하십시오. 세상의 거리에서 세속적이었듯이 수녀원에서도 세속적인 사람이 되는 것은 잘못이니 경계하십시오. 마음속의 세상을 떨쳐버려야 정말로 세상을 버리는 것이라는 점을 명심하십시오."

힐튼은 수녀복을 입고 수녀원에 살면서도 마음은 여전히 세속에 빠져 있는 일이 실제로 일어날 수 있다고 엄중히 경고했다. 신앙생활을 하면서도 세상을 버리지 못할 수도 있고, 몸은 세상을 떠났지만 마음은 여전히 세상에 머무는 일이 일어날 수도 있다. 자신의 행위에서 세상을 버리지 못하면 마음으로도 세상을 버리지 못한다.

미심쩍은 경건은 용납되지 않는다

이런 말은 누군가는 반드시 해야 하는 말이다. 자칭 '마음이 넓은 그리스도인'이라는 사람들이 불신자와 거의 차이 없이 살아가고 있기 때문이다. '하나님을 위하여'나 '예수님을 위하여'

라는 말을 붙이기만 하면 다 괜찮다고 생각하는 사람들이 있다. 아주 이상한 일이다. 그들은 "나는 하나님을 위하여 그렇게 하고 있습니다"라는 말이나 "이것은 예수님을 위한 것입니다"라는 말을 마치 도깨비 방망이처럼 사용한다. 왜냐하면 오랜 세월 동안 교회와 경건한 그리스도인들이 거부하고 멀리했던 것이라도 이런 말 한 마디면 갑자기 거룩한 것으로 돌변하기 때문이다.

참으로 신기한 일이다! 여러 시대 동안 교회가 비판했던 잘못된 것이라도 이 말 한 마디만 붙이면 갑자기 올바른 것으로 둔갑되니 말이다! 이런 변화를 믿는 사람들은 세상이 이제까지 즐겨온 것들을 거의 다 받아들인다. 내가 볼 때, 조만간 '기독교 바텐더 연합' 같은 단체가 생기지 않을까 싶다. 아마도 그들은 이렇게 말할 것이다.

"우리는 예수님을 위해 바텐더 일을 합니다. 우리는 세상과 같지 않습니다. 우리는 이 술을 우리의 이름으로 손님 앞에 내놓는 것이 아닙니다. 예수님을 영접하기 전에는 돈을 벌기 위해 이 일을 했지만 이제는 예수님을 위해 합니다."

이런 일이 아직은 벌어지지 않았지만 내가 볼 때는 단지 시간문제일 뿐이다. 머지않아 우리는 "예수님을 위해 이것을 합니다"라는 말을 도깨비 방망이처럼 사용해 거의 모든 것을 거룩하게 만들고자 할 것이다.

경고하건대, 예수님이라면 행하지 않으셨을 일을 행하면서 그것을 '예수님을 위하여'라는 말로 합리화하는 것은 용납될 수 없다. 당신은 하나님께서 '불가(不可) 판정'을 내려 금하신 것을 행해서는 안 된다. 내가 하나님을 위하여 어떤 일을 행하려면 그것은 그분처럼 거룩한 것이어야 한다. 예수님이 허락하시고 명하신 것만이 내가 그분을 위하여 할 수 있는 것이다.

세상과 다를 바 없이 살면서 "내 마음은 세상을 버렸지만 내 몸까지 세상을 버릴 필요는 없다. 왜냐하면 내 마음이 세상을 등졌기 때문이다"라고 말하는 것은 자기모순이다.

나는 이런 식의 모순된 생각이 어디에서 왔는지 잘 안다. 이런 생각의 냄새를 맡아보라. 무슨 냄새가 나는가? 유황냄새가 나지 않는가? 이런 생각은 지옥에서 왔고, 지옥에 어울리는 생각이기 때문이다. 이런 생각은 그리스도의 교회에는 어울리지 않는다. 마음으로는 세상을 등지고 현실 속에서는 세상을 향하여 간다는 것은 용납될 수 없다.

세상을 버린 사람들

노아를 보자. 하나님께서는 노아에게 "내가 세상을 멸할 것이니 너는 방주를 만들어라"라고 말씀하셨고, 노아는 순종했다(창 6:13,14 참조).

이런 가정을 해보자. 내가 '세상을 떠나라'는 설교를 한 후

노아에게 "당신이 이제 방주 안으로 들어가야 한다고 생각하지 않으십니까?"라고 묻는다. 이런 내 질문에 노아가 "왜요? 방주에 들어가야 한다는 것은 낡은 사고방식입니다. 내 몸이 세상을 떠나느냐 마느냐 하는 것은 중요하지 않습니다"라고 대답한다면 어떻게 되겠는가?

오늘날의 교회는 '세상'에 대해 잘못된 개념을 갖고 있다. 오늘날의 교회는 이렇게 가르친다.

"당신의 마음은 세상을 떠났다. 그러므로 당신은 계속 세상에 머물며 세상의 집에서 잠을 자고 세상의 나무 열매를 먹으며 다른 이들처럼 살아가도 된다. 당신의 마음이 세상을 버렸기 때문에 그렇게 한다고 해서 세상에 속한 것은 아니다."

하지만 노아가 이런 식의 사고방식에 따라 살았다면 어떻게 되었을까? 큰 깊음의 샘들이 터지고 하늘에서 비가 내리고 홍수가 산꼭대기를 덮었을 때 그는 물속에 풍덩 빠져 기포(氣泡)를 수면으로 올려보냈을 것이다. 그 후 그의 시체가 얼마 동안 물 위에 떠다니다가 결국은 다른 이들의 시체처럼 물속으로 가라앉았을 것이다.

그러나 그는 마음으로 세상을 버린 사람은 몸으로도 세상을 버려야 한다는 걸 알았다. 성경의 기록대로, 그는 방주 안으로 들어갔고, 하나님께서는 방주의 문을 닫으셨다(창 7:16 참조).

아브라함은 어떤가? 하나님께서는 그에게 "너는 너의 고향과 친척과 아버지의 집을 떠나 내가 네게 보여줄 땅으로 가라"(창 12:1)라고 말씀하셨다. 이 말씀을 듣고 그가 다음과 같이 말했는가?

"하나님께서 고향과 친척과 아버지의 집을 떠나 다른 나라로 가라고 말씀하셨다. 하지만 그분의 말씀을 내가 문자적으로 해석할 필요는 없다. 그분의 말씀은 마음으로 고향과 아버지의 집을 버리라는 것이므로 나는 여기 갈대아 우르에 그냥 머물러 있겠다. 나는 거룩한 땅에 마음으로 들어갈 것이다."

만일 이렇게 말했다면 어처구니없는 일이었을 것이다. 그는 몸으로 그의 땅을 떠나야 했기 때문에 롯과 가족을 데리고 실제로 떠났다. 하나를 얻기 위해서는 하나를 버려야 했다.

아브라함의 조카 롯은 우리에게 또 하나의 예를 제공한다. 그는 결국 소돔에 정착하여 그곳의 관리가 되었다. 그러나 천사들이 그를 찾아와 "[소돔에서] 도망하여 생명을 보존하라"(창 19:17)라고 말했다. 그러면서 도망할 때 뒤를 돌아보지 말라고 명했다.

천사들의 말을 들은 롯이 "도망하여 생명을 보존하라는 말이 무슨 뜻인지 밝히기 위하여 공개토론회를 개최합시다. 이 말이 도대체 무슨 뜻입니까?"라고 말했는가? 만일 공개토론회를 열었다면 토론 참석자들이 입씨름을 하는 도중에 하늘로부터 불이 떨어져 소돔과 롯을 모두 멸했을 것이다. 롯은 '생명을 보존하기 위하여 도망하는 것'이 임박한 불의 심판을 피하기 위하여 소돔을 빠져 나가는 것을 의미한다는 걸 알았다.

기독교 공동체의 모습

초대교회의 그리스도인들은 "세상과 세상에 있는 것을 사랑하는 사람은 하나님을 사랑하지 않는 것이다"라는 교훈을 들었을 때 토론회를 열지 않았다. "이 교훈에서 '세상'은 무엇을 의미하느냐? 세상 안에 머물면서 하나님을 기쁘게 해드리려면 세상의 것을 어느 정도까지 허용해야 하느냐?"라고 따지지 않았다. 그들은 세상을 등졌다. 세상의 영이 있는 것이라면 무엇이든 끊어버렸다. 그래서 세상은 그들에게 큰 분노를 느꼈다.

세상은 그때나 지금이나 똑같다. 하나님께서는 세상이 변하지 않았다는 사실을 우리에게 지금 당장이라도 확인시켜주실 수 있다. 또는 그분의 뜻에 따라 나중에 확인시켜주실 수도 있다. 예수님을 십자가에 못 박고 초대교회 신자들을 죽였던 과거의 세상과 지금의 세상 사이에는 아무 차이가 없다. 세상은 변하지 않았다. 아담은 어디에 있든지 아담이다. 결코 변하지 않는다.

그럼에도 신자들이 세상과 그토록 잘 지내는 이유는 우리가 신앙을 대폭 양보했기 때문이다. 즉, 세상에게 이래라 저래라 하지 않으면서 세상의 말을 고분고분 잘 따르기 때문이다. 이렇게 살다보니 세상이 돌아가는 꼴을 보고도 "어, 저러면 안 되는데…"라고 당혹감을 느끼는 그리스도인이 거의 없다.

그러나 교회는 지역사회에게 쉽게 받아들여지는 것을 경계해야 한다. 구원받지 못한 세속적인 지역사회가 어떤 교회를 받아들인다면 그 교회는 성령충만한 교회가 아닐 가능성이 많다. 성령충만하여 세상과 분리되고 하나님과 동행하는 교회는 세속적인 지역사회에 받아들여지지 않고 오히려 좀 이상한 집단으로 간주되기 때문이다.

종교의 자유가 법으로 보장되어 있고 시대가 문명화되어 있는 오늘날의 세상에서 그리스도인들에게 신체적 위해(危害)가 가해지는 일은 거의 일어나지 않는다. 하지만 십자가에 못 박힌 삶을 사는 그리스도인들은 정상에서 약간 벗어난 사람들로 취급당한다.

언젠가 어떤 사람이 "그렇다면 모든 그리스도인은 우주복을 입고 우주로 날아올라 세상에서 최대한 멀리 떨어져야 할 겁니다"라고 말한 적이 있다. 물론 나는 이 사람처럼 말하고 싶은 생각이 털끝만큼도 없다. 분명히 말하지만, 하나님께서 '세상을 사랑하지 말고 버려라"라고 말씀하실 때 의미하는 '세상'은 우리가 일하고 마시고 잠자고 성장하고 자식을 낳고 양육하면서 살아가는 세상과 다르다. 내가 이 글에서 말하는 세상,

우리가 버려야 할 세상은 불신앙이 구조적으로 뿌리를 내린 세상이요, 쾌락을 찾아 동분서주하는 세상이요, 의심과 불신앙과 자기의(自己義)를 반석으로 삼아 유지되는 세상이다.

나는 예수님이 세상 안에 계셨지만 세상에 속하지는 않으셨다고 감히 말할 수 있다. 나의 이 말에는 모순이 없다. 이 구별은 매우 중요하다. 그리스도인들이 씨를 뿌리고 추수하고 직장생활을 하고 하나님의 계명을 지키며 살아가야 할 세상은 그분이 주신 세상이다. 이런 세상을 우리가 버려야 할 이유는 없다. 이런 세상은 그분이 원하신 세상이다. 이런 세상 안에서 사는 것은 세속성이 아니다.

그렇다면 세속성은 무엇인가? 이생의 자랑이다. 눈에 보이는 것을 탐하는 욕망이 세속성이다. 타락한 세상이 즐겨 행하는 모든 것과 세상의 지위를 향한 갈망이 세속성이다. 교회가 전통적으로 금지해왔던 무수히 많은 것들을 따르는 것이 세속성이다.

예수 그리스도께로 온전히 돌이켜라

다시 말하지만, 우리가 우선적으로 해야 할 것은 세상을 완전히 버리고 등지는 것이다. 이것은 소극적 행위이다. 그 다음에 해야 할 것은 주 예수 그리스도께로 완전히 돌이키는 것이다. 이것은 적극적 행위이다. 그런데 소극적 행위를 건너뛰어

적극적 행위로 직행하는 것은 불가능하다. 자동차 배터리에도 양극과 음극이 있지 않은가? 어떤 배터리에 양극만 있거나 음극만 있다면 그 배터리는 쓸모없는 것이 되고 만다. 이 두 가지는 공존해야 한다.

긍정적인 것만 설교하기 원하는 사람들이 있지만, 부정적인 것을 건너뛰고 긍정적인 것만을 언급해서는 안 된다. 반면, 부정적인 것만을 설교의 메시지로 삼는 사람들도 있는데 그들은 우리가 해서는 안 되는 것들을 잔뜩 적은 목록을 한 아름 안겨주는 것을 특기로 삼는다. 그렇지만 세상에는 사랑도 있고 미움도 있다. 빛도 있고 어둠도 있다. 이처럼 긍정적인 것과 부정적인 것이 번갈아 나타난다.

우리가 주 예수 그리스도를 온전히 따르려면 그분의 뜻이 어긋나는 모든 것을 버려야 한다. 버리지 않고는 따를 수 없다. 온전한 신앙의 길을 가려면 적극적인 행위의 문제뿐만 아니라 소극적인 행위의 문제도 해결되어야 한다.

이런 해결이 전제될 때 비로소 십자가에 못 박힌 삶이 가능해진다. 소극적인 행위의 문제를 외면하면 십자가에 못 박힌 삶이 불가능해진다. 당신은 세상을 버릴 수 있다. 즉 도박과 술과 담배를 끊고, 세상을 위해 살지 않으며, 세상의 쾌락을 즐기는 곳에 더 이상 가지 않을 수 있다. 생명을 줄 수 있는 능력이 조금도 없는 부정적인 것을 버릴 수 있다. 이런 부정적인 것들을 모두 처리해야 그 다음에 긍정적인 것들이 가능해진다.

긍정적인 것, 즉 적극적인 행동은 예수 그리스도를 향해 돌이키는 것이다. 이것은 능력과 권위를 주며, "말할 수 없는 영광스러운 즐거움"(벧전 1:8)으로 기뻐하게 만든다. 소극적인 것은 빛을 발하지 못한다. 춤을 추게 하지 못한다. 향기를 내뿜지 못한다. 어떤 사람이 세상의 모든 것에 극도의 환멸을 느끼고 산속의 굴에 들어가 완전히 고립된 삶을 산다고 해보자. 그렇게 한다고 그에게 능력이나 기쁨이나 충만한 의미가 주어지는 것은 아니다. 이런 것들을 느끼려면 예수 그리스도께 돌이키는 방법밖에 없다.

그런데 부정적인 것을 버리는 것과 긍정적인 것을 취하는 두 가지 일이 하나의 행동에 의해 달성될 수 있다. 내가 북쪽을 향해 서 있는데 하나님께서 내게 "남쪽으로 향하라!"라고 말씀하신다면, 나는 한 번의 행동으로 그분의 말씀에 따를 수 있다. 그분이 내게 "세상을 버리고 그리스도를 향해 가라!"라고 말씀하신다면, 나는 한 번에 그렇게 할 수 있다. 세상을 보고 있던 내가 180도 회전하면 그리스도께 향하는 것이 된다. 물론, 세상을 등졌다고 해서 모두가 그리스도께 향하는 것은 아니지만 세상을 등지지 않고는 그분을 바라볼 수 없다.

이런 경우를 가정해보자. 엄청난 능력을 가진 사람이 밤하늘의 어둠을 없애겠다고 마음먹는다. 수많은 그렘린(기계에 고

장을 일으킨다는 가상의 심술궂은 영 - 역자 주)이나 천사 등을 거느린 이 사람이 "내가 어둠에 지쳤으니 하늘에서 어둠을 말끔히 사라지게 하라"고 명령한다고 하자. 수많은 그렘린이나 어떤 영적 존재들이 걸레를 들고 나타나 하늘의 어둠을 씻어내려고 부지런히 작업하겠지만, 어둠은 사라지지 않을 것이다. 어둠은 태양이 떠올라야 사라진다! 걸레질을 아무리 많이 해도 사라지지 않는 어둠이 일출(日出) 하나로 간단히 해결되는 것이다. 어둠을 없애기 위해 해야 할 것은 걸레질이 아니라 일출을 기다리는 것이다.

탄산수가 세상적인 것이기 때문에 마시지 않겠다고 결심한 젊은이를 상상해보자. 탄산수 가게에 간 이 젊은이는 자기 앞에 탄산수 한 잔을 놓고 불편해하면서 "내가 약간 세상적인 사람이 된 것 같아서 마음이 편치 않아"라고 털어놓는다. 세상과 어울리며 세상 속에서 편히 사는 그리스도인이 행복한 것을 나는 이제까지 보지 못했다.

또한, 주 예수 그리스도에게 사로잡히지 않은 그리스도인이 행복한 것도 이제까지 보지 못했다. 태양이 뜨면 어둠은 사라진다 그 외에는 우주의 어떤 피조물도 밤하늘에서 어둠을 닦아낼 수 없다. 오직 태양만이 그렇게 할 수 있다. 아침에 태양이 얼굴을 내밀면 어둠은 깨어져 사라진다.

우리가 전심으로 우리 주 예수 그리스도를 향하면 더 깊은 삶, 즉 십자가에 못 박힌 삶을 발견하게 되고, 그분 안에서 성숙의 능력과 말할 수 없는 영광스러운 즐거움을 얻게 된다. 우리의 눈이 하나님의 아들을 향하고 마음이 그분으로 충만해지면 우리 마음속의 모든 악기가 연주를 시작하여 아름다운 음악이 흘러나온다. 그렇게 되면 영광스런 빛을 발하며, 베드로의 말대로 "말할 수 없는 영광스러운 즐거움"(벧전 1:8)으로 기뻐하게 된다.

이것이 내가 말하는 십자가에 못 박힌 삶으로 들어가는 것이다. 두 가지, 즉 세상을 등지는 것과 그리스도를 향하는 것은 한 번에 이루어질 수 있다. 세상을 버리고 그리스도께 달려가라! 그러면 일상적인 것들, 즉 먹고 마시고 사고 팔고 결혼하는 일들이 거룩한 행위로 승화될 것이다(이런 일상적인 것들은 하나님께서 본래 의도하신 것이기 때문에 세상의 영에 속하지 않고 그분께 속한다).

세상을 향하던 눈을 돌려 그분을 바라보라! 그러면 일상적인 것들이 하나님의 제단의 불을 계속 타오르게 하는 연료가 될 것이다. 세속적이라고 불리던 일상적인 것들이 우리에게는 더 이상 세속적인 것이 아니게 될 것이다. 땅의 것이 더 이상 땅의 것이 아니라 천상의 것이 될 것이다. 세상과 세상의 방법을 바라보던 눈을 180도 돌려서 하나님의 아들의 얼굴을 바라보라. 그러면 지극히 평범한 것도 하나님의 영광을 위해 행하게 될 것이다.

세상에게 등을 돌리고 그리스도를 향해 나아가는 사람들에게는 태양의 밝은 빛이 비칠 것이다. 지옥의 그렘린이 총출동한다 해도 그 햇빛을 쫓아내지 못할 것이다. 햇빛을 싹 쓸어 없애기 위해 지옥이 무수한 그렘린을 올려 보낸다 해도, 모든 그렘린이 일출부터 일몰까지 필사적으로 태양을 따라다니며 햇빛을 쫓아버리려고 애쓴다 해도 결국 성공하지 못할 것이다. 태양이 이 땅에 빛을 보내면 그 누구도, 그 무엇도 그 빛을 막을 수 없기 때문이다.

지옥은 이 땅을 파멸시킬 수 없으며, 예수 그리스도의 얼굴을 바라보는 신앙인의 기쁨을 빼앗아갈 수 없다. 세상을 거부하고 그리스도를 좇는 자들은 치료하는 광선을 비추는 '의(義)의 아들'처럼 자유롭게 될 것이다(말 4:2 참조).

당신은 세상으로부터 방향을 전환해 그리스도께로 온전히 향하겠는가? 그렇게 하려면 신앙의 정체 상태를 완전히 극복하려는 노력을 계속해야 한다.

주여, 저를 온전히 드리기 원합니다
사랑하는 주님께 온전히 드리기 원합니다
모든 것을 제단에 올려놓고
온전히 바치기 원합니다

제 죄의 값을 치러주셨으니
주님께 복종합니다
모든 것을 온전히 드립니다
생명과 시간도 드립니다
주님의 손 안에 있는 것을
모두 제게 주셨으니
말씀만 하시면 기쁘게 따르겠습니다
이제부터 영원까지
내 주께 순종하겠습니다

온전히 바칩니다
금과 은도, 말로 다 할 수 없는 부요함도
제게 주신 분의 것입니다
모든 것, 모든 것이 주님의 것입니다
주님이 영원히 주님의 것으로 삼기 위해
저를 사셨기 때문입니다
내 주 예수님이시여!

온전히 드리니 주여, 저는 주님의 것입니다
온전히 받아주소서, 거룩한 구주여!
제 안에서 주님의 삶을 사소서

모든 충만함이 주님 안에 거합니다
제 안에 사시는 것은
제가 아니라 그리스도이십니다
내 모든 것 되시는 그리스도시여!

_ 알프레드 C. 스니드(Alfred C. Snead, 1884~1961)
  주여, 저를 온전히 드리기 원합니다

CHAPTER **8**
신뢰는 선택이다

너는 마음을 다하여 여호와를 신뢰하고 네 명철을 의지하지 말라 너는 범사에 그를 인정하라 그리하면 네 길을 지도하시리라 잠 3:5,6

바울은 자기가 무엇을 믿는지, 어디에 서 있는지를 잘 알았다. 그는 하나님을 알았고 믿음에 완전히 굳게 서 있었지만 자신을 믿지는 않았다. 바울처럼 위대한 사람도 자기 자신을 믿지 않았다.

바울은 사람들 앞에서는 사자처럼 담대했지만, 하나님 앞에서는 자신이 한없이 부족한 존재임을 잘 알았다. 그래서 하나님 앞에 섰을 때는 자신을 전혀 신뢰하지 않았다. 그의 자기 신뢰는 그의 하나님 신뢰와 반비례했다. 하나님을 믿을수록 그만큼 자신을 덜 믿게 되었다.

믿음과 다른 방향, 자기 신뢰

그렇다면 자기 신뢰란 무엇인가? 간단히 말해서 그것은 경험을 통해 얻게 되는 '자신에 대한 존경과 확신'이다. 자기 신뢰는 당신이 당신 자신에 대해 깨닫게 된 것이요, 당신의 친구들이 당신에 대해 말해주는 것이요, 당신 스스로 갖게 된 자신에 대한 긍정적 평가이다. 이러한 자기 신뢰는 십자가에 못 박힌 삶을 가로막는 마지막 방해물이다.

이 방해물에 막히기 때문에 우리는 하나님의 깊은 강 안으로 들어가지 못하고 그 앞에서 망설이게 된다. 물이 너무 깊을까봐 두려워 물속으로 들어가지 못하고 쩔쩔매는 동물처럼 말이다. 많은 사람들이 자기 신뢰 때문에 십자가에 못 박힌 삶의 문턱에서 실패하고 만다.

내가 잠깐 언급하고 싶은 사람이 있다. 로렌조 스쿠폴리(1530~1610)라는 훌륭한 사람으로, 생전에 복음주의적 성향 때문에 다소 이단 취급을 받았던 독특한 가톨릭 신자이다. 그의 책 《영적 전투》(The Spiritual Combat)는 실제적 삶의 문제를 다룬 안내서이다. 우선 그는 삶의 본질이 우리의 이기적 욕망과 계속 싸우는 것이라고 말한다. 그의 주장에 따르면, 이 싸움에서 이기는 방법은 자기만족을 향한 갈망을 버리고, 그 대신 사랑과 희생의 삶을 사는 것이다. 그렇게 하지 않는 사람은 이 싸움에서 패배자가 되어 지옥에서 영원히 고통당하게 된다. 반면, 자신의 힘 대신 하나님의 능력을 의지하며 사랑과 희생의 삶을 사는 사람은 승리자가 되어 천국에서 영원한 복을 누릴 것이다.

스쿠폴리는 실제 삶에서 흔히 일어나는 일곱 가지 상황을 분석한 후 우리에게 조언해준다. 그의 조언은 그 일곱 가지 상황에 잘 대처하여 우리의 양심을 깨끗하게 지키고 우리의 덕을 함양할 수 있는 방법을 가르쳐준다. 하나님의 뜻에 어긋나는 삶을 지속하는 사람은 온갖 나쁜 일들을 일으키기 마련이다. 반면, 모든 선한 것은 하나님으로부터 나오며, 그분의 선하심은 끝이 없다. 스쿠폴리는 《영적 전투》에서 이렇게 말한다.

영적 싸움에서는 자기 불신이 절대적으로 필요하다. 그렇기 때문에 자기 불신이 없으면 승리의 목표에 도달하는 것은 고사하고 지극히 작은 정욕을 극복하는 일에서도 실패한다. 당신은 이것을 마음 깊이 새겨야 한다. 우리는 부패한 본성에 이끌려 자신을 잘못 평가하는 경향이 아주 강하기 때문이다. 우리는 아무것도 아니면서도 대단한 존재라는 착각에 빠지며, 아무 근거 없이 자신의 힘을 믿는다.

하지만 우리는 이런 잘못을 잘 깨닫지 못한다. 이런 잘못은 하나님이 보시기에 불쾌한 것이다. 왜냐하면 그분은 우리가 가장 분명한 진리를 깨닫고 솔직히 인정하기를 원하시기 때문이다. 가장 분명한 진리란 우리 안에 있는 모든 미덕과 도덕적 힘은 모든 선의 근원이신 하나님에게서만 나온다는 것이며, 어떤 선도 우리에게서 나올 수 없다는 것이다. 그렇다! 그분이 기뻐하시는 생각이 우리의 마음속에 생긴다 할지라도 그것은 전혀 우리에게서 나온 것이 아니다.

자기 신뢰가 그토록 잘못인 이유가 무엇일까? 그것은 하나님의 것을 도둑질하는 것이기 때문이다. 우리는 그분의 것을 도둑질하였다. 즉, 그분께 속한 것을 우리의 것으로 삼았다.

사도 바울은 하나님께서 만유의 근원이시라고 말한다(롬 11:35,36 참조). 그렇다! 그 무엇도 그분에게서 먼저 나오지 않는다면 우리에게서 나올 수 없다. 선한 생각도 예외는 아니다. 하나님께서 만유의 근원이시라는 사실을 무시하면서 '회심하여 거룩하게 된 자아'를 근원으로 삼는 것은 지극히 나쁘다. 왜냐하면 그분에 대한 궁극적 신뢰를 저버린 것이기 때문이다. 자아는 하나님과 인간을 비교해본 후 하나님을 과소평가하고 인간을 과대평가한다. 이것이 우리의 큰 문제이다.

하나님께서 왜 만물의 근원이신지를 알기 위해 신학을 공부해보라. 그분의 속성들에 대해 깊이 생각해보라. 그리고 그분을 과소평가하고 당신을 과대평가하는 마음이 당신에게 있는지 판단해보라.

하늘에 떠 있는 달을 한번 생각해보자. 만일 달이 사람처럼 말을 할 수 있고 그 나름대로 인격을 갖고 있다면 이렇게 중얼거릴 지도 모른다.

"나는 땅에 빛을 비추어주지. 내가 하늘에 떠서 빛을 비출 때마다 땅이 아름다워지는 거야."

그런데 누군가 달의 말을 듣고 달에게 이렇게 말한다.

"그런데 말이야, 네가 혼자 그렇게 하는 것이 아니잖아. 너는 네게 빛을 비추어주는 존재를 모르니? 빛은 네게서 나오는 것이 절대 아니야. 너는 단지 태양 빛을 반사할 뿐이야. 정말 비추는 것은 태양이야."

그때 자아(自我)가 나타나 달을 편들며 달에게 이렇게 말한다고 하자.

"너는 네 빛을 비추는 거니까 잘하고 있는 거야. 네가 나타나지 않으면 지구의 한쪽 면 전체가 어둠에 싸여 있을 수밖에 없거든. 하지만 네가 나타나면 어두웠던 곳도 밝아지기 때문에 저기 늘어선 집들을 볼 수 있지. 너는 참 잘하고 있는 거야."

이런 말을 듣는다면, 달이 "내가 그렇게 할 수 있는 건 오직 하나님의 은혜 때문이야. 그러니 그분이 영광을 받으셔야 해"

라고 말할까? 달이 사람을 닮았다면 그렇게 하지 않을 것 같다. 달이 지구에 빛을 보내는 것은 오직 태양 빛을 반사하기 때문이다. 만일 달이 이 사실을 안다면 지구로 빛을 보낼 때 "사실, 이 빛은 내가 아니라 태양에서 온 거야"라고 당당히 밝혔을 것이다.

이런 자연 현상에 담긴 논리가 영적 영역에서도 발견된다. 사도 바울은 자신이 천국에 들어갈 자격이 전혀 안 된다는 것을 알았다. 그에게 있는 것이라고는 하나님의 은혜뿐이었다. 그는 아무것도 아니고 하나님이 모든 것이셨다. 그는 완전히, 철저히 자신을 불신했다. 자신이 어떤 존재인지를 완전히 알 수 있는 인간은 없다. 인간은 때때로 자신의 감정도 이해하지 못하는 존재이기 때문이다.

나를 가장 겸손하게 만든 사건 중 하나는 내 설교를 녹음한 테이프를 처음 들었을 때이다. 그때 나는 녹음된 내 목소리를 난생 처음 들었고, 그 테이프는 내게 거짓말을 하지 않았다. 그 전까지 사람들은 설교할 때의 내 음성이 아주 듣기 좋다고 말해주었다. 하지만 내가 내 목소리를 들은 후로는 누구도 내게 내 목소리에 대해 이야기해줄 필요가 없었다. 녹음된 내 음성을 들을 때마다 나는 내 목소리가 어떤 느낌을 주는지 느낄 수 있었다.

사람들은 자기의 목소리를 들어보기 전에는 그것이 어떤지 모른다. 그와 마찬가지로, 하나님께서 우리의 연약함을 드러내시기 전까지 우리는 자신의 연약함을 모른다. 문제는, 자신의 연약함이 드러나는 걸 원하는 사람이 없다는 것이다.

우리는 자신의 좋은 습관과 미덕을 신뢰하는 것이 얼마나 위험한 것인지 깨달아야 한다. 우리의 장점이 우리의 약점이라는 것을 깨우쳐줄 수 있는 분은 오직 하나님이시다. 우리가 믿고 의지하는 인간적인 것은 무엇이나 우리를 실패자로 만들 수 있다. 성령께서 깨달음을 주실 때 비로소 우리는 자신이 얼마나 약한지를 알게 된다.

자기 신뢰를 어떻게 처리할 것인가?

내가 던지고 싶은 질문은 아주 간단하다.

"자신을 신뢰하지 않는 법을 어떻게 배울 것인가?"

하나님께서는 이 문제를 해결하기 위해 기본적으로 네 가지 방법을 사용하신다. 이 사실을 확인해주는 것은 경건서적의 작가들, 위대한 찬송시 작가들 그리고 기독교 전기작가들이다. 그리고 이 네 가지 방법은 십자가에 못 박힌 삶을 살았던 사람들의 인생에서 공통적으로 발견된다.

거룩한 감동의 빛

우리의 자기 신뢰를 처리하는 첫 번째 방법이자 최고의 방법은 하나님께서 우리 영혼에 거룩한 감동의 빛을 비추셔서 우리의 자기 신뢰를 드러내시는 것이다. 이런 일은 여러 사람에게 일어났다. 로렌스 형제에게도 이 일이 일어났다.

그의 책 《하나님 임재 연습》에 의하면, 40년 동안 그는 하나님의 임재를 의식하지 않았던 적이 한 번도 없었다고 한다. 우선 그는 "십자가를 지고 예수님에게 순종하며 이 거룩한 길을 가겠다고 결심했을 때, 나는 내게 많은 고난이 닥칠 것이라고 예상했다"라고 말했다. 그런데 이렇게 말한 다음 그가 덧붙인 말은 우리의 예상을 많이 빗나간다.

"무슨 이유인지 잘 모르겠지만, 하나님께서는 내가 고난당할 자격이 없다고 판단하셨다. 그분은 단지 내가 그분을 계속 신뢰하도록 하셨다. 나는 내가 가지고 있던 자기 신뢰를 모두 버렸고, 그 후 그분을 온전히 의지해왔다."

로렌스 형제는 그리스도께서 그의 안에, 그의 주위에, 그에게 가까이 계신다고 믿으면서 십자가에 못 박힌 삶을 살았다. 그리고 늘 기도하는 삶을 살았다.

하나님께로부터 오는 거룩한 감동의 빛을 마음속에 받은 사람을 또 꼽으라면 놀위치의 줄리안 여사(약 1342~1416. 영국의 신비가)가 있다. 그녀는 이 빛을 받았을 때 자신은 아무 쓸모없는 존재일 뿐이며 예수 그리스도만이 전부시라는 것을 즉각 깨달았다. 그리고 죽을 때까지 이 깨달음 속에서 살았다.

내가 볼 때, 우리의 자기 신뢰를 깨뜨리는 가장 쉬운 방법은 주님께서 거룩한 감동의 빛을 우리 마음에 비추셔서 우리의 진정한 자아를 폭로하시는 방법이다. 그런데 이때 우리의 교리가 방해가 될 수도 있다. 우리가 하나님의 진리의 말씀을 아무리 많이 안다 할지라도 우리의 삶이 교만으로 가득 차 있다면 하나님의 얼굴을 보지 못한다. 이런 교만 때문에 승리의 전진이 불가능해진다.

우리의 교만을 깨뜨리는 것은 올바른 교리에 대한 강의가 아니다. 성령께서 우리 영혼의 진정한 상태가 어떠한지를 알려주셔야 이 문제가 해결된다. 우리에게 필요한 것은 우리가 얼마나 악한지를 보여주시고 우리를 영적 늪에서 끌어내시는 성령의 역사이다.

하나님께서 내리시는 육신적 고난

우리의 자기 신뢰를 처리하는 하나님의 또 다른 방법은 육신적 영역에서 일어난다. 많은 이들은 하나님께서 우리의 몸에 고통을 주실 수 있다는 사실을 잘 받아들이지 못한다. 그러나 성경의 분명한 증언에 의하면, 육체적 고통은 모난 우리의 자아를 처리하시는 하나님의 효과적 방법 중 하나이다.

하나님께서 주신 육체적 고통들이 구약에 많이 나오지만 가장 대표적인 것으로 욥의 고난을 볼 수 있다. 욥의 이야기를 주의 깊게 읽지 않으면 욥의 진짜 문제를 간과하지 못할 수 있다. 물론 욥은 선한 사람이었고 성경도 이 사실을 분명히 인정한다. 그런데 역설적이게도 그의 문제는 그가 선한 사람이었다는 것이고, 이 사실을 그가 알았다는 것이다! 당신이 선한 사람인데 이 사실을 당신이 모른다면 하나님께서는 당신을 사용하실 수 있다. 하지만 당신이 얼마나 선하고 대단한지를 당신이 안다고 여긴다면 하나님께서는 당신을 영적 툭의 통로로 사용하실 수 없다.

그때 하나님께서 욥의 문제의 본질을 드러내실 수 있는 유일한 방법은 육체적 고통이었다. 우리로 하여금 우리의 관심을 그분께 돌리도록 만드는 유일한 방법이 육체적 고통인 경우들이 때로 있다. 그럴 때 그분은 우리의 교만과 자기 신뢰를 처리하시기 위해 육체적 고통을 사용하시기를 마다하지 않으신다. 그분이 주시는 육체적 고통은 때로 약으로도 치료되지 않는다. 이런 고통의 유일한 해결책은 자아를 부인하고 그분 앞에서 낮아지는 것이다.

오늘날에는 이런 이야기를 좋아하는 사람이 없는 것 같다. 그저 힘 나는 즐거운 이야기를 듣고 기분이 좋아지기를 원하는 사람들뿐이다. 그래서 하나님의 분명한 말씀에 싫증을 내는 사람들을 교회로 불러 모으기 위해 교회들은 카우벨(무용음악에 쓰이는 타악기)이나 연주용 톱 등에 의지한다. 어느 정도의 재미와 약간의 오락이 제공되어야 교회에 오기 때문이다. 육체적 훈련이니, 고통이니 하는 말을 듣기 좋아하는 사람은 없다. 어차피 이 시대는 치유가 선한 것이라고 믿고 그것을 추구하는 시대인데 육체적 고통 운운하는 걸 좋아하겠는가?

극단적 시련과 시험

우리의 자기 신뢰를 깨뜨리기 위해 하나님께서 사용하시는 또 다른 방법은 극단적인 시련과 시험이다. 어떤 설교자들이나 기독교 서적들은 거듭나기만 하면 모든 것이 끝난 것이므로 더 이상 시련이나 시험이 없다고 말한다. 성령충만을 강조하는 어떤 사람들은 성령충만이 그리스도인의 모든 체험의 끝이라고 주장한다. 그러나 성경의 분명한 기록에 의하면, 예수님은 성령충만 후에 광야로 가서 엄중한 시험을 받으셨다.

극심한 시련이나 시험에 빠진 그리스도인은 자포자기의 상태에 빠져 "하나님, 이제 아무 소용없습니다. 저는 무용지물입니다. 하나님께서 저를 원하시지 않는 게 분명하니 저는 이제 끝났습니다"라고 말하고 싶은 유혹에 시달린다. 그러나 이런 상태에 빠진 신자가 깨달아야 할 것이 있는데, 그것은 자기 신뢰의 위험성과 무익함을 가르쳐주시기 위해 하나님께서 시련과 시험을 허락하셨다는 것이다.

대형사고가 터져 정신이 하나도 없을 때면 우리는 모든 것이다 끝났다고 생각한다. 하지만 대형사고는 우리가 성숙한 그리스도인이 되기 위해 앞으로 전진해야 한다고 암시하는 징조 가운데 하나이다. 또한 대형사고는 우리가 어제보다 오늘, 우리의 영원한 본향에 한 걸음 더 가까이 나아갔다는 징조이다. 우리의 하늘 아버지께서 시련의 폭풍을 허락하신 것은 우리가 자기 신뢰를 버리고 오직 주 예수 그리스도를 의지하도록 하기 위함이다.

또 어떤 사람들은 회개를 지칠 정도로 오래 끌면서 해야 한다고 믿는다. 물론, 잘못한 사람은 회개를 해야 한다. 하지만 회개를 했다면 그 다음에는 모든 것을 하나님께 맡겨드려야 한다. 이것이 세상에서 가장 좋은 회개이다. 당신이 지난주에 행한 일에 대해 부끄러움과 죄책감을 느낀다면 하나님께 "제가 잘못을 범했습니다"라고 말씀드리면 된다. 범죄의 문제를 주님께 말씀드리고 맡겨드린 후에는 다시 회개하지 말라.

때로 당신을 약하게 만드는 이런 혹독한 시련과 시험의 목적은 무엇인가? 그것은 당신이 참된 그리스도인이 아니라는 것을 보여주기 위함이 아니다. 오히려 당신의 양심이 예민하고 당신이 하나님께 아주 가까이 있다는 것을 보여주기 위함이다. 혹독한 시련과 시험이 찾아오는 이유는 주님께서 당신에게 '마지막 교훈'을 가르쳐 당신의 자기 신뢰를 제거하기 위함이다. 하나님께 더 가까이 갈수록 당신의 양심은 그분 앞에서 더 예민해질 것이다. 그분께 가까이 갈수록 시련과 시험이 더 혹독해질 수도 있다. 교회 안에서 어떤 자들이 "그리스도인의 삶에는 어려움과 문제와 시험이 없는 것이 정상이다"라고 가르쳤지만 이것은 완전히 잘못된 교훈이다. 오히려 그 반대가 진리이다.

이 문제에 대해 우리에게 깨달음을 주는 성경의 인물들이 있다. 당신은 야곱의 시험을 아는가? 베드로의 시험을 기억하는가? 성경 전체를 읽어보고 교회의 역사를 처음부터 끝까지 살펴보라. 큰 시련과 시험을 당한 신앙인이 무수히 많다는 걸 알게 될 것이다. 신약성경의 히브리서 11장에는 믿음의 위인들이 많이 등장하는데, 그들의 인생에는 모두 극심한 고난과 유혹이 있었다.

시련이 찾아오면 우리는 얼른 성경을 펴서 한 구절을 찾아내 이렇게 말한다.

"바로 이거다! 여기 이 말씀이 현재 내 형편에 딱 맞는 말씀이다."

이런 식으로 진단하고 스스로 처방을 내린다. 우리는 현재 일어나고 있는 일의 의미를 다 안다고 생각한다. 그러나 이것은 착각이다. 진짜 문제는 우리가 우리를 믿는 것이다. 그렇기 때문에 하나님께서는 우리의 자기 신뢰를 처리하기 원하신다.

그분은 우리가 어떻게 느끼는지를 잘 아신다. 그분은 우리가 진리의 말씀을 정확히 분석할 줄 아는 우리의 능력을 아주 자랑스러워한다는 걸 잘 아신다. 정육(精肉) 기술자가 닭 요리를 만들기 위해 능숙한 손놀림으로 닭을 손질하듯이 우리가 성경본문을 척척 분해할 수 있다는 것을 다 알고 계신다. 우리는 성경본문에 사용된 단어들을 일목요연하게 정리해놓고 그 단어들의 의미를 정확히 꿰뚫어볼 수 있다. 그러나 우리가 너무 잘났기 때문에 하나님은 우리에게 복을 주실 수 없다.

우리는 너무 많이 안다. 하지만 우리가 사랑하는 하늘 아버지께서 보실 때, 우리는 사실 그렇게 많이 아는 것이 아니다. "나는 내게 일어나고 있는 일의 의미를 모릅니다"라는 고백이 우리의 입에서 나올 때까지 그분은 이런저런 어려움을 주신다. 우리의 친구들도 우리에게 일어나는 일의 의미를 모를 수 있다. 지혜의 말을 해줄 수 있을 것 같은 사람을 찾아가 조언을 구하지만 그 사람도 우리를 돕지 못한다. 그런데 우리가 사람에게서 도움을 얻지 못하는 것이 정말 다행이다.

프랜시스처럼 아주 경건한 사람이 있어서 우리 모두가 그를 찾아가 그의 지혜의 말을 듣고 우리가 어디에 있는지, 우리에게 일어나고 있는 일의 의미가 무엇인지, 그리고 인생이 무엇인지를 알 수 있다면 좋을까? 결코 그렇지 않다! 하나님께서는 우리를 매우 사랑하시기 때문에 프랜시스 같은 사람을 우리에게 붙여주시지 않는다. 그분이 가르쳐주기 원하시는 것은 사람에게 의지하거나 기대지 말고 하나님만을 의지하고 그분께 기대라는 것이기 때문이다.

내 개인적인 이야기를 할 것 같으면, 사람들이 나를 의지하고 내게 기대려 할 때 나는 때로 두려움을 느낀다. 그러나 당신은 나 같은 경우를 당한다 할지라도 두려워하지 말라. 때때로 하나님께서는 내가 믿는 것을 확 꺾어버리시는데, 그것은 내가 어떻게 반응하는지를 시험해보시기 위함이다.

그리스도인으로서 당신은 하나님께서 그분의 사람들을 가르치기 위해 사용하시는 방법들을 안다. 그리스도인으로서 당신은 그분을 사랑한다. 당신은 세상의 허망한 것들에 신물을 낸다. 교회 안에서 보게 되는 허탄한 것들에도 신물이 났다. 그리고 암사슴이 시냇물을 갈망하듯이 하나님을 간절히 찾는다. 당신의 마음과 육체가 살아 계신 하나님을 갈망한다.

그러나 이 모든 것에도 불구하고 당신은 여전히 당신 자신을 신뢰한다. 말씀을 사모하고 기도 시간을 그 무엇보다 귀하게 여긴다고 고백하지만 당신에게는 자기 신뢰의 경향이 아직 남아 있다.

이런 경향을 고치는 것을 더욱 힘들게 만드는 것은 이 문제에 대해 사람들이 더 이상 이야기하지 않는 것이다. 이 문제에 대한 논의는 이미 한 세대 전에 복음주의 및 근본주의 교회에서 사라졌다. 오늘날 어떤 사람이 그리스도인이 되면 주변 사람들이 모두 몰려가 그의 등을 두드리며 "하나님께 영광을 돌립시다! 형제여, 당신은 거듭났습니다"라고 말하는 것으로 모든 것을 끝낸다.

그러나 주님은 이런 사람들과 다르게 "이제부터 시작이다"라고 말씀하신다. 성경은 하나님께서 노래를 부르며 우리를 기뻐하실 것이라고 가르친다. 이것은 진노의 하나님의 모습이 아니라, 그분의 자녀인 우리를 향해 언제까지나 참아주시는 사랑의 아버지의 모습이다.

물론 그분은 우리를 심판하지 않으신다. 그분은 그분의 자녀들이 제 몫을 다하는 그리스도인으로 성장하기를 원하신다. 그런데 그분은 이런 소원을 이루기 위해 때로 우리로 하여금 혹독한 시련과 시험을 통과하게 하신다. 이런 성장 과정의 궁극적 종착지는 주 예수 그리스도에게서 나타난 '그리스도인의 완전함'이다.

역사 속에 있었던 성도들의 발자취

하나님께서 우리의 자기 신뢰를 처리하시는 네 번째 방법을 간단히 표현할 것 같으면, 그것은 우리가 현재 있는 곳에서 성도들의 발자취를 보도록 하시는 것이다. 영적 성장의 길은 나 혼자 가는 것이 아니다. 당신 주변에 있는 영적 발자취를 둘러보고 누가 그것을 남겼는지 생각해보라. 그러면 그것이 지난 여러 세대에 걸쳐 살았던 위대한 신앙인들의 발자취라는 것을 알게 될 것이다.

사실 나는 현대의 신앙적 발자취보다는 과거로부터 지금까지 내려온 발자취에 관심이 있다. 당신이 신앙 위인들의 발자취를 살펴본다면 그것들이 모두 한 방향, 바로 예수님의 발자취를 따른다는 걸 알게 될 것이다! 그들의 발걸음을 살펴보라. 그들 중 어떤 이들은 때때로 뒷걸음질 치지만 결국에는 자기의 길을 다시 찾아서 예수님을 따르기 시작했다는 걸 알게 될 것이다. 그들은 모두 그리스도를 따랐다. 기쁨과 확신으로 충만한 그리스도인은 이런 신앙 위인들의 발자취를 따르게 된다.

하나님을 신뢰하라

아마 당신은 주님께서 당신을 위해 무언가를 해주시기를 원할 것이다. 틀림없이 원할 것이다. 그분이 당신에게 임하시어 은혜의 물결로 덮으시기를 원할 것이다. 교회의 교인들은 능력이 임하여 강력한 영적 부흥이나 제2의 종교개혁이 일어나기를 바랄 것이다. 신자들 개개인도 그들의 삶에서 능력이 나타나기를 원할 것이다. 이런 모든 선한 일이 일어나기를 바라는 것이 우리의 마음이다. 그러나 우리는 이런 일을 우리의 힘으로 만들어내려는 시도를 경계해야 한다.

나는 내가 무엇을 만들어내려고 시도하지 않는다. 하나님의 일은 인간의 시간표에 좌우되지 않기 때문이다. 내 인생의 항로가 어디로 가고 있는지를 아는 경우는 거의 없지만, 그래도 어떤 길을 일 년 동안 걸은 후 뒤돌아보면 그 길이 비교적 좁았다는 걸 깨닫게 되는 때가 있다. 나는 하나님께 나아가 내 소원을 상세히 말씀드리고 그분의 응답을 기다리지만 특별한 일은 좀처럼 일어나지 않는다. 내 문제의 해결이 불가능한 것처럼 보인다. 하지만 그러던 중 어느 한 순간에 갑자기 문제가 풀리기 시작한다. 그래서 뒤돌아보면, 그분이 내 발걸음을 매 순간 인도하셨다는 것이 보인다. 다만 내가 그것을 모르고 있었던 것이다!

내가 어디로 가고 있는지 몰랐을지라도 뒤돌아보면 이제까지 달려온 길이 내 눈에 보인다. 우리가 매순간마다 뒤를 돌아볼 필요는 없겠지만 때로는 뒤를 돌아보아야 한다. 그렇게 하면 그분의 인도하심에 따라 어떤 지역을 통과해왔는지 보일 것이다. 그분이 고원에서나 골짜기에서나 늘 우리를 이끌어주신 것은 우리를 사랑하시기 때문이다. 다만 우리가 그 사랑을 몰랐을 뿐이다.

내가 그분을 더욱 의지할수록 나의 자기 신뢰는 그만큼 줄어든다. 십자가에 못 박힌 삶을 진정으로 원하는가? 그렇다면 자기 신뢰를 버리고 오직 그분만을 의지하라.

주님께 무엇을 받았든
우리는 오직 주님의 것을 주님께 드릴 뿐입니다
우리의 모든 것은 오직 주님의 것이오니
오, 주여!
그것은 주님이 맡겨주신 것입니다

그러므로 참된 청지기의 자세로
주님이 주신 것을 받게 하시고
주님께 복을 받으면
우리의 첫 열매를
즐거이 주님께 드리게 하소서

마음들은 상처받아 지쳤고
가정은 스산하고 침울합니다
목자가 피 흘려 속량하신 어린 양들이
우리를 떠나 방황합니다

위로하고 지켜주는 것이
고통을 달래주는 것이
외롭고 아비 없는 자들을 돌보는 것이
이 땅의 천사들의 일입니다

갇힌 자를 풀어주고

길 잃은 자를 하나님께 인도하며

생명과 평안의 길을 가르치는 것이

그리스도를 닮는 길입니다

비록 우리의 믿음이 작을지라도

주님의 말씀을 믿습니다

우리가 주님의 사람들을 위해 무엇을 행하든지

오, 주여!

바로 주님께 하는 것입니다

_ 윌리엄 W. 하우(William W. How, 1823~1897)
  오직 주님의 것을 주님에게 드립니다

THE CRUCIFIED LIFE

PART 3

십자가에 못 박혀라,
거짓 자아를 벗으려면

CHAPTER **9**

값비싼 은혜를 위해 싸우라

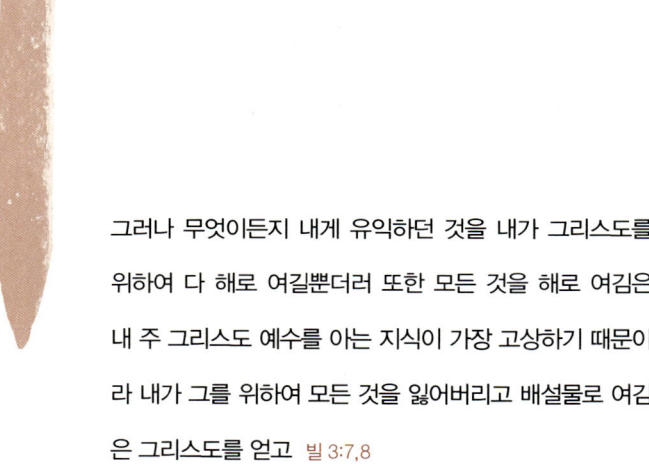

그러나 무엇이든지 내게 유익하던 것을 내가 그리스도를 위하여 다 해로 여길뿐더러 또한 모든 것을 해로 여김은 내 주 그리스도 예수를 아는 지식이 가장 고상하기 때문이라 내가 그를 위하여 모든 것을 잃어버리고 배설물로 여김은 그리스도를 얻고 빌 3:7,8

하나님께서 그분을 따르라고 부르신다면 그것은 어떤 희생도 각오하고 따르라는 부름이다. 원수 마귀에게는 온갖 악한 짓을 저지를 수 있는 능력이 있지만, 하나님의 손 안에 있는 사람에게는 어떤 해도 끼칠 수 없다.

축구선수는 "세상에서 주목 받는 스타 축구선수가 되려면 어떤 희생을 치러야 합니까?"라고 묻지 않는다. 변호사 지망생이 "잘나가는 변호사가 되려면 어떤 대가를 치러야 합니까?"라고 묻지 않는다. 기업을 크게 일으키려는 사람도 마찬가지다. 더 큰 열매를 얻기 위해서는 더 큰 대가를 치러야 한다는 것쯤은 삼척동자도 아는 일이다. 대가를 전혀 또는 거의 치르지 않고 얻을 수 있는 것이란 별 볼일 없는 것들이다.

영적 영역에서도 마찬가지이다. 그러므로 우리가 던져야 할 질문은 간단명료하다. 그것은 "십자가에 못 박힌 삶의 진보를 이루기 위해 무엇을 지불하고 희생하고 포기할 것인가?"라는 질문이다.

교회의 역사와 기독교 전기들을 살펴보면, 십자가에 못 박힌 삶을 살기 위해 믿음의 위인들이 어떤 희생을 기꺼이 받아들였는지를 쉽게 볼 수 있다. 교회의 역사 속에는 영광스런 순교의 행렬이 길게 이어져 왔다. 자연인의 관점에서 보면 그런 순교자들의 삶이 매력적으로 보이지 않을 것이다. 하지만 하나님의 관점에서 보면 그들의 삶은 전혀 다른 의미로 충만했음을 알 수 있다.

최초의 기독교 순교자 스데반은 사울의 발아래에서 죽었지만 사울은 나중에 위대한 사도가 되었다. 스데반의 죽음이 젊은 사울의 마음에 큰 동요를 일으켰다고 나는 확신한다.

정보에 밝은 사람이라면 지난 반세기 동안 미국의 영성이 꾸

거짓 자아를 벗으려면

준히 쇠퇴했다는 것을 부인하려고 하지 않을 것이다. 나는 지금 자유주의나 모더니즘에 대해 말하는 것이 아니라 복음주의에 대해 말하는 것이다. 물론, 현재의 나 자신도 신학적 입장과 개인적 선택에 따라 복음주의 진영에 속해 있다. 하지만 진지하게 현실을 꿰뚫어 보는 사람이라면 현재 복음주의 영성의 상태가 너무 심각하기 때문에 이렇게 묻지 않을 수 없을 것이다.

"현재 널리 퍼져 있는 복음주의 기독교는 믿음의 조상들의 신앙을 그대로 따르고 있는가? 아니면 스스로를 그리스도인이라고 부르기 원하는 사람들의 비위를 맞추기 위해 이교(異敎)에다 기독교의 가면을 살짝 씌워 놓은 것인가?"

지역 신문의 종교 섹션이나 대중잡지들을 보면 속이 메슥거릴 지경이다. 현재 기독교의 신앙과 영성이 이토록 낮은 상태에 머물고 있는 이유는 확연하다. 은혜에 관해서는 거의 광적으로 강조하면서도 순종이나 자기훈련, 인내, 개인의 성결, 십자가의 삶, 제자의 길과 같은 신약의 귀한 교훈들은 완전히 배제했기 때문이다. 현대교회가 이런 신약의 교훈을 부인하지는 않지만 사실상 소홀히 함으로써 사멸시켰거나 또는 각주(脚註) 수준으로 격하시켜 버렸다. 믿음의 조상들 대부분이 가르친 '은혜의 교리'만 일방적으로 붙들다보니 신약의 교훈들이 배제된 것이다. 그리고 각주에다 무수한 설명과 해석을 덧붙여 그 교훈의 손발을 다 묶어버렸다.

믿음의 조상들은 하나님의 은혜를 깨달았을 때 무릎을 꿇고 떨리는 마음으로 그분을 경배했다. 하지만 우리는 어떤가? '은혜'라는 말을 귀에 못이 박히도록 들은 우리는 은혜를 너무나 당연한 것으로 여겨 거의 감동을 느끼지 못한다. 모라비아 교회의 신자들, 감리교의 신자들, 그리고 그들의 직접적인 영적 후손들에게 그토록 놀랍고 귀했던 것이 자신의 이기적 목표와 즐거움에 푹 빠져 있는 오늘날의 그리스도인 세대에게는 '값싼 것'으로 전락해 버렸다.

디트리히 본회퍼

십자가에 못 박힌 삶을 살려는 사람이 치러야 할 희생과 대가가 무엇인지를 극명하게 보여준 사람이 있다. 그는 미친 허무주의자인 아돌프 히틀러가 독일을 지배하던 암울한 시대에 살았던 디트리히 본회퍼이다.

그가 30대의 나이였을 때 히틀러의 나치가 권력을 장악했다. 명석한 신학자로서 독일 고백교회의 지도자 중 한 사람이었던 그는 히틀러의 국가사회주의가 결국 독일과 세계를 처참한 전쟁으로 몰아넣을 것이라고 꿰뚫어 보았다. 예민한 기독교적 양심을 가졌던 그는 히틀러와 그의 살인정권의 사악함에 치를 떨었다. 복음전파자였던 그는 방송을 통해 담대히 독일 국민에게 경고했다. 즉 "히틀러라는 지도자를 하나님처럼 떠받드는 국가를 부패와 오류에 빠뜨린"[1] 정치 시스템이 결국 세상에 참화를 안겨줄 것이라고 말이다.

전운(戰雲)이 유럽을 덮자 본회퍼는 독일을 떠나 잉글랜드로 가서 그의 일을 계속했다. 하지만 얼마 안 가서 그의 기독교적 양심은 역사의 격랑에 빠져 있는 조국을 떠나 혼자 안전한 곳에 있는 것을 허락하지 않았다. 그는 이렇게 말했다.

"내가 지금 내 국민과 함께 이 고난의 시기를 보내지 않는다면, 전쟁이 끝난 후 독일의 재건에 참여할 수 있는 권리가 내게는 허락되지 않을 것이다. … 독일의 그리스도인들은 준엄한 양자택일에 직면하게 될 것이다. 기독교 문명의 생존을 위해 독일의 패배를 원할 것이냐, 아니면 독일의 승리를 위해 우리의 문명을 파괴할 것이냐 하는 양자택일 말이다. 나는 이 두 가지 중 어떤 것을 택해야 할지 안다. 그런데 나의 선택을 위해서는 내 안전을 포기해야 한다."[2]

독일로 돌아온 본회퍼는 고백교회를 위해 일했고 반체제 정치조직에 몸담았다. 하지만 얼마 지나지 않아 악명 높은 게슈타포(비밀경찰)에게 체포되어 투옥되었고, 여러 감옥과 수용소

---

1) G. Leibholz, "Memoir," in Dietrich Bonhoeffer, *The Cost of Discipleship* (New York: Simon and Schuster, 1959), p. 16.
2) 같은 책, pp. 17-18.

로 끌려 다녔다. 그러면서도 동료 수감자들을 돕기 위해 가능한 모든 수단을 통해 복음을 전하고 기도하고 위로했다. 그때 그를 접했던 사람들은 그가 극도로 끔찍한 상황에서도 침착함과 절제를 잃지 않았다고 전했다. 그들의 말에 의하면, 그는 "사람들 앞에서는 거인이었고 … 하나님 앞에서는 어린아이였다."3)

본회퍼는 독일에서 루터 같은 존재로 탁월한 영적 통찰력을 보여주었다. 그는 예수 그리스도께서 인간의 구주이심을 전하기 위해 그의 모든 것을 바쳤다. 그는 그가 '값비싼 은혜'라고 부른 것을 받아들였다. 하나님의 은혜가 우리의 모든 것을 대가로 요구할 것이기 때문에 우리는 천국행 티켓을 공짜로 얻으려고 해서는 안 된다는 것이다. 하나님의 은혜는 값비싼 것이다. 그리스도의 보혈을 대가로 치르고 얻어진 것이며, 또한 우리의 목숨까지도 대가로 요구할 것이기 때문이다.

전쟁이 시작될 때 본회퍼는 사랑스런 여인과 약혼을 한 상태였고, 그의 아버지와 형제와 친척들도 살아 있었다. 나치는 독재정권의 상투적 협박 수단을 즐겨 사용하는 정권이었다. 즉 "우리가 네 가족을 인질로 잡고 있으니 우리의 말에 고분고분 따르라. 우리의 말을 듣지 않고 계속 떠들면 네 가족이 고

---

3) 같은 책, p. 19.

통당할 것이다"라는 식의 협박을 일삼았다. 그리하여 나치는 본회퍼에게도 "복음의 값비싼 은혜와 자유에 대해 더 이상 말하지 말라. 히틀러와 나치에 대한 비판을 중단하라. 우리의 말을 듣지 않으면 네 가족을 죽이겠다"라고 협박했다.

이런 식의 협박은 대개의 경우 먹혀들지만 나치는 본회퍼 같은 사람의 적수가 되지 못했다. 그는 "내 가족은 오직 하나님의 것이다. 내 가족을 죽이겠다는 협박은 나를 굴복시키지 못한다"라고 대답했다. 이렇게 말할 때 그에게서 풍기는 침착함과 평안은 오직 그리스도만이 주실 수 있는 것이었다.

이런 일이 있기 몇 년 전 본회퍼는 "하나님께서 어떤 사람을 부르실 때는 그에게 '와서 죽어라'라고 말씀하신다"[4]라는 글을 남겼다.

1945년 4월 9일, 하나님의 이 말씀에 순종할 수 있는 시간이 그에게 찾아왔다. 그는 구조될 수 있는 기회를 포기했는데, 그것은 다른 사람들의 생명을 위험에 빠뜨리지 않기 위해서였다. 결국 "그는 흔들림 없이 교수대로 걸어가 형장의 이슬로 사라졌다. 죽을 때 그가 보여준 침착함과 위엄은 감동 그 자체였다."[5]

---

4) 같은 책, p. 11.
5) 같은 책, p. 26.

독일 국민 중 너무나 많은 사람들이 민족적 교만에 빠져 있었고 일시적 성공에 눈이 멀어 있었다. 그러나 하나님께서 자비를 베풀어 그 맹목(盲目)의 나라에 한 사람을 보내셨다. 그는 볼 수 있는 사람이었다. 그러나 그 맹목의 나라는 그들의 선지자를 교수대에 매달아 죽이고 그의 몸을 태워 그 재를 사방에 뿌렸다. 이런 비극이 일어난 후 얼마 안 가서 그 나라는 국가적 굴욕과 붕괴의 비극을 겪게 되었다.

본회퍼가 남긴 가장 큰 공헌은 《제자가 되기 위한 대가》(The Cost of Discipleship)라는 제목이 붙은 그의 책일 것이다. 전쟁이 시작되기 전에도 이 선지자는 분경히 꿰뚫어 보았다. 그는 "우리 교회의 영원한 원수는 '값싼 은혜'이다. 지금 우리는 '값비싼 은혜'를 위해 싸우고 있다"라고 썼다.[6]

진리가 보편적인 것이고 인류가 세계 어디에서나 유사하다는 것을 알 때, 우리는 비로소 이 젊은 루터교 목사가 기독교의 위기를 어떻게 이토록 정확하게 진단할 수 있었는지를 이해하게 된다.

그가 1930년대 중반에 진단한 독일 기독교의 질병은 한 세대 후에 미국 복음주의의 존립을 위협하는 질병과 너무나 닮았다. 내가 주목하고 싶은 것은 본회퍼가 그의 시대의 독일에 대

---

6) 같은 책, p. 43.

해 말한 것이 오늘날의 미국 기독교에도 놀랄 만큼 딱 들어맞는다는 것이다.

제자리 돌기

왜 하나님의 백성은 즉각 뛰거나 산을 오르거나 날아오르지 못 하는가? 왜 누군가 그들의 응석을 받아주고 그들 주변에 있어주고 그들을 돌보아주고 떠받들어주어야 하는가? 그 이유는 그들에게 '영적 다리'(spiritual leg)가 생기지 않았고, 하나님의 얼굴이 그들의 눈에 보이지 않기 때문이다. 그들은 그분의 얼굴이 보이지 않는다고 불평하지만, 사실 그리스도께서 우리를 위해 완전한 속죄를 이루셨기 때문에 하나님과 그리스도인 사이에는 아무것도 막힌 게 없다. 그리스도의 속죄는 '우리를 대적하는 것'을 모두 '우리를 위한 것'으로 바꾸어버릴 만큼 완전했다. 그분의 속죄는 우리의 과실을 모두 우리의 공로로 바꾸어버렸다. 우리에게 불리한 모든 것을 유리한 것으로 만들었다. 이것이 예수 그리스도의 속죄의 놀라운 결과이다.

그런데 어째서 우리가 하나님과 우리 사이를 가로막는 베일을 제거하는 데는 그토록 오랜 시간이 걸리는가? 그 베일을 걷어버리고 밝은 태양을 보며 믿음의 정상(頂上)에 도달하는 것이 왜 그토록 늦어지는가?

이렇게 된 것은 하나님의 책임이 아니다. 하나님은 우리가 전진하지 못하고 헤매는 것을 원하시지 않는다. 그분은 그분의 자녀가 은혜 안에서, 예수 그리스도를 아는 지식 안에서 성장하기를 원하신다. 우리가 완전함으로 나아가는 것이 그분의 뜻이다. 그분은 우리의 거룩함을 원하신다. 그런데 왜 우리는 거룩해지기 위해 노력하지 않는가? 가장 주된 문제는 우리가 우리 자신을 너무 사랑하는 것이다. 우리의 겉모양을 멋있고 아름답게 포장하려고 발버둥치는 것이 우리의 문제이다.

별 볼일 없는 그리스도인

간혹 동정을 얻기 위해 제단으로 나오는 사람들이 있다. 하지만 대개의 경우 나는 그들을 동정하지 않는다. 왜냐하면 그들은 잘못된 동기를 가지고 발버둥치고 있기 때문이다. 그런 사람들을 보고 어떤 이는 "저 사람들을 보십시오. 저들의 노력이 대단하지 않습니까?"라고 말할지도 모르겠다. 그렇게 말한다면 나는 "저 사람들이 왜 저러는지 아십니까? 지금 저들은 하나님과 싸우는 중입니다"라고 말해줄 것이다.

그들은 자기들의 체면을 세우기 위해 애쓸 뿐이다. 자신이 얼마나 하찮고 무익하고 작은 존재인지를 보여주기 싫어한다. 그들은 자신의 결핍이 얼마나 큰지 다른 이들에게 들키는 걸 원하지 않는다. 자신의 진짜 모습이 노출되는 것을 두려워하며, 자신이 잘나가고 있다는 인상을 심어주기 위해 애쓴다. 사실, 이런 모습은 보기가 좋지 않다.

미국인들은 자신이 성공의 길을 걷고 있다는 인상을 심어주기 위해 매년 수십 억 달러의 돈을 쓴다. 그러나 그들의 가면을 벗겨보라. 그러면 그들의 영과 마음과 생각이 얼마나 가난하고 보잘것없는지 알게 될 것이다. 우리는 자신의 위신을 세우고 명예를 지키기 위해 내면적 가난을 필사적으로 숨긴다. 우리는 세상에서 우리의 조그마한 위신이 무너지는 것을 원치 않는다. 끝까지 그것을 붙든다.

그러나 하나님께서는 우리의 위신이 다 무너지고 벌거벗은 모습을 드러내기 원하신다. 그렇게 될 때까지는 우리에게 복을 주지 않으신다. 우리가 결정권을 갖고 그분께 "하나님, 하나님께서 이것을 어떻게 처리하셔야 할지를 말씀드리겠습니다"라고 말한다면 우리는 별 볼일 없는 그리스도인에 불과하다. 별 볼일 없는 그리스도인이 무엇인지 아는가? 그것은 교회에 출석하고 수련회에 참석하고 은혜의 방편을 전부 갖고 있지만, 듣기에 둔하여 아무것도 이루지 못하는 그리스도인을 말한다!

우리는 우리를 위한 조그마한 영광을 챙기기 원한다. 하나님께 대부분의 영광을 돌려드리지만 그러면서도 수수료 명목으로 우리의 영광을 조금 떼어 놓는다. 우리의 것을 그분께 다 드리지 못하고 우리 몫으로 조금 챙겨 놓는다.

어떤 이들은 본래부터 작은 그릇으로 태어난 게 아닌가 하는 생각이 든다 그들은 큰 그릇이 되지 못한다. 만일 그들이 천국에 가게 된다면 그것은 하나님의 은혜로 인한 것이다. 그들은 천국에 아무것도 가지고 가지 못한다. 즉, 빈손으로 간다. 귀중한 것들을 가지고 가면 좋으련만 도저히 그렇게 안 된다. 하지만 하나님께서는 우리가 불로 단련된 귀한 금과 은과 다이아몬드와 진주 같은 보화를 갖고 천국에 오기를 원하신다. '풍성한 영혼의 추수'라는 업적을 이루기 원하신다. 천국의 곳간에 영적 전리품을 가득 채운 후 천국으로 건너오기를 바라신다. 생산적이고 열매 맺는 그리스도인이 되기를 원하신다.

그러나 아주 많은 그리스도인이 그분께 드릴 선물 하나 없이 천국으로 건너갈 것 같다. 이런 사람들은 희생을 거부한다. 히브리서 기자는 "너희가 듣는 것이 둔하므로"(히 5:11)라고 말했다. 히브리서 기자는 그의 편지를 받아볼 사람들에게 하고 싶은 말을 다 하지 못했다. 그들이 기회를 놓쳐 성장에 실패했기 때문이다.

자기방어를 내려놓아라

우리는 늘 주먹을 약간 굳게 쥐고 자기방어의 자세를 취하지만 사실 이런 자기방어를 포기해야 한다. 우리 교회에는 교회에 와서 기도하는 사람들에게 조언을 주곤 하던 한 여성도가 있었다. 한번은 그녀가 주먹을 쥐고 기도하고 있는 남자에게 이렇게 말해주었다.

"형제님, 주먹을 펴세요. 주먹을 쥐고 기도하는 것은 형제님이 그 무엇엔가 집착한다는 의미랍니다. 이제는 그것을 놓으세요. 내려놓으세요. 하나님께 당신의 손을 펴 보이세요. 그러면 됩니다."

당신의 발목을 잡고 있는 것이 무엇이든지 간에 그것은 당신과 하나님 사이를 가로막는 베일일 뿐이다. 그리고 그것은 알고 보면 참으로 어리석기 짝이 없는 허망한 것이다. 당신이 집착하는 것을 포기하고 당신의 자기방어를 내려놓지 않으면 언제까지나 '그렇고 그런 그리스도인'밖에 되지 않는다. 당신을 하나님의 손에 맡겨드리고 그분이 모든 것을 행하시게 하라. 당신이 그분을 도와드리겠다고 설치지 말라.

나는 이를 뽑을 때마다 치과의사의 수고를 덜어주겠다는 의도에서 내 나름대로 애썼다. 비행기를 타고 여행할 때마다 조종사를 도와주겠다는 본능적 의도에서 어떤 때에는 왼쪽으로 몸을 기울였고 또 어떤 때에는 오른쪽으로 몸을 기울였다. 하지만 이런 것은 쓸데없는 짓이다. 그런데 우리는 하나님을 향해서도 이런 식의 쓸데없는 짓을 한다. 그분을 도와드리겠다는 의도에서 그분의 짐을 나누어 지려고 한다. 그렇게 하지 말라. 다만 당신을 그분께 온전히 드려라. 그분께 당신을 맡기면서 이렇게 말씀드려라.

"아버지, 저는 '그렇고 그런 그리스도인'으로 사는 것에 신물이 납니다. 별 볼일 없는 신앙인으로 허송세월하는 것이 정말 싫습니다. 이 어정쩡한 상태가 저를 힘들게 합니다. 다른 그리스도인들에게 있는 기쁨이 저에게는 없습니다. 이젠 지쳤습니다. 전진하기 원합니다. 하나님을 더 알기 원합니다."

어떤 사람이 하나님을 체험하는 귀한 경험을 했다. 그는 더욱 성장하여 더 아름다운 체험의 세계로 들어갔다. 하나님과 동행했고 '하나님의 사람'이라고 불리게 되었다. 사람들이 그에게 찾아와 물었다.

"형제님, 형제님은 오랜 세월 동안 우리처럼 평범한 그리스도인으로 살아오다가 어느 날 갑자기 충만해지셨습니다. 비결이 무엇입니까?"

그는 이렇게 대답했다.

"저도 정확히는 모릅니다. 하지만 제게 있었던 일을 말하자면, 어느 날 하나님께 나아가 '제가 드릴 말씀이 있습니다. 이제부터 죽을 때까지 제 진심이 아닌 기도는 하지 않겠습니다'라고 말씀드렸다는 것입니다. 그 후 저는 달라졌습니다."

우리가 치러야 할 대가

대부분의 그리스도인은 '그렇고 그런 신자'로 살아가는 것에 만족한다. 그리스도인으로 산다는 것이 진정으로 무엇을 의미하는지를 깊이 있게 체험하지 못한다. 그들에게는 하나님의 일을 향한 갈망이 없다. 그들로 하여금 완전함을 향해 나아가도록 찌르는 것이 그들 안에 없다. 교회를 이끌어나가는 지도층 신자들 중에 '그렇고 그런 신앙인'이 너무 많기 때문에 오늘날의 기독교가 이 모양 이 꼴인 것이다.

타성에 빠진 신앙생활을 깨뜨리고 완전함을 향해 나아가도록 성령께서 다시 한 번 우리를 움직이셔야 한다. 그런데 그분이 그렇게 하시려면 모든 것을 하나님께 바쳐 십자가에 못 박힌 삶을 살겠다는 의지로 충만한 신앙인들이 자꾸 자꾸 생겨야 한다.

그렇다면, 십자가에 못 박힌 삶을 살기 위해 우리가 지불해야 할 대가는 무엇인가? 즉, 십자가에 못 박힌 삶을 살기 위해 어떤 비용을 들여야 하는가? 십자가에 못 박힌 삶을 통해 영적 항해를 계속하기 위해 희생해야 할 몇 가지를 내 나름대로 정리해보면 다음과 같다.

안전을 포기하라

우리가 가장 먼저 내놓아야 하는 것 중 하나는 우리의 안전이다. 안전한 환경에 계속 머물기를 고집하는 사람은 십자가에 못 박힌 삶의 여정을 시작할 수조차 없다. 디트리히 본회퍼는 삶의 안전을 포기했다. 그는 자신을 향한 하나님의 뜻을 이루어드리기 위해 자신의 안전을 희생했다. 만일 그가 자신의 안전을 중요하게 여겼다면 무서운 고난이 기다리고 있는 독일로 돌아가지 않았을 것이다. 만일 당신이 어떤 대가를 지불해서라도 당신의 안전을 지키고자 한다면 십자가에 못 박힌 삶을 향해 나아가는 것은 불가능해진다. 영성의 새로운 경지에 오르려면 당신의 안전을 포기하라.

편의성의 유혹을 뿌리치라

십자가에 못 박힌 삶을 향해 전진할 때 치러야 할 또 다른 대가는 편의성이다. 내가 이제까지 읽은 책에 나오는 사람들 중 그 누구도 죽음을 '편한 것'으로 여기지 않았다. 십자가에 못 박힌 삶을 살아가려면 '태산 같은 불편함'을 감수해야 한다. 편안함의 유혹을 과감히 뿌리칠 수 있는 자들만이 백 배 결실하는 그리스도인의 길을 갈 수 있다.

재미를 희생하라

교회의 역사 속에서 지금처럼 '재미'에 골두한 적이 없다. 오늘날의 그리스도인들은 재미와 사랑에 빠졌다. 그러나 십자가에 못 박힌 삶을 향해 전진하려면 재미를 제물(祭物)로 바쳐야 한다. 교회의 역사 속에 등장하는 신앙의 위인들은 신앙의 전진을 재미로 여기지 않았다. 교회의 위대한 개혁가들은 하나님께 받은 사명을 완수하기 위해 재미를 희생했다. 요컨대, 우리는 우리를 재미있게 해주는 것에 계속 집착할 것인가 아니면 그것을 희생시켜 영적 완전함으로 나아갈 것인가 사이에서 양자택일해야 한다.

인기를 내려놓으라

기독교는 상점의 진열대에 놓인 상품이 아니다. 그럼에도 상품 판매의 기법을 이용해 기독교의 인기를 높이려는 사람이 오늘날 많이 있다. 내 나름대로 역사책을 꽤 읽어보았지만 나는 대중에게 인기 있는 것이 옳았던 경우를 거의 보지 못했다. 대부분의 경우, 하나님의 사람들은 인기 있는 것을 거슬러 전진해야 했다. 앞으로 나아가기 위해 그들은 인기를 포기해야 했다.

세상적 성공을 버려라

십자가에 못 박힌 삶을 살기 위해 희생해야 할 것을 한 가지 더 언급하자면, 그것은 세상적 성공이다. 당신은 신앙의 진보와 영적 완전함을 이루기 위해 사업적 성공이나 스포츠 분야에서의 성공 또는 나름대로의 활동 분야에서의 성공을 희생할 각오가 되어 있는가?

세상의 성공 기준에서 보자면 예수님의 사역은 완전한 실패였다. 사도들과 교회의 역사 속에 있었던 위대한 순교자들도 모두 실패자가 된다. 세상의 눈으로 본다면, 자신의 사명을 위해 죽은 윌리엄 틴데일(약 1494~1536. 성경을 영어로 번역한 잉글랜드의 학자)은 철저한 실패의 삶을 산 것이 된다.

자신의 성공을 모든 면에서 희생하고 포기할 준비가 되어 있는 사람은 하나님과 함께 전진할 준비가 되어 있는 사람이다. 우리는 이 세상을 위해 살지 않고 장차 도래할 세상을 위해 산다. 영적 승리를 얻기 위해 세상적 성공을 버리는 것은 이 세상의 계산법이 아니라 그 나라의 계산법이다. 그 나라는 예수님이 우리를 위한 처소를 준비하고 계신 곳이다. 사실, 세상의 성공을 대가로 지불하고 하늘 아버지의 호의를 얻는다는 것은 엄청난 특권이며, 성도들은 바로 그 특권을 받은 자들이다.

십자가에 못 박힌 삶은 많은 비용을 필요로 한다. 대가를 지불할 준비가 되어 있는 사람만이 완전한 영적 승리를 거두며 그리스도와 기쁨의 교제 가운데 전진하게 될 것이다. 그리스도께서 우리의 구원을 위해 대가를 치르셨다. 이제 우리도 그분과 동행하면서 영적 완전함을 향해 나아가기 위한 대가를 치러야 한다.

선(善)을 위한 모든 능력이 여전히 남아
저를 이끌어줄 수 있고
주님의 위로와 감동으로

모든 두려움에서 벗어날 수 있으니
제 곁에 계신 주님을 생각하며 이 며칠을 보내면
주님과 함께 새해로 들어갈 것입니다
길을 재촉하지 않는 이 묵은해는
여전히 우리의 마음을 아프게 하고
슬픔의 긴 나날들은
아직도 끝나지 않았습니다
아버지여, 주님이 사랑의 매로 때리신 영혼에게
이제는 주님이 약속하신
치료와 회복을 내려주소서

주님의 명령에 따라
슬픔의 잔을 들이키는 것이
고통의 앙금까지 다 마셔버리는 것이
우리의 몫이라면
우리는 머뭇거리지 않고
주님의 사랑의 손이 주시는 모든 것을
감사히 받겠습니다

그러나 우리가 풀려나 삶의 기쁨을 되찾고
인생의 밝은 햇살을 다시 보는 것이

행여 주님의 뜻이라면
슬픔에서 배운 것 때문에
우리는 강해질 것이고
우리의 모든 삶은
주님께 드려질 것입니다

오늘 촛불들이
새해 인사의 맑은 빛을 던지게 하소서
보소서! 우리의 어둠 위로 떨어지는 촛불 빛이
혹시 우리가 소망하는 만남으로 이끌어주는
주님의 빛은 아닙니까?
주님은 우리의 지극히 어두운 밤까지도
밝히실 수 있습니다

이제 고요함이 깊어져 귀를 더욱 기울이오니
듣게 하소서
어둠에 갇혀 보이지 않는
주넘 온 세상에서 솟아오르는
주님의 자녀들의 기쁨의 찬가를
듣게 하소서

선(善)의 모든 능력이

우리를 따르며 돕는다면

어떤 미래일지라도

우리가 담대히 맞설 수 있습니다

밤이나 아침이나

하나님께서 우리의 친구가 되어주실 것입니다

오! 정말로 매년 새해 첫날

친구가 되어주실 것입니다

_ 디트리히 본회퍼(Dietrich Bonhoeffer, 1906~1945)
1945년 새해를 맞으며

CHAPTER 10
하나님의 얼굴을 가리는 베일

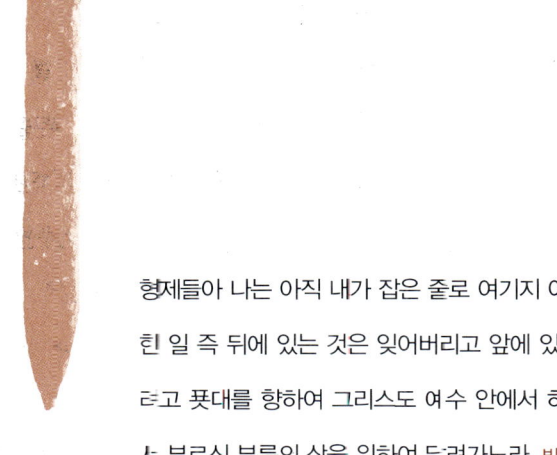

형제들아 나는 아직 내가 잡은 줄로 여기지 아니하고 오직 한 일 즉 뒤에 있는 것은 잊어버리고 앞에 있는 것을 잡으려고 푯대를 향하여 그리스도 예수 안에서 하나님이 위에서 부르신 부름의 상을 위하여 달려가노라 빌 3:13,14

    이제까지 우리는 신약성경의 메시지와 목적과 방법을 수면(水面) 아래로 눌러 놓았다. 우리가 '예수 그리스도의 주권'이라는 명목으로 이런저런 일들을 이루었다고 하지만 그것은 말뿐이었다. 사실 우리는 그분의 주권을 옆으로 밀어놓고 우리의 메시지와 목적과 방법을 가져와 우리의 소원을 이루어 왔다. 물론 우리의 소원은 어느 면에서 보나 비성경적인 것이다.

말로 다 표현할 수 없는 하나님의 선물, 즉 그분의 은혜를 통해 우리 마음의 뜻을 정결케 해달라는 기도가 이단의 기도인가? 이런 기도를 드리는 사람이 과격한 사람인가? 결코 그렇지 않다! 이런 기도는 《무지의 구름》의 저자가 드린 위대한 기도이다. 그의 기도를 들어보자.

"하나님, 말로 다 표현할 수 없는 은혜의 선물로 제 마음을 깨끗하게 해주시옵소서. 그리하시면 주님을 온전히 사랑하며 주님께 합당한 찬양을 올려드리겠습니다."

하나님을 사랑하고 그분께 합당한 찬양을 돌리기를 갈망하는 것이 단지 말로만 끝나서는 안 된다. 거기에는 우리의 모든 것이 드려져야 한다.

우리의 모든 것을 바쳐 그렇게 하는 것이 이단인가? 그렇게 하는 사람이 감옥에 가거나 국외로 추방되어야 하는가? 이런 내 질문에 대답해보라. 사도 바울로부터 시작되어 장구한 세월 동안 흘러내려온 교회의 역사에 비추어, 위대한 신앙인들의 삶에 비추어, 우리의 찬송가 가사에 비추어, 그리고 기독교 경건서적에 비추어 대답해보라. 당신이 제정신이라면 "결코 그렇지 않다!"라고 대답할 것이다. 누군가 내게 묻는다면 나는 "절대 그렇지 않다!"라고 대답할 것이다.

사도 바울은 그리스도를 얻기 위해서라면 온 세상이라도 버렸을 것이다(빌 3:7,8 참조). 모든 사람이 '그리스도에 대한 의식적(意識的) 체험'을 통해 그분을 알고 하늘나라를 유업으로 받는 것이 그의 소원이었다. 그의 말에 의하면, 그는 그리스도께서 모든 신자들의 마음에 계시게 해달라고 늘 기도했다(엡 3:17 참조). 그는 고린도의 신자들에게 "너희는 믿음 안에 있는가 너희 자신을 시험하고 너희 자신을 확증하라 예수 그리스도께서 너희 안에 계신 줄을 너희가 스스로 알지 못하느냐 그렇지 않으면 너희는 버림받은 자니라"(고후 13:5)라고 말했고, 로마의 그리스도인들에게는 "누구든지 그리스도의 영이 없으면 그리스도의 사람이 아니라"(롬 8:9)라고 말했다. 우리가 하나님의 복을 풍성히 받고 그분의 미소 짓는 얼굴을 볼 수 있는 것은 예수 그리스도께서 우리 안에 계실 때 비로소 가능하다.

그러나 불행하게도, 하나님의 얼굴과 그리스도인 사이에는 이상한 것이 자꾸 끼어들었다. 나는 그 이상한 것을 '모호함의 베일'이라고 부르고 싶다. 이 베일은 완전함을 향해 나아가려는 사람들의 눈을 가려 하나님의 풍성한 복을 보지 못하게 한다. 결국 그들은 그분의 미소 짓는 얼굴을 보지 못한다.

모호함의 베일

구름이 짙게 끼면 태양의 밝은 빛이 가려진다. 태양이 분명히 하늘에 떠 있지만 우리가 누릴 수 있는 햇빛의 유익은 현저히 줄어든다. 이런 현상은 영적 세계에서도 나타난다. 우리와 하나님 사이에 베일이 드리우면 우리가 누릴 수 있는 영적 유익이 현저히 줄어든다. 대개의 경우, 이런 베일은 우리가 만들어낸 것이다. 우리는 이런 베일이 우리의 삶에 점점 더 두껍게 드리우도록 허락하지만, 대개는 그 베일이 우리에게 큰 영향을 미치고 있다는 것을 의식조차 못한다. 우리에게 큰 문제가 되는 몇 가지 베일에 대해 살펴보자.

교만과 완고함

이런 베일 중 첫째로 꼽을 수 있는 가장 강력한 것은 교만과 완고함이다. 아담의 타락한 본성을 우리의 삶 속에서 가장 분명하게 보여주는 것이 교만과 완고함이며, 이 두 가지의 뿌리는 우리 자신에 대한 과대평가이다. 우리에게 가장 큰 문제를 일으키는 것은 사실 우리가 가장 애지중지하는 것이다.

우리의 교만과 완고함을 논할 때 종종 사용되는 용어는 '자아(ego)'이다. 이 단어에 모든 문제의 뿌리가 들어 있다. 즉 우리 자신과의 문제, 가족과의 문제, 친구와의 문제, 그리고 하나님과의 문제의 뿌리가 들어 있다.

문제가 생기는 것은 우리가 하나님께 합당한 자리를 찬탈할 때이다. 우리가 그분의 자리를 찬탈하는 이유는 다른 모든 사람들과 하나님보다 우리 자신을 더 높게 평가하기 때문이다. 우리는 자신이 잘못되었다는 것을 알게 되어도 그것을 인정하지 않는다. 바로 완고함 때문이다.

완고함은 영적 진보를 가로막는다. 교만과 완고함이 왜 문제가 되는가? 그것은 교만과 완고함이 우리의 모든 문제를 해결해주실 수 있는 하나님의 얼굴을 가리고, 우리 자신에게 초점을 맞추게 하기 때문이다. 교만과 완고함은 그분의 권위가 우리의 삶 속에서 얼마나 중요한 것인지를 보지 못하게 한다.

고집

교만이나 완고함과 밀접한 관계가 있는 것이 고집이다. 고집이라는 베일의 위험성은 고집이 신앙 깊은 사람들의 특징이라는 잘못된 생각 때문에 생긴다. 세상에서는 고집이 긍정적인 것으로 평가되는 경향이 있지만, 교회 안에서는 아주 파괴적인 결과를 낳을 수 있다.

고집은 언제나 하나님의 뜻을 밀어내고 자기의 뜻을 주장한다. 언뜻 보면, 고집이 좋아 보일 수도 있다. 하지만 고집 센 사람의 계획에 반대해보라. 그러면 그 고집의 정체가 드러날 것이다. 그의 고집을 꺾으려고 해보라. 그러면 평지풍파(平地風波)라는 게 무엇인지 실감하게 될 것이다.

사실, 남의 이야기는 할 것도 없다. 다른 사람들이 우리의 고집을 꺾으려고 할 때 우리가 어떤 반응을 보일지는 자신이 너무나 잘 알고 있지 않은가? 고집은 하나님의 미소 짓는 얼굴을 일그러뜨린다. 고집스런 사람은 그분의 뜻이 장기적으로는 그의 유익을 위한 것이라는 사실을 보지 못한다. 오직 눈앞의 이익만을 생각하기 때문이다.

종교적 야심

여러 베일 중에서도 우리를 가장 잘 속이는 것은 종교적 야심이다. 실제로 우리 주변에서 종교적 야심으로 가득 찬 사람들을 심심치 않게 찾아볼 수 있다. 그런데 불행하게도, 종교적 야심은 대개 하나님의 뜻을 왜곡한다.

종교적 야심이 어떤 식으로 나타나는지 생각해보자. 대부분의 신자들은 자기들의 교회가 성장하여 그들의 지역사회에서 하나님의 큰 일꾼으로 일하기를 원한다. 여기까지는 좋다. 그런데 종교적 야심이 강한 사람이 교회 안으로 들어와 그들의 감정을 성공 지향적으로 자극하면, 교인들은 지역사회를 위한 그들의 노력이 무엇을 위한 것이었는지를 잊어버리게 된다.

분명히 기억하라. 하나님께서 높이 평가하시는 것은 교회의 크기가 아니다. 대개의 경우, 사람들이 많이 모이는 것은 오히려 그분의 뜻을 이루는 데 방해가 된다.

일부 목회자들은 하나님께서 주신 권세의 한도를 초과하면서까지 특정 목적을 향해 교회를 몰아붙인다. 어떤 교회들은 정치적 활동에 더 열정적이고, 또 어떤 교회들은 사회적 문제들에 더 치중한다. 학교를 세워서 교육 사업을 하는 데 더 열을 올리는 교회들도 있다. 물론, 교회의 이런 활동 자체가 나쁜 것은 아니지만 이런 것들은 하나님께서 교회에 주신 대사명의 본질적 부분이 아니다.

만일 우리가 어떤 것을 신앙적 용어들로 치장한다 할지라도 하나님께서는 그것을 그분의 일이라고 인정해주지 않으신다. 요컨대, 어떤 교회가 종교적 야심에 휘둘린다면 하나님께서는 그런 교회를 기뻐하지 않으신다는 말이다.

소유권 주장

우리는 이 부분에서 어려움에 빠져드는 경우가 많다. 내가 어떤 것을 완전히 포기하여 하나님께 넘겨드리지 않는다면 그것이 그분과 나 사이를 가로막게 된다. 무엇이든지 내 것이라고 주장하는 것이 있다면 그것이 내 눈을 가려 하나님을 보지 못하게 할 것이다. 그리스도인들 중에는 어떤 것을 위해 충분히 금식하고 오래 기도하면 하나님께서 그것에 대해 마음을 바꾸실 것이라고 믿기도 한다. 하지만 그런 경우는 지금까지 없었다. 세상의 모든 금식과 기도를 동원한다 할지라도 그분은 뜻을 바꾸시지 않는다.

그러므로 우리가 모든 것을 포기하고 제단에 올려놓을 때, 비로소 하나님의 미소 짓는 얼굴의 광채가 보이기 시작할 것이다. 이삭에 대한 소유권 주장을 모두 내려놓은 아브라함에게는 세상이 다르게 보였을 것이다. 당신이 무엇인가에 집착한다면 그것에 발목이 잡혀 영적 완전함을 향해 뛰어가지 못할 것이다.

두려움

두려움의 아버지는 불신앙이다. 두려움에 사로잡힌 사람의 눈에는 하나님 얼굴의 미소가 뒤틀려 보일 것이다. 하나님께서 우리에게 가장 좋은 것을 주기 원하신다는 걸 믿는가? 아니면, 그분의 선한 뜻을 보지 못하게 가리는 두려움이 우리 마음에 조금이라도 있는가? 우리의 상황을 보고 그분의 미소가 우리를 향하고 있는지를 판단해서는 안 된다. 고개를 들어 그분의 미소 짓는 얼굴을 보는 대신 우리의 상황을 둘러보게 만드는 것이 바로 두려움이다.

풀무불 속에 던져진 세 명의 히브리 소년들이 그들과 함께 계신 하나님보다 그들 주변의 불길을 더 의식했다면 낙심했을 것이다. 그러나 그들은 불길 뒤에 있는 그분의 얼굴을 보았고, 그분과 그분의 은혜에 대한 생각으로 가득 차 있었다. 그렇기 때문에 그들이 풀무불에서 나왔을 때의 상태에 대해 성경은 "머리털도 그을리지 아니하였고 … 불 탄 냄새도 없었더라"(단 3:27)라고 증언한다.

돈

신자들이 돈 때문에 하나님의 얼굴을 보지 못할 수도 있다. 세상을 살다보견 돈 문제에 복잡하게 얽혀들기 쉽다. 돈이 많은 것도 문제가 될 수 있고, 돈이 없는 것도 그럴 수 있다.

솔로몬의 지혜의 말을 들어보자.

"내가 두 가지 일을 주께 구하였사오니 내가 죽기 전에 나에게 거절하지 마시옵소서 곧 헛된 것과 거짓말을 내게서 멀리 하옵시며 나를 가난하게도 마옵시고 부하게도 마옵시고 오직 필요한 양식으로 나를 먹이시옵소서 혹 내가 배불러서 하나님을 모른다 여호와가 누구냐 할까 하오며 혹 내가 가난하여 도둑질하고 내 하나님의 이름을 욕되게 할까 두려워함이니이다'(잠 30:7-9).

우리가 얼마나 많은 돈을 갖고 있는가 하는 것이 문제가 아니라, 돈에 얼마나 많이 사로잡혀 있는가 하는 것이 문제이다. 우리의 경우 대개는 적은 돈 때문에도 하나님의 미소 짓는 얼굴을 보지 못한다. 조그마한 동전이라도 우리의 눈을 가려 그분을 보지 못하게 할 수 있다.

우정

우정은 찢어버리기 힘든 베일이며, 우리에게 아주 큰 슬픔을 안겨줄 수 있는 베일이다. 우정이 때로 우리와 하나님 사이를 가로막을 수도 있기 때문이다. 지금 나는 불신자들과의 우정에 대해서만 말하는 게 아니다. 내 경우를 보자면 내가 그리스도를 영접하고 회심하자 불신자 친구들은 나를 떠났다. 지금 나는 주로 교회 안에서 생기는 우정에 대해 말하는 것이다. 신자들끼리 어울리다 보면 서로에게 맞추어주어야 하는 상황이 많이 발생하는데, 그럴 때 신자들 사이의 우정이 하나님과의 관계보다 더 중요해지면 그분의 얼굴이 가려질 수 있다.

우리는 우리끼리 서로 맞추어주라고 부름 받은 것이 아니라 하나님께 맞추어드리라고 부름 받았다. 물론, 그리스도인들 사이의 교제는 서로에게 큰 힘이 되는 아름다운 것이다. 하지만 그 교제가 하나님과의 교제를 밀어내버리면 그분의 얼굴을 보지 못하게 된다.

사회적 지위

이것 역시 우리가 내려놓기에는 너무 힘든 것이다. 대개 우리는 지위에서 자신의 정체성을 찾는다. 그리고 지위는 교회와 지역사회 안에서 영향력의 크기를 결정짓는다. 반드시 고액 연봉을 받거나 중요한 지위가 아니라 할지라도 우리와 하나님 사이를 가로막을 수 있다. 심지어 자원봉사자의 지위도 문제를 일으킬 수 있다. 하나님께 인정받는 것보다 세상의 지위로 인정받으려고 할 때 문제가 시작되기 때문이다. 즉 사람들의 인정이 그분의 인정을 왜곡시킬 수 있다.

베일을 찢어버려라

삶의 여러 부분에서 발견되는 이런 베일들이 겉으로는 아무런 해를 끼칠 것 같지 않지만 하나님의 얼굴을 가리는 위험스런 것이 될 수 있다. 이것을 깨달은 신자들은 베일들의 위험성을 간파하고 지혜롭게 피해가지만, 어떤 신자들은 구약시대의 이스라엘 민족처럼 실수한다. 그들은 일주일에 한 번씩 가데스바네아에 왔다가 방향을 바꿔 다시 광야로 돌아가는 패턴을 수년 동안 반복한다. 그러면서 왜 그들의 신발에 그토록 모래가 많이 묻어 있는지 의아해한다.

간단히 말하자면, 어떤 신자들은 가데스바네아를 통과해 계속 전진하려고 하지 않는다. 약속의 땅을 향해 나아가려 하지 않는다. 십자가에 못 박힌 삶을 향해 가기 위한 수고와 헌신을 하려 하지 않는다. 그러나 우리는 영적 눈을 가리는 베일을 찢어버려야 한다. 그렇게 하면 하나님의 미소 짓는 얼굴의 광채를 보게 될 것이다.

그분은 언제나 미소 짓고 계신다. 내가 이제까지 언급한 모든 베일들이나 심지어 마귀조차도 우리를 향한 그분의 미소를 막을 수 없다. 마귀가 그분의 얼굴과 우리 사이에 폭풍우를 일으킨다 할지라도 그분은 미소 짓고 계신다. 당신이 그분의 미소를 보기 위해 앞으로 전진하는 것이 그분의 뜻이라는 것을 기억하라. 그분을 가리는 베일을 치는 것은 우리 자신이다.

하나님의 경쟁자를 용납하지 말라

우리의 하나님께서는 사랑을 위해 질투하는 분이시기에 경쟁자를 용납하지 않으신다. 만일 당신이 그분의 경쟁자를 만든다면 그 경쟁자가 당신과 그분 사이를 가로막을 것이다. 지금 나는 당신이 그분과 연합해 있지 않다고 말하는 것이 아니다. 당신이 은혜로 말미암아 의롭다 함을 얻은 사람이 아니라고 말하는 것도 아니다. 내가 말하고 싶은 것은 하나님의 사랑의 미소의 밝은 빛이 그분의 경쟁자 때문에 차단될 수 있다는 것이다. 그 밝은 빛이 차단되면 그분을 온전히 사랑하고 그분께 합당한 찬양을 돌릴 수 있는 능력이 사라진다.

베일들을 찢어서 밟아버려라. 그러면 이제까지 당신을 괴롭히던 모든 것들이 그 베일 아래에서 모습을 드러낼 것이며, 그로 인해 당신에게 있던 근심 걱정들이 사라질 것이다. 당신의 머리 위에 맑고 푸른 하늘이 나타날 것이다. 그리스도께서 다시 죽으실 필요가 없다. 십자가를 다시 세울 필요가 없다. 그분이 이루신 속죄에 다른 무엇을 보탤 필요가 없다. 하나님은 그분의 백성을 향해 계속 미소 짓고 계신다. 하지만 안타깝게도 베일이 그분의 얼굴과 미소를 가리는 것이다.

속지 말라

어떤 이들은 이렇게 말한다.

"신앙적 퇴보가 구원받지 못한 죄인들에게는 일어날 수 있지만 그리스도인들에게는 일어날 수 없다. 대중에게는 일어날 수 있을지 몰라도 우리에게는 일어나지 않는다."

하지만 오늘날의 그리스도인들은 "여러 현대 교회들에서 예배의 구성요소로 자리 잡은 힐빌리 음악(미국 남부 산악지대의 민요조 음악 - 역자 주)이나 연극조의 말들(theatrics)을 통해 심장을 고동치게 하고 마음을 뜨겁게 하고 싶다면, 빨리 교회로 달려가라"고 배워왔다.

이렇게 배운 사람들을 비난할 생각은 없다. 하지만 이런 사람들은 속은 것이다. 종교 지도자들이 그들에게 거짓말을 하고 해를 끼친 것이다. 예수님 시대의 종교 지도자들이 그랬던 것처럼 말이다

예수님은 당시의 종교 지도자들을 밝은 눈으로 정확히 꿰뚫어 보셨다. 그리고 사람들에게 '저들이 말하는 것과 행하는 것이 신학적으로는 옳을지 몰라도 저들처럼 되지는 말라'라고 말씀하셨다. 종교 지도자들은 예수님의 말씀을 듣고 그분을 죽이려고 했고, 결국 그분을 죽였다. 하지만 사흘 만에 그분은 다시 살아나셨고, 성령을 세상에 보내주셨다. 이제 그분은 당신과 나의 주님이시다.

성령을 제한하지 말라

얼마만큼 성령충만해야 하는지에 대해 말하는 사람이 있다면 그의 말을 듣지 말라. 그것에 대해 말할 수 있는 분은 오직 하나님이시다. 거짓 선생들은 "흥분하지 말고 열광하지 말라"라고 가르치지만 그들의 말을 듣지 말라.

지난 세대를 이끌어온 것은 복음주의적 교파들이었다. 하지만 지금 근본주의라고 불리는 것이 머지않아 자유주의로 변하고 말 것이다. 그렇게 되지 않으려면 이제 성령을 다시 교회 안에 모셔야 한다. 하나님의 얼굴의 빛이 우리에게 비춰게 하고, 우리 영혼의 촛불이 밝게 빛나게 해야 한다. "나는 세상의 빛이니"(요 8:12)라고 말씀하신 분의 놀라운 영적 조명을 느끼고 알아야 한다.

이렇게 말하는 내가 광신자인가? 만일 그렇다면 나는 하나님께 더 많은 광신자를 보내 달라고 기도할 것이다. 진짜 광신은 성경의 교훈을 거스르고 잘못 해석할 뿐 아니라 이상한 것을 자꾸 덧붙이는 것이다. 내가 지금 말하는 것은 성경을 잘못 해석한 것이 아니다. 내 말은 믿음의 교리 위에 서 있다. 이 믿음은 지금도 살아 있는 우리 영적 조상들의 믿음이다.

방황을 끝내라

질문은 간단하다. 교만과 완고함의 베일, 고집의 베일, 종교적 야심의 베일, 소유권 주장의 베일, 두려움의 베일, 돈이라는 베일, 우정의 베일 그리고 사회적 지위의 베일을 찢어버릴 용의가 있는가? 이런 베일을 당신의 발로 밟아버리겠는가?

어쩌면 이런 베일들이 당신의 눈을 오랜 세월 동안 가리고 있었을지도 모른다. 그것들을 우회하여 지나가기 위해 기도했지만 별로 효과를 보지 못했을 것이다. 효과를 보려면, 그것들을 발로 밟고 그 위에 올라서야 한다. 하나님의 평안이 당신에게 임하지 못하도록 가로막았던 모든 것을 치워버리고 그분의 밝은 빛을 보라. 그런 다음, 긴장을 풀라. 당신이 할 것은 더 이상 없다.

우리의 하나님께서는 즐거운 마음으로 당신을 도와주려고 기다리신다. 당신을 돕는 것이 그분의 뜻이다. 사실, 그분은 당신을 도와주기를 아주 간절히 원하신다.

낙심의 어두운 그림자가 당신을 덮어버리도록 가만히 있지 말라. 아마 당신은 이곳저곳을 찾아다니며 이 책 저 책을 읽다가 생각이 혼란에 빠졌을 것이다. 그러나 이제부터는 당신과 하나님 사이의 베일을 찢어버리고 영원한 그분의 미소의 밝은 빛 안에서 뒹굴어라. 하나님의 백성이 그들의 베일을 발로 밟아버리기 전에는 영적 해결이란 없다.

거룩한 사랑의 손을 꼭 잡습니다

자비로운 약속을 제 것으로 삼습니다
그분의 약속에 응답합니다
저는 받고 그분은 맡아주십니다

거룩하신 주여, 주님을 영접합니다
저는 주님에게 저를 드리고
주님은 주님의 말씀에 따라
저를 위해 맡아주십니다

저를 위해 목숨을 내어주신 분을 통해
값없는 완전한 구원을 받습니다
그분이 제 모든 것이 되어주기로 약속하십니다
저는 받고 그분은 맡아주십니다

그분을 제 성결함으로
제 영(靈)의 흠 없는 거룩한 옷으로 받습니다
저의 의(義)가 되시는 주님을 영접합니다
저는 받고 그분은 맡아주십니다

약속하신 성령을 받습니다
오순절의 능력을 받사오니

저를 완전히 채워주소서
저는 받고 그분은 맡아주십니다

이 죽을 몸을 위해 그분을 받습니다
그분의 이름으로 치유함을 얻습니다
그분의 부활의 생명을 모두 제 것으로 삼습니다
저는 받고 그분은 맡아주십니다

그분의 말씀을 절대적으로 믿습니다
제 기도를 들으시니 주님을 찬양합니다
주님의 응답을 제 것으로 삼습니다
저는 받고 그분은 맡아주십니다

_ A. B. 심슨(A. B. Simpson, 1843~1919)
  저는 받고 그분은 맡아주십니다

CHAPTER **11**
그리스도인들의 이상한 독창성

내게 능력 주시는 자 안에서 내가 모든 것을 할 수 있느니라 빌 4:13

우리의 목표는 그리스도를 아는 것이다. 우리는 그분에 대해 배워야 하고, 그분의 부활의 능력을 알아야 하고, 그분의 죽음을 본받아야 하고, 그분 안에서 우리에게 주어진 것을 실제로 체험해야 한다. 그런데 그렇게 하기 위해서는, 그리스도 예수를 아는 지식이 가장 고상하다는 걸 깨닫고 세상의 모든 것을 해(害)로 여겨야 한다(빌 3:8 참조).

여기서 나는 한 가지 과감한 추측을 해보고자 한다. 물론 이것은 확인하기 힘든 추측이지만, 그래도 내가 아는 영적 원리들에서 나온 것이다. 이 추측에 의하면, 십자가에 못 박힌 삶의 여정을 시작한 사람의 첫 단계는 그의 인생의 최악의 나날이 될 것이다. 이 둣 주 동안 많은 이들이 낙심해서 다시 원점으로 돌아가곤 한다. 그런데 설상가상으로, 이 단계를 인내로 이겨낸 사람들 앞에 기다리고 있는 것은 밝은 햇살이 아니라 더 많은 낙심과 의심과 속임수이다.

이런 이야기들은 당신의 기운을 북돋우기보다는 실망시킬 것이다. 하지만 내 말을 더 들어보라. 이렇게 낙심하고 패배의 쓰라린 맛을 본 사람들, 즉 비유적으로 말해서 천장에 머리를 부딪치거나 인도에서 넘어져 턱이 까져본 사람들이야말로 하나님께 더 가까이 간 사람들이다. 이들은 자신의 영적인 문제가 풀리지 않는다고 생각하고 있거나 십자가에 못 박힌 삶을 갈망하고 동경하며, 예수님의 인도하심을 기다리면서도 혹시 실망하지 않을까 염려한다. 그러면서 자기가 하나님나라에 아주 가까이 있다는 것을 오히려 깨닫지 못할 수도 있다. 반면, 내 말을 듣고도 마음에 동요가 없는 사람들, 즉 내 말에 개의치 않고 계속 세속적으로 살아가는 사람들은 신앙적 진전이 거의 없는 사람들이다.

오직 은혜에 의해서만

나는 "그는 오직 은혜에 의해서만 볼 수 있다"라는 또 다른 짧은 표현을 당신에게 소개해주고 싶다. 이것을 현대 영어로 옮기면 "하나님의 은혜에 의해 볼 수 있는 자들은 볼지어다"라고 표현될 수 있다. 이것을 성경구절로 표현하자면 "귀 있는 자는 들을지어다"(마 11:15 ; 막 4:9 ; 눅 8:8 참조)라는 말이 된다.

내가 《무지의 구름》의 저자와 생각을 조금 달리하는 것이 있다. 그는 그의 말을 이해하지 못하는 사람들을 포기했다. 그는 "나는 시끄럽게 다투는 자들과 돈을 사랑하는 자들을 보고 싶지 않다. 그들이 내 책을 쳐다보는 것조차 싫다"라는 취지로 말했다. 이런 점에서 그는 꽤 고집이 셌다.

하지만 나는 이 사람보다는 좀 더 넓게 생각하고자 한다. 내가 볼 때, 하나님께서는 깨닫는 자들을 은혜로 계속 인도하시기 위해 깨닫지 못하는 자들을 걸러내신다. 선민의 수가 바다의 모래와 같을지라도 오직 남은 자들만 구원을 얻을 것이라는 말씀을 기억하라(창 22:17 ; 겔 6:8 참조). 많은 자들이 얼음처럼 차가워질지라도 한편으로는 남은 자들이 있게 마련이다.

우리는 아도니람 저드슨(1788~1850. 미국의 침례교 선교사)의 전기를 읽고 나면 하나님께 "저를 저드슨처럼 만들어주소서"라고 기도한다. D. L. 무디의 전기를 읽고는 "주님, 무디를 통해 이루신 일을 저를 통해서도 이루소서"라고 기도한다. 이처럼 우리는 이 일을 하나님이 해주셔야 한다고 말씀드리기 원하면서도 우리 몫으로 약간의 영광을 떼어놓기 원한다. 즉, 우리 삶의 어떤 부분들을 여전히 십자가에 못 박지 않는다.

우리는 십자가에 못 박혔다는 교리를 믿는 것에 만족하고 만다. 그리스도와 함께 십자가에 못 박혔다고 증언하는 로마서 6장에 대한 강해를 듣는 것을 좋아한다. 하지만 십자가에 못 박힌 삶을 진정으로 원하는 사람은 거의 없다.

하나님께서 그분의 뜻대로 우리에게 햋하시도록 우리 자신을 그분의 손에 온전히 맡겨드리자. 그렇지 않으면 우리에게 변화가 일어나지 않을 것이고, 우리는 항상 '그렇고 그런 그리스도인'으로 살아갈 것이다. 우울한 기분에 빠지지 않으려고 즐거운 노래를 계속 부를 것이고, 현재의 믿음이나마 겨우 유지하려고 발버둥치게 될 것이다. 계속 이런 식으로 신앙생활을 하다 보면 십자가에 못 박힌 삶을 향해 전진하지 못할 것이고, 그리스도와 하나가 되는 것이 무엇인지를 체험적으로 알지 못하게 될 것이다.

우리의 마음이 깨끗해야 한다. 그분을 늘 사랑하고 그분께 합당한 찬양을 돌리겠다는 마음으로 충만해야 한다. 그럴 때 비로소 성령충만한 승리의 삶을 살게 될 것이다.

당신은 "하나님을 한 번 바라보고 저쪽으로 비켜서라. 그분이 당신의 삶을 그분 뜻대로 만들어 나가시게 하라"라는 말이 무슨 뜻인지 이해하지 못할 것이다. 사실 당신은 이 말대로 행하기를 두려워한다. 당신은 하나님이 신뢰할 만한 분이기를 바라고, 또 그런 분이시라고 믿는다. 당신은 "하나님이 세상을 이처럼 사랑하사…"(요 3:16)라는 말씀이 성경에 나온다는 것을 안다. 하지만 그분의 손에 당신의 삶을 넘겨드리면 왠지 나쁜 일이 일어날 것 같다는 불안감에 여전히 사로잡혀 있다.

그러다 보니 "은혜로 말미암아 깨달을 자는 깨달을 것이다"라는 말을 들먹이며 빈둥거린다. 그렇게 늙어가면서 장의사를 기다린다. 매년 부흥회에 참석하지만 변화는 오지 않는다. 매주 설교를 듣지만 배우는 것은 없다. 여러 해에 걸쳐 성경공부를 하지만 진전은 없고, 겨우 물 밖으로 머리를 내놓고 숨만 쉰다. 하나님의 뜻 대신 우리의 뜻을 따르며, 우리의 영광을 약간 챙겨두는 데에는 비상한 재주가 있다.

그리스도인의 이상한 독창성

프랑소아 페넬롱은 흥미로운 이야기를 남겼다.

"우리는 우리의 유익을 끊임없이 추구하는 데 이상할 정도로 천재적이다. 하나님께 헌신하기를 원하는 사람들도 세상이 부끄럼 없이 행하는 것을 똑같이 행한다. 다만, 세련된 방법으로 행할 뿐이다."

그의 말이 사실인지 농담인지 모르겠다. 하지만 분명한 것이 하나 있다. 발명의 재간이 전혀 없는 사람이라도 자기의 이익을 추구하는 방법을 찾을 때에는 탁월한 독창성을 발휘한다는 것이다. 그리스도인들은 다섯 가지 방법으로 탁월한 독창성을 보여주는 것 같다.

하나님의 일을 한다는 착각

먼저, 하나님의 유익을 위한다는 명분으로 영적 유익을 추구하지만 사실은 우리 자신의 유익을 추구한다. 자기의 잇속을 차리겠다는 생각을 갖게 될 때 그리스도인의 이상한 독창성이 시작된다. 우리는 하나님의 유익을 구하는 것처럼 가면을 쓰고 교묘히 우리의 유익을 구한다. 이런 쪽으로는 아주 발달해 있다. 그러나 실제로는 우리의 일을 하면서 하늘 아버지의 일을 한다는 착각에 빠져 있을 뿐이다.

어떤 목회자가 "나는 하나님나라를 위해 목회도 하고 이곳저곳을 다니며 그분의 일을 합니다. 이 모든 것은 그분의 영광을 위한 것입니다"라고 말한다고 하자. 이렇게 말하는 사람은 사실 부끄러운 줄도 모르고 자기의 유익을 추구하고 있는 것이다. 그의 속마음을 깊이 파고들어가 보면, 그의 궁극적 관심은 그의 일과 그의 영향력과 그의 야심에 있음을 알 수 있다. 즉 그의 사역의 궁극적 동기는 자기 유익의 추구이다.

또 이런 경우를 생각해보자. 음악가가 주님을 섬긴다는 명분으로 이곳저곳을 다니며 음악 사역을 하지만 실상은 그의 일을 하는 것일 수 있다. 자신의 목표를 이루는 것과 그리스도를 높이는 것 사이에는 분명한 경계선이 있다. 하지만 때로는 이 경계선이 아주 희미해져서 우리가 어느 쪽에 있는지 자신도 잘 모를 수 있다. 그러다 보면 하나님의 유익을 구하는 척하면서 결국에는 자기의 유익을 구하게 된다. 우리는 그분이 영광 받으시기를 원하지만 그러면서도 우리의 노고에 대한 약간의 수수료를 챙기기 원한다. 그러면서 이런 논리로 자신을 합리화한다.

"하나님께서는 그분의 영광을 위해 우리를 사용하신다. 하지만 우리도 먹고 살아야 하지 않는가?"

십자가에 못 박힌 삶을 산다는 착각

우리의 이상한 독창성이 나타나는 두 번째 방법은 십자가에 대해 이야기하고 십자가의 그늘 아래에서 살지만, 실제로는 십자가에 굴복하지 않는 것이다. 어찌 보면, 요즘은 십자가에 대해 이야기하는 사람도 많지 않은 것 같다. 그런데 십자가를 가르치는 소수의 사람들조차 그런 '가르침'의 그늘 아래에서 사는 것으로 끝나는 것 같다. 자아를 죽이기 위해 십자가에 굴복하는 일은 그들에게서 일어나지 않는다. 십자가에서 죽기를 원하지만 마지막 순간에 가면 결국 빠져 나가는 길을 찾는 경향이 있는 것이다.

자신을 포기하고 십자가에서 죽는 것에 대해 말하는 것은 지극히 쉽다. 하지만 실제로 그렇게 사는 것은 지극히 어렵다. 말하는 것은 대가를 치르지 않고도 얼마든지 할 수 있다. 그런데 중요한 것은 말하는 것이 아니라 행하는 것이다. 일부 그리스도인들이 거침없이 붓을 휘둘러 십자가에 '낭만적인 예쁜 색칠'을 했기 때문에 십자가에 못 박힌 삶을 칭송하는 사람들이 많아졌다. 하지만 실제로 자신의 삶을 십자가에 못 박는 사람은 아주 드물다. 우리의 말은 십자가 바로 앞까지 올라가지만, 마지막 순간에는 늘 그럴듯한 구실을 만들어 뒤돌아 내려온다.

하나님의 뜻대로 살아간다는 착각

우리의 독창성이 발휘되는 세 번째 방법은 한편으로는 성령충만을 구하면서 또 한편으로는 우리를 향한 그리스도의 인도를 거부하고 우리 뜻대로 일을 이끌어나가는 것이다. 다시 말하자면, 성령과 관계된 부분에서 그리스도인들의 이상한 독창성이 나타나는 것이다. 물론, 성령충만이 어떤 것인지에 대한 이런저런 주장들이 여러 해 동안 사람들 사이에서 떠돌아다녀서 성경의 분명한 교훈을 흐리게 만든 것도 사실이다. 하지만 그 문제는 그렇다 치더라도, 분명한 것은 모든 그리스도인이 성령충만을 '원한다'는 것이다. 성령충만에 관심이 없는 그리스도인을 만나기는 힘들 것이다. 성령충만을 주시길 '기도하는'

그리스도인들도 많이 보았다. 문제는 막상 하나님께서 성령충만을 주시려고 그들에게 다가가시면 그들이 그것을 거부한다는 것이다!

그들은 그분이 그들의 삶을 완전히 통제하시기를 원하면서도 동시에 모든 것을 자기 뜻대로 행하기 원한다. 그런데 성령은 삶의 모든 통제권을 그분께 넘겨드리지 않는 사람에게는 충만히 임하시지 않는다. 만일 당신이 삶의 어떤 부분을 그분의 통제 아래에 두지 않으려 한다면 그분은 슬퍼하시며 더 이상 당신에게 가까이 다가오지 않으실 것이다.

어떤 이들이 신자들의 삶 속에 나타나는 성령의 행하심에도 낭만적인 예쁜 색을 입혀 놓았기 때문에 일부 그리스도인들은 그분의 행하심에 대한 장밋빛 환상을 갖고 있다. 하지만 내가 강조하고 싶은 것은 성령의 행하심이 때로는 혹독할 수도 있고 지루하게 진행될 수도 있다는 것이다. 밭에 식물을 심으려면 밭을 먼저 뒤집어엎어야 한다. 우리의 삶 속에도 뿌리 채 뽑아버려야 할 것들이 있기 때문에 성령께서는 우리의 마음 밭에 쟁기질을 하기 원하신다. 그런데 쟁기질은 언제나 아주 힘들고 지루하다.

우리는 한편으로는 우리의 삶을 성령께 넘겨드리기를 원하지만, 또 한편으로는 우리의 삶 속에서의 그분의 행하심을 통제하기 원한다. 즉 우리가 통제실에 앉기 원하는 것이다. 우리는 "여호와께서 이렇게 말씀하시기를…"(출 5:1)이라고 선포하면서 자신이 명령을 내리기 원한다.

그러나 내가 오래전에 결론 내린 바에 의하면 성령께서는 우리의 도움 없이 우리의 마음 안에서 혼자 일하기를 원하신다는 것이다. 그분이 우리에게 원하시는 것은 그분께 온전히 굴복하는 것뿐이다!

모든 것을 알고 있다는 착각

우리의 기발한 독창성이 나타나는 네 번째 방법은 '영혼의 어두운 밤'에 대해 말하면서도 어두움을 거부하는 것이다. 나는 '영혼의 어두운 밤'이라는 오래된 주제를 논한 기사나 책들을 읽어보았다. 그러나 조금만 읽어보아도 이 주제를 다룬 필자들 대부분이 진짜 '영혼의 어두운 밤'에 대해서는 모른다고 결론 내릴 수 있었다. 역시 이 문제에서도 그리스도인들은 기발한 독창성을 발휘한다. '영혼의 어두운 밤'을 받아들이면서도 어두움을 거부하는 것이다.

'영혼의 어두운 밤'을 통과하는 것은 결코 유쾌한 일이 아니다. '영혼의 어두운 밤'에 우리를 기다리고 있는 것은 주일 저녁 집회 후에 즐기는 교제와 식사 같은 것이 아니다. 그것은 우리가 이제까지 의지해온 것을 모두 잃고 오직 그리스도와 단둘이 남는 아주 고통스런 경험이다.

'영혼의 어두운 밤'은 그리스도를 따르는 것에 진정으로 관심 있는 사람과 '하나님의 깊은 일들'에 대해 단지 호기심만 가지고 있는 사람 사이를 철저히 분리한다. 우리는 하나님께서 우리의 삶 속에서 그분의 일을 이루시기를 원하면서, 그분이 어떻게 그 일을 이루실 것인지에 대한 호기심을 버리지 못한다. 그분이 우리의 마음과 생활 속에서 그분의 일을 이루어 영광을 받으시기 원하면서도 그분이 행하시는 한 걸음 한 걸음을 모두 알기 원하는 것이 우리의 문제이다.

어두움이라는 것은 무지(無知)를 의미한다. 우리는 하나님께서 그분의 일을 행하시기 원하지만, 우리의 이해 범위 안에서 행하시기를 원한다. 그런데 '영혼의 어두운 밤'은 우리 인간의 이해력의 범위를 초월하는 성령의 일하심이다. '영혼의 어두운 밤'을 통과한 사람은 자기에게 무슨 일이 일어났는지는 모르지만, 누가 그 일을 일으키셨는지는 안다.

종교 생활을 잘하고 있다는 착각

우리의 이상한 독창성이 발휘되는 마지막 방법은 우리의 개인적 이익과 목표 추구를 위해 종교를 이용하는 것이다. 이것 역시 아주 기발한 독창성이다.

사람들의 강한 종교성을 볼 때 나는 놀라지 않을 수 없다. 그리스도 안에 계신 하나님과 교회를 거부한 사람들조차도 자기의 개인적 목표를 이루기 위해서는 불굴의 의지를 가지고 종교 생활을 유지한다.

그런데 이렇게 자신의 유익을 위해 종교 생활을 꾸준히 딜고 나가는 현상이 교회 안에서도 발견된다. 즉, 그리스도를 받아들이고 그분의 말씀의 빛 안에 있는 사람들에게서도 발견된다는 것이다.

우리는 주님의 일을 하면서 '주님의 충성스런 종'으로 소문나는 것을 원한다. 우리가 그분의 일을 한다는 것을 사람들이 알아주기를 바란다. 우리의 경력을 화려하게 만드는 결과를 가져오는 종교적 개념들을 만들어내는 데는 우리의 머리가 아주 잘 돌아간다. 자신의 신분상승을 위한 것이라면 기꺼이 신앙생활이나 종교 활동을 최대한 추구하겠다는 기발한 생각이 우리에게 가득하다.

이것은 이상할 뿐 아니라 우습기까지 한 일이지만, 현저 교회를 움직이는 가장 저주스런 요인 중 하나이다. 이것 때문에 이 세대의 그리스도인들은 하나님나라의 진보에 필요한 영성을 잃어가고 있다. 오늘날 기독교에서 이런 기발한 생각이 가장 황당한 형태로 나타나는 예를 찾자면, 하나님의 영광을 희생하며 인간의 유익을 좇는 일부 기독교 지도자와 교회 안에서의 연예오락이다.

십자가의 치료

우리의 세속성을 고칠 수 있는 유일한 치료제는 십자가이다. 페넬롱은 여러 종류의 십자가에 대해 말한다. 예를 들면 금 십자가, 은 십자가, 동 십자가, 나무 십자가, 종이 십자가 등이다. 종류가 많다 하더라도 이 십자가들은 모두 누군가를 못 박는 데 사용된다는 공통점을 가진다. 그리고 우리의 삶 속에서 어떤 십자가가 어떻게 사용될 것인가 하는 문제는 성령께서 판단하실 문제이다. 우리는 우리 자신이 못 박힐 십자가를 선택할 수 없다.

만일 내가 내 십자가를 선택해야 하고 내가 십자가에 못 박히는 때를 선택해야 한다면, 상대적으로 덜 고통스런 것을 택할 것이다. 하지만 성령께서 선택하신다면 그분은 언제 나를 십자가에 못 박을 것인지, 어떤 십자가에 못 박을 것인지를 모두 결정하실 것이다. 그럴 때 우리가 해야 할 일은 그분의 지혜로운 결정에 순응하고, 그분이 우리의 조언 없이 그분의 일을 이루시도록 순종하는 것이다.

오, 구주 예수님!
주님이 돌아가신 십자가 곁에서 안식하기 원합니다
이는 마음이 아픈 자에게도 소망이 있기 때문입니다
십자가 곁에 머물겠습니다

구주 하나님이시여!
저의 죄와 죄책을 지고
죽음을 맛보신 예수님이시여!
이제 저를 씻으소서
주님의 피로 저를 깨끗하게 하소서
늘 저를 정결케 하소서

오, 구주 예수님!
이제 저를 주님의 것으로 삼으소서
주님을 떠나 길을 잃지 않게 하소서
당신이 제 주님이시며
주님의 사랑이
거저 주시는 완전한 사랑이오니
오, 저를 씻어 깨끗하게 하소서

정결케 하는 보혈의 능력을 베푸소서
제 모든 죄와 죄책을 제하소서
오, 저를 도우소서
주님의 십자가 곁에 머무는 동안
완전한 사랑으로 제 영혼을 채우소서

십자가 곁에 머물겠습니다
십자가 곁에 머물겠습니다
십자가 곁에 머물겠습니다
거기에서 그분의 피가 뿌려지오니
십자가 곁에서 제가 만족합니다

_ 이사야 볼첼(Isaiah Baltzell, 1832~1893)
　십자가 곁에 머물겠습니다

CHAPTER **12**

하나님을 하나님으로 모시는 삶

내가 궁핍하므로 말하는 것이 아니니라 어떠한 형편에든지 나는 자족하기를 배웠노니 빌 4 11

"우리의 형상을 따라 사람을 만들자"(창 1:26 참조)라고 말씀하셨을 때 하나님께서는 인간과 다른 피조물 사이에 '건널 수 없는 심연'을 만들어 놓으셨다. 그분의 관점에서 볼 때 인간은 피조물의 최고 형상이다(또한 그분은 다른 모든 피조물보다 위에 있는 인간에게 그분의 아들의 지고[至高]의 영광까지 내려주셨다. 이것은 그분의 아들을 인간의 형상으로 보내신 것에서 증명된다). 인간 안에 있는 그 무엇이 하나님 안에 있는 그 무엇에 반응한다. 이것은 그분과 인간 사이의 신비로운 연결고리로서 다른 피조물에게는 없는 것이다. 그러므로 우리가 인간을 알고 이해하려면 그분을 깊이 알아야 한다.

우리는 어떤 사람의 동상을 공원에 세울 수 있고, 그의 이름을 유명한 건물의 벽에 새길 수도 있고, 노벨평화상을 비롯한 온갖 명예로운 상을 그에게 줄 수도 있다. 즉, 세상의 모든 영광을 그에게 돌릴 수 있다. 하지만 그 모든 영광도 하나님께서 그 사람에게 특정의 생명, 특정의 기질 그리고 특정의 성장 환경을 주셨다는 사실보다 더 영광스러울 수는 없다. 심지어 천사와 천사장과 스랍도 인간이 하나님께 받은 영광보다 더 큰 영광을 취할 수는 없다.

그러나 그리스도인 중 많은 사람들이 영적 빈곤에 시달리고 있다. 믿음의 상상력을 사용하고 성경의 교훈을 받아들이는 것을 두려워하기 때문이다. 성경이 천사, 천사장, 스랍, 그룹, 순찰자(단 4:13), 거룩한 자(단 4:13), 그리고 통치자들과 권세들(엡 3:10)에 대해 분명히 언급하지만 우리는 오직 사람들에게만 신경을 쓰고 그 외에는 신경을 꺼버린다. 믿음으로 충만한 상상력의 날개를 펴고 우주의 경이로움을 즐기는 것을 두려워한다.

생명 있는 각각의 피조물이 그들에게 주어진 환경 안에 머물며 하나님께 받은 삶을 살아간다면, 그것이 곧 그분께서 정하신 목적을 이루어드리는 것이다. 땅과 바다와 공중의 피조물은 모두 그들의 환경과 완벽하게 조화를 이루며 살아간다. 하나님의 창조의 목적을 실현하며 하루하루 살아가려면 그분께 받은 환경 안에서 자신의 본분에 충실해야 한다. 그런데 유독 인간만이 본래의 환경에서 벗어나 살고 있다.

하나님 아는 것을 방해하는 것

독일의 옛 신학자는 "우주에서 하나님을 가장 많이 닮은 것은 인간의 영혼이다"라고 말했다. 이것은 절대적으로 맞는 말이다. 성경의 모든 것이 이 진리 위에 서 있다. 하나님께서는 인간을 '영혼을 가진 존재'로 지으셨다. 인간의 영혼 안에는 그분을 알고 그분과 교제할 수 있는 가능성이 내재해 있다. 물론, 인간 이외의 다른 피조물에게는 이런 가능성이 없다.

우리가 하나님을 예배할 때 체험할 수 있는 것 중에는 성령 충만에 의해 우리의 마음이 북돋워지고 믿음의 눈으로 그분을 보며 경탄(驚歎)과 경배에 빠지는 것이 있다. 우리가 성경 위에 굳게 선다면, 신비로운 영성의 깊은 경지에서 하나님에 대한 생각으로 가득 차게 되기 때문에 세상의 모든 것을 잊게 된다. 경이로운 대상이신 하나님께 완전히 사로잡히는 것이 얼마나 아름다운가!

이것이 우리의 영적 유산(遺産)이다. 이것은 예수 그리스도 안에 있는 속량의 충만함이며, 우리의 창조 목적의 일부로 받아들여야 하는 것이다. 그리고 이것을 믿는다고 누군가 내게 '인간이 아무 문제가 없는 존재라고 믿는다'라고 비난하지는 않을까 걱정해서는 안 된다.

물론, 인간은 문제없는 존재가 아니다. 인간은 타락한 피조물이다. 고속도로의 커브 길에서 길 밖으로 굴러 떨어져 바위 위에 얹혀 있는 자동차 같은 존재이다. 인간에게는 문제가 없지 않다. 인간은 죄 가운데 있다.

종종 나는 설교자들이 '불쌍하고 잃어버린, 지옥의 판결을 받은 영혼'이라는 말을 사용하는 걸 듣게 된다. 그러나 지옥의 판결을 받았다고는 말하지 말라. 회심하지 않았다면 그는 잃어버린 영혼이다. 하지만 잃어버린 영혼이라 할지라도 지옥의 판결을 받은 것은 아니다. 잃어버린 영혼이라는 것과 지옥의 판결을 받았다는 것은 전혀 별개이다.

하나님께서는 인간이 그분을 알 수 있도록 지으셨다. 다른 어떤 피조물이 그분을 아는 것보다 더 충만히 그분을 알 수 있도록 말이다. 다른 피조물에게는 그리스도가 계시지 않는다. 하나님을 알 수 있는 가능성도 다른 피조물에게는 없다.

천사들에게도 나름대로의 능력이 있다. 그들은 거룩하며 하나님께 순종한다. 하나님의 보좌 둘레에 앉아 있는 스랍들은 그분을 알지만, 인간이 그분을 알 듯 그렇게 아는 것은 아니다. 하나님의 계획은 인간이 천사들보다 높은 존재가 되는 것이었다. 그런데 그분은 인간이 잠깐 동안 천사들보다 낮은 존재가 되도록 만드셨다. 결국에는 인간을 천사들보다 더 높여주기 위해서 말이다. 그분의 뜻이 다 이루어지고 우리의 본질이 투명하게 드러날 때 우리는 하나님의 질서 체계 안에서 천사들보다 더 높은 자리에 있게 될 것이다.

인간은 죄 때문에 길을 잃었다. 이에 관해 증언하는 구절이 있다. 로마서 1장 21절이다.

"하나님을 알되 하나님을 영화롭게도 아니하며 감사하지도 아니하고 오히려 그 생각이 허망하여지며 미련한 마음이 어두워졌나니"(롬 1:21).

인간은 죄 때문에 하나님을 모르게 되었다. 다른 피조물과 달리 인간은 그분을 알 수 있는 가능성을 가지고 있지만, 그분을 알지 못한다. 그들의 행동이 악하고 마음이 헛된 것으로 가득 차 있기 때문이다. 이런 이유 때문에 인간에게는 늘 위기가 끊이지 않는다. 길을 잃고 불확실성의 바다에서 허우적거린다.

살아 계신 하나님을 찾지 않는 인간

인류의 문제가 무엇인가? 우리는 하나님을 알도록 지음 받았지만 죄 때문에 생각이 허망해졌다. 우리는 그분을 아는 것을 좋아하지 않는다. 그분 이외의 다른 모든 것은 받아들이지만 그분만은 거부한다. 그리고 상상력을 동원하여 '우리의' 우상'을 만들어낸다.

이것이 거듭나지 못한 인간의 상태이다. 그런데 거듭나지 못한 사람들은 그렇다 치더라도 그리스도인들조차 하나님과 그리스도에 대해 그렇게 조금밖에 알지 못하는 이유가 무엇일까? 중생하지 못한 사람들이 불확실성의 바다에서 허우적거리는 것은 이해가 간다. 하지만 그분의 형상으로 창조된 피조물로서 그리스도인이 된 자들이 어찌하여 창조주를 그토록 조금밖에 알지 못하는가?

이런 잘못된 현상의 원인을 한마디로 압축해 말하자면, 그가 하나님을 하나님으로 모시기 않기 때문이다. 우리는 그분이 어떤 분이신지를 전혀 알 수 없게 되었고, 그 덕분에 그분에 대해 완전히 엉터리로 말하게 되었다. 우리가 그분의 형상대로 창조되었다는 사실을 받아들이지 않고, 오히려 그분이 우리의 형상을 따라 지음 받았다고 믿는 지경에까지 이르렀다.

하나님께서 우리를 닮으신 것이 아니라 우리가 그분을 닮은 것이다. 우리가 그분의 형상으로 지음 받았기 때문이다. 그런데 어째서 우리는 그분과 이토록 다른가? 어째서 그분과 우리 사이에 건널 수 없는 심연이 존재하는가?

소문으로만 아는 하나님?

이 문제에 대한 지금의 내 견해는 오랜 시간에 걸쳐 형성된 것이 아니라 17세에 회심했을 때부터 가지고 있던 것이다. 물론 당시의 내 생각이 지금처럼 깊이가 있었던 것은 아니지만 말이다. 아무튼 그 생각은 점차적으로 내 존재의 뿌리에까지 영향을 미치게 되었다.

나는 기독교의 진리들을 연구했다. 우리가 하나님에 대해 공부할 때의 장점은 믿음의 근원까지 거슬러 올라가 그 근원에 대해 읽고 또 읽을 수 있다는 것이다. 그렇게 되면 우리 자신이 직접 그분에 대해 처음부터 다시 살펴보는 것이 된다. 즉 아담의 때까지, 아니 그보다 더 앞으로 돌아가 세계가 시작되었을 때까지, 아니 천사들이 존재하기 시작했을 때까지, 아니 우리가 하나님이라고 부르는 '영원 전부터 계셨던 존귀하신 근원'까지 거슬러 올라가 살펴볼 수 있게 된다. 물론 우리 주 예수 그리스도에 대해서도 배우게 된다.

우리가 구구단이나 모스부호(미국의 발명가 모스가 고안한 전신부호 - 역자 주)를 공부하듯이 하나님을 알 수는 없다. 인간은 많은 것을 알 수 있다. 하지만 사도 바울이 "내가 그리스도를 알고자 하여"라고 말했을 때 그의 앎은 지적인 것이 아니라 경험적인 것이었다(빌 3:10 참조). 그러므로 하나님을 인격적으로 알기 위해서는 우리의 영이 그분의 영과, 우리의 마음이 그분의 마음과 접촉해야 한다. 그렇게 될 때 비로소 그분을 인격적으로 알게 될 것이다.

내가 방금 말한 개념을 단지 귀로 듣는 것과 삶 속에서 체험하는 것은 전혀 다르다. 비유를 들어 말할 것 같으면, 어떤 행성이 갑자기 발견되었다는 소식을 듣는 것과 그 행성에서 실제로 사는 것이 전혀 다른 것과 마찬가지다. 명소에 가보지 않고 단지 그곳에 대한 책을 읽었을 뿐인 사람도 그곳에 직접 가본 사람만큼 잘 안다고 주장할 수 있다. 하지만 그곳에 실제로 다녀온 사람의 얼굴에는 그곳을 직접 본 즐거움으로 가득하다. 단지 책에서 그곳에 대해 읽은 사람과는 다르게 그곳을 아는 것이다.

거듭나지 않은 사람이 할 수 있는 일이란 하나님에 대하여 아는 것이다. 그는 높은 하늘을 연구할 수 있고, 그분의 손이 만드신 작품들을 볼 수 있다. 광대한 우주는 그분의 무한한 본성을 드러낸다. 봄에 피는 우아한 꽃은 그분의 부드러움을 드러낸다. 인간에게서 발견되는 모든 것은 그분이 어떤 분이신지를 잘 보여준다. 그러나 그 모든 것 속에 그분과의 깊은 교제를 즐길 수 있게 해주는 것은 존재하지 않는다.

그리스도인들은 하나님께서 어떤 분이신지를 생각하면서 그분의 은혜를 기뻐할 수 있다. 그러나 거듭나지 못한 사람들은 오직 학문적 차원에서만 그분께 접근할 수 있다. 불신자들의 경우에는 하나님을 현미경의 렌즈를 통해서만 이해할 수 있고, 과학 실험실에서만 연구할 수 있다. 그분에 대한 진정한 인식은 성령이 다시 살리신 마음 안에서만 일어난다.

우리는 그토록 많은 교육을 받았음에도 불구하고 하나님을 잘 알지 못한다. 그분과 어떤 교제를 나눌 수 있는지에 대해서는 모른 채 교회에 모였다가 그냥 흩어지고 만다. 교제와 신앙적 활동과 신앙적 독려를 위해 모여서는 서로 도움을 주고받은 후에 흩어지고 만다. 그것이 전부이다.

예수님은 그분이 해야 할 일이 있다고 말씀하셨다. 병을 치료하셨고 귀머거리를 고치셨으며 사람들의 질문에 대답하셨다. 하지만 그것이 전부는 아니었다. 그분은 하나님을 깊이 아셨고 언제나 그분을 의지하셨다.

현대의 그리스도인들은 이런저런 일을 하느라 바쁘고, 이곳저곳을 쫓아다니느라 짬이 없다. 그러다 보니 하나님에 대해서는 오직 남들에게 들어서 알 뿐이다. 우리는 이런저런 것들에 대한 이야기를 듣지만, 우리에게 들려지는 말씀은 듣지 못한다. 우리는 정품 대신 대용품에 너무 쉽게 만족한다. 우리의 형편이 이 지경이니 우리가 기껏 기대할 수 있는 것은 '알아들을 수 없는 하나님 음성의 메아리'뿐이다.

그 어떤 것도 대신할 수 없는 분

그리스도인들이 그리스도와 하나님을 그토록 조금밖에 알지 못하게 된 또 다른 이유는 하나님 대신 물질을 원하기 때문이다. 우리는 주시는 분보다 우리가 받는 것, 즉 선물에 더 관심이 많다. 하지만 하나님께서는 그분 자신을 우리에게 주기 원하신다. 그분의 선물뿐만 아니라 그분 자신을 주기 원하신다. 그분이 배제된 채 선물만 받는 것은 위험한 일이다.

그리고 단도직입적으로 말해서, 하나님과의 교제를 가장 방해하는 것은 죄이다. 반면, 그분과의 교제에 이르는 지름길은 죄 사함이다. 그런데 이 죄 사함이 신자들의 삶에서 차지하는 중요성이 너무나 과소평가되고 있다. 다시 한 번 말하지만, 우리에게 있는 문제들의 원인은 죄이다. 그리고 죄가 있기 때문에 하나님께서는 우리에게 요한일서 1장 9절의 말씀을 주셨다.

"만일 우리가 우리 죄를 자백하면 그는 미쁘시고 의로우사 우리 죄를 사하시며 우리를 모든 불의에서 깨끗하게 하실 것이요"(요일 1:9).

왜 하나님께서 우리의 죄를 용서하시는가? 그것은 죄가 그분과 우리 사이를 가로막는 장애물이 되기 때문이다. 우리가 그분을 알려면 이 장애물이 제거되어야 한다. 그래서 그분이 죄를 용서하시는 것이다.

왜 하나님께서 그분의 영을 우리에게 부어주시는가? 그것은 그분의 영이 찾아오셔서 하나님의 일들을 우리에게 보여주시기 위함이다.

왜 하나님께서 기도에 응답하시는가? 그것은 그분이 기도

응답을 통해 그분의 얼굴을 우리에게 보여주시기 위함이다.

왜 하나님께서 우리에게 성경을 주셨는가? 그것은 우리가 성경을 읽고 그분을 알도록 하기 위함이다. 때로 성경 자체가 목적인 것처럼 말하는 사람들의 이야기가 우리의 귀에 들린다. 그러나 그렇지 않다.

나는 최초에 주어진 성경의 축자영감(逐字靈感, verbal inspiration)을 누구보다 열렬히 믿는 사람이다. 그러나 축자영감설을 믿든, 다른 어떤 영감설을 믿든 간에 성경 자체를 목적으로 삼는다면 위험하다. 성경의 목적은 하나님을 대신하는 것이 아니라 우리를 그분께로 이끌어주는 것이다.

성경 자체는 결코 목적이 아니다. 나는 정통교회, 성경을 믿는 사람들, 근본주의자들, 그리고 복음주의자들에게 이것을 이해시킬 수 있는 능력의 일꾼을 보내달라고 하나님께 기도한다. 하나님께서 "나 네 하나님 여호와는 질투하는 하나님인즉"(출 20:5)이라고 말씀하셨다는 것을 기억하라. 어떤 사람이나 그 무엇이나 그분을 조금이라도 대신해서는 안 된다.

하나님을 알 수 있는 길

우리는 하나님을 향한 굶주림을 더 강하게 느끼게 해주는 그리스도인들의 이야기를 들어야 한다. 우리가 하나님의 모든 것을 알 수는 없지만, 그분이 예수 그리스도 안에서 우리의 영혼에 계시하신 것들은 알 수 있다. 그것은 우리가 현재 알고 있는 것보다 훨씬 풍성하다. 그리스도의 교회가 이것을 다시 가르친다면, 그리스도의 교회가 무익한 잡담을 중단하고 하나님과 그분의 모든 선물을 전하기 시작한다면, 하나님께서 찾아오실 것이고 그분의 풍성한 복도 임할 것이다. 우리는 성령충만, 경건한 삶, 거룩한 사랑 그리고 그 밖의 온갖 선한 것을 원한다. 하지만 하나님 없이 이런 것들만 갖게 된다면 '가시 돋친 장미'를 갖는 것에 불과하다.

만일 당신이 하나님을 발견한다면 그분 안에 이런 것들이 모두 들어 있음을 알게 될 것이다. 당신이 "나는 예수 그리스도를 영접했습니다"라고 말하는 것은 매우 아름답고 선한 일이다. 그런데 바울의 경우를 한번 보자. 그는 회심하여 훌륭한 그리스도인 중 한 사람이 되었지만, 그럼에도 불구하고 "내가 그리스도와 그 부활의 권능과 그 고난에 참여함을 알고자 하여 그의 죽으심을 본받아"(빌 3:10)라고 말했다.

모든 신자는 '더 깊은 삶'이 무엇인지를 알기 원한다. 그리고 '십자가에 못 박힌 삶'이 무엇을 위한 것인지도 알기 원한다. 사실 나는 이 주제에 대해 더 이상 이야기하는 게 꺼려진다. 십자가에 못 박힌 삶과 더 깊은 삶에 대해 말하는 사람은 많지만 하나님을 원하는 사람은 없는 것 같기 때문이다. 우리가 삼위일체 하나님을 아는 지식으로 더 깊이 들어가면, 내 마음은 그분 안으로 더 깊이 들어가게 되고 그분은 내 안으로 더 깊이 들어오실 것이다. 그분을 안다는 것은 그분 안에 있는 더 깊은 삶을 아는 것이다. 내가 그분을 아는 것을 방해하는 것은 전부 나의 적(敵)이다. 내가 받은 것이 무엇이든, 그것이 그분과 나 사이를 떼어 놓는다면 나의 적이다.

나는 '문제 직방 해결법' 같은 것을 별로 믿지 않는다. 하지만 누군가가 십자가에 못 박힌 삶의 신비를 열 수 있는 비결이 무엇이냐고 묻는다면, '하나님을 하나님으로 모시는 것'이라고 대답하고 싶다. 너무 간단하게 느껴지는가? 하지만 말처럼 그렇게 간단하지 않다. 그렇게 간단하다면 그리스도인들에게 "영적 완전함을 향해 나아가라"는 격려가 필요 없었을 것이다.

그리스도인들이 아주 흔히 범하는 잘못은 하나님을 상자 안에 넣으려는 것이다. 하지만 상자 안에 들어가는 하나님이란 우리 주 예수 그리스도의 하나님과 아버지가 아니다. 그런 하나님은 인간에 의해 통제되고 인간의 마음대로 조종되는 하나님이지 성경의 하나님은 아니다. 성경의 하나님, 즉 천지와 그 안에 있는 모든 것을 만드신 하나님께서는 이 우주 안에 계신 경이로운 전능자이시다. 그런 분이 미천한 인간이 만든 작은 상자 안에 들어가실 수는 없다.

하나님을 하나님으로 모시겠다는 의지가 우리에게 충만하다면, 예수 그리스도를 '살아 계신 분'으로 느끼는 마음이 우리 안에 가득 차게 될 것이고, 그분에 대한 우리의 이해는 학문의 차원을 넘어 놀라운 인격적 만남의 차원으로 올라갈 것이다.

이와 관련하여 내가 말하고 싶은 궁극적 진리는 하나님을 하나님으로 모실 때, 비로소 우리가 누구이고 어떤 존재인지를 알 수 있다는 것이다. 하나님을 하나님으로 모실 때, 비로소 십자가에 못 박힌 삶 속으로 깊이 들어가게 된다.

내 주여! 기쁨이 넘치나이다
유형(流刑)의 나날을 보내지만
하늘, 땅, 바다, 그 어디에 거하든
당신과 함께 있습니다

제게는 장소도 시간도 남아 있지 않습니다
모든 나라가 제 나라입니다
어느 바닷가에서도 근심 없이 평안을 누리니
하나님께서 거기 계시기 때문입니다

좋은 곳은 찾아다니고 싫은 곳은 피하지만
어느 곳에도 영혼의 행복은 없습니다
그렇지만 우리의 길을 인도하시는 하나님께서 계시면
길 위에서든 길 밖에서든 기쁨은 같습니다

당신이 계시지 않은 곳으로 던져진다면
너무 끔찍할 것입니다
그러나 어느 곳에서나 하나님을 만날 확신이 있으니
어느 곳도 변방(邊方)이라고 부르지 않겠습니다

_ 귀용 부인(Madame Guyon, 1647~1717)
  내 주여! 기쁨이 넘치나이다

PART 4

십자가에 못 박혀라,
새로운 살아 있음을 경험하려면

CHAPTER 13
죽음으로 사는 삶

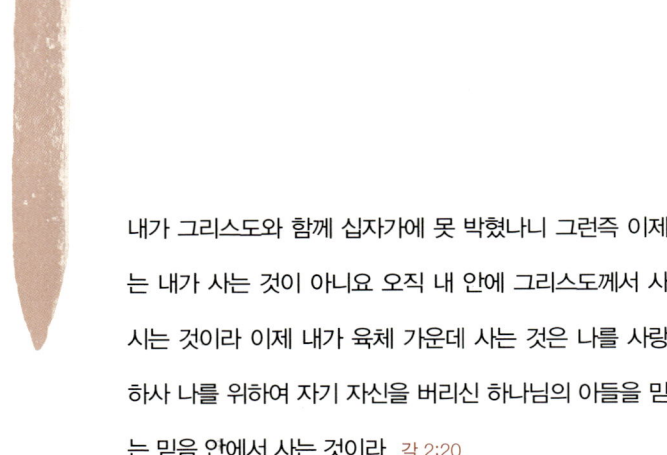

내가 그리스도와 함께 십자가에 못 박혔나니 그런즉 이제는 내가 사는 것이 아니요 오직 내 안에 그리스도께서 사시는 것이라 이제 내가 육체 가운데 사는 것은 나를 사랑하사 나를 위하여 자기 자신을 버리신 하나님의 아들을 믿는 믿음 안에서 사는 것이라 갈 2:20

큰 집중력 없이 가볍게 성경을 읽는 사람은 성경 안에 서로 모순되는 것들이 있다는 결론에 이르게 될 가능성이 크다. 성경을 공격하는 자들은 이런 외견상의 모순들을 집중적으로 부각시키기 위해 꾸준히 노력해 왔다. 성경 기자들 중 외견상의 모순을 가장 많이 범한다는 비판을 받은 사람은 아마도 사도 바울일 것이다. 한 가지 예를 들어보자.

"그러므로 내가 그리스도를 위하여 약한 것들과 능욕과 궁핍과 박해와 곤고를 기뻐하노니 이는 내가 약한 그때에 강함이라"(고후 12:10).

이 말이 얼마나 모순되게 들리는가! 바울은 자기가 약할 때 강하다고 말한다. 이것은 정말 큰 모순이다. 우리가 약할 때 강할 수 있을까? "약한 것들과 능욕과 궁핍과 박해와 곤고"라는 말과 "기뻐하노니"라는 말을 한 문장 안에 함께 사용할 수 있을까? 제정신이라면 그렇게 하지 못할 것이다.

여기서 아주 중요한 점이 드러난다. 바울은 '그의 마음'으로 일한 것이 아니라, '그리스도의 마음'으로 일하고 섬겼다! 인간의 마음으로 볼 때 말이 되는 것이 영적인 마음으로 볼 때는 말이 안 된다. 영적인 마음으로 볼 때 말이 되는 것이 자연인이나 육신에 속한 그리스도인의 마음에는 말이 안 된다.

서로 모순되는 두 가지 사상

모순적 요소들은 심지어 오늘날의 그리스도인들 사이에서도 발견된다. 전 세계 기독교 안에는 모순되는 두 가지 사상이 존재한다. 지금 나는 칼빈주의와 알미니안주의 사이의 대립이나 자유주의와 근본주의 사이의 충돌에 대해 말하는 게 아니다. 예수님이 이 세상에 오신 이유에 대해 서로 다른 주장을 펴는 두 가지 사상에 대해 말하는 것이다.

예수님은 우리를 돕기 위해 오셨다?

먼저, 주 예수 그리스도께서 우리를 돕기 위해 이 세상에 오셨다고 믿는 사상이다. 여기서 '우리를 돕는다'는 것은 우리가 이 땅에 살면서 겪게 되는 이런저런 갈등과 곤경에서 우리를 건져주신다는 것을 의미한다. 이 사상은 "인간은 어쩌다 생기는 이런저런 어려움의 문제들 외에는 아무 문제가 없다. 그리고 이런 문제들은 틀림없이 주님이 해결해주신다"라고 말한다. 이 사상에 따르면, 인간은 기본적으로 좋지만 이따금 몇 가지 작은 실수를 범할 뿐이라는 것이다.

그리고 이 사상은 기독교의 목적이 우리를 '더 좋은 사람'으로 만드는 것이라고 본다. 그리스도인이 되면 세상에서 더 성공하고 더 유명해진다고 믿는다. 우리의 직업이 무엇이든 간에 예수님의 교훈과 기독교가 성공으로 이끌어준다는 것이다. 예를 들어, 세속의 냄새가 진동하는 나이트클럽에서 노래하는 가수라면 하나님의 도움으로 나이트클럽 가수로 대성할 수 있고, 정직하지 못한 사업을 한다 해도 주님의 도움으로 성공하여 유명해질 수 있다는 것이다.

이런 사상을 갖고 있는 사람들은 성경의 좋다는 구절들을 모조리 긁어모아 자신에게 유리하게 써먹는다. 그들의 말에 따르면, 하나님께서는 우리를 좋은 사람으로 만들기 원하실 뿐이다. 누구든지 예수님의 도움으로 자신의 가능성을 최대한 살릴 수 있다고 믿으면 그의 낮은 자존감은 즉시 사라진다. 우리의 문제가 무엇이든 간에 그리스도께서 그것을 다 없애주신다는 것이다. 이 사상에 따르면, 기독교란 잘되는 인생을 보장해주며, 누구나 겪을 수 있는 중요한 자존감의 문제를 해결해주고, 모든 종교의 궁극적 목적이라고 할 수 있는 '더 행복한 삶'에 크게 기여한다.

이런 식으로 '더 행복한 삶'을 추구하는 기독교 덕분에 완전히 새로운 종교 산업이 발달하게 되었다. 오늘날 베스트셀러를 만들어내는 것은 간단하다. "이 책은 '더 행복한 삶'으로 가는 길을 보여줍니다"라고 떠들어대기만 하면 된다. 오늘날의 기독교는 "성경에 나오는 예수님의 교훈은 우리의 자아상을 드높이는 데 도움을 주고, 우리의 자아에게 힘을 주며, 우리를 즐겁고 유쾌하게 만들어준다"라고 믿는 거대한 집합체에 불과하다. 아무 서점이나 가보라. 그러면 이런 식의 기독교를 전하는 책으로 가득 채워져 있는 것을 보게 될 것이다.

많은 사람은 예수님이 그들을 돕기 위해 이 땅에 오셨다고 믿는다. 이것을 보는 내 마음은 아프다. 그들이 볼 때, 예수님은 그리스도인들의 자존감을 높여주겠다는 한 가지 목적을 위해 십자가에서 그토록 무서운 고통을 당하고 돌아가신 것이다.

오늘날의 기독교 사역들은 이런 잘못된 생각에 사로잡힌 사람들의 비위를 맞추는 데 초점을 두고 '기독교 연예오락주의(Christian entertainmentism)'라는 것을 탄생시켰다. 지금 우리는 진실한 마음을 일깨우는(벧후 3:1 참조) 설교를 하지 않는다. 대신 최근에 유행하는 연예오락으로 청중을 즐겁게 해준다.

오늘날 복음주의 교회는 온갖 종류의 연예오락 장난감으로 가득 차 있다. 예를 들면 밴드, 조명, 음향장치 같은 것 말이다. 이것들은 성숙하지 못한 가련한 그리스도인들의 주의를 사로잡기 위한 것이다. 이런 것들이 갖가지 소리를 내어 사람들의 주의를 끌거나, 사람들의 경박한 취향에 맞춰주거나, 그들을 웃게 만들면 교회는 두 팔을 벌려 그들을 받아들인다.

만일 어떤 교회가 이런 연예오락의 장난감을 모두 버리고 성경에 초점을 맞춰 메시지를 전하고 양육한다면 대중은 곧 다른 교회를 찾아 나설 것이다. 그들이 찾는 교회는 자기들을 일시적으로 기분 좋게 해주는 교회이기 때문이다. 그들은 그리스도의 제자로서 어떻게 살아야 하는가 하는 문제에는 관심이 없고 자존감을 높이는 방법에만 관심이 있다. 그들에게 중요한 것은 '무엇을 아느냐' 하는 것보다 '자신이 어떻게 느끼고 남들에게 어떻게 보이느냐' 하는 것이다. 그들의 기독교는 성경의 진리가 아니라 문화의 상대적 가치에 뿌리를 둔 것으로, 일종의 물질주의적 인생관이다. 주변의 문화에 복음적 영향을 주지 못하는 교회에게 화(禍) 있을진저!

연예오락이 건전한 것이라면 얼마든지 괜찮다. 하지만 내가 볼 때, 예배의 분위기를 띄워 육신을 즐겁게 해주는 것은 그리스도인이 무엇인지를 완전히 오해함으로 생기는 현상일 뿐이다. 기독교에 대한 이런 오해가 육신을 만족시킨다는 것은 더 말할 필요도 없다.

오늘날은 육신을 중요하게 생각하기 때문에 교회 안에서도 육신이 존중받는다. 사람들을 교회로 많이 끌어 모을 수만 있다면 육신이 존중되는 일들도 얼마든지 용납된다. 대중이 그것을 원하는데 굳이 마다할 이유가 없다는 것이다. 사람들을 교회로 모이게 해서 예수님을 전할 수 있다면 무엇이든 용납된다고 여긴다. 솔직히 말해서 일부 목회자들은 매우 강한 유혹에 넘어가 육신의 욕구에 굴복하기도 한다. 하지만 육신의 만족을 추구하는 대중이 좋아하는 예수는 어떤 예수일까?

내가 여기서 지적하지 않을 수 없는 것은 자아(自我)라는 것이 이 세상에서 나름대로 선한 일을 많이 했다는 것이다. 병원과 고아원을 세웠고, 굶주린 자들을 먹였으며, 헐벗은 자들에게 옷을 입혔다. 지금도 자아는 여러 가지 선한 일을 하느라 바쁘다. 그러나 여기서 문제가 되는 것은 그 모든 선한 일로 인한 영광을 자아가 받으려 한다는 데 있다. 만일 그 자아가 매우 종교적이라면, 영광의 99퍼센트는 하나님께 드리더라도 1퍼센트 정도는 자기가 챙기려고 한다. 이런 현상이 생기는 이유는 자기가 매우 충성스런 주님의 종이라는 것을 사람들이 알아주기를 바라기 때문이다. 이것은 하나님께서 '모든' 영광을 받으시기를 원한다는 성경의 가르침에 위배된다. 그분은 그분의 영광을 조금이라도 인간과 공유하기를 원치 않으신다.

예수님은 자아를 끝내기 위해 오셨다

그리스도인들 중에 퍼져 있는 또 다른 사상은 예수 그리스도께서 자아를 교육하거나 세련되게 만들기 위해 오신 것이 아니라, 우리의 자아를 끝내기 위해 이 땅에 오셨다는 것이다. 자아를 갈고 닦기 위해서가 아니라, 자아가 바흐나 플라톤이나 다빈치를 좋아하도록 만들기 위해서가 아니라, 그것을 끝내기 위해 오셨다는 것이다. 이런 사상은 자아, 즉 우리 자신과 관련된 모든 것들에 사형선고를 내린다.

이에 대해 좋은 모범을 보여준 사람이 사도 바울이다. 그는 "내가 사는 것이 아니요 오직 내 안에 그리스도께서 사시는 것이라"(갈 2:20)라고 말했다. 그리스도께서 그분께 합당한 자리를 우리의 삶에서 차지하시려면 '나(I)'라는 존재는 완전히 제거되어야 한다. 그런데 내가 분명히 말하고 싶은 것은, 이런 자아소멸의 메시지에 초점을 맞춰 사역하는 교회들이 비싼 대가를 치르게 된다는 것이다. 대중은 이런 메시지를 좇아 모여

들지 않는다. 육신을 만족시켜주는 것을 추구하기 때문이다. 그들은 즐거움을 주고, 허탄한 바람을 불어넣어주며, 그들의 자존감을 높여주는 경박한 것을 원한다.

나는 자아소멸의 메시지에 초점을 맞춰 사역하는 교회들을 부정적으로 보지 않는다. 그런 교회들로 몰려드는 사람들은 하나님을 끝없이 갈망한다. 그들이 세상의 다른 어떤 것보다 더 원하는 것은 그들의 삶에서 그리스도의 영광을 보는 것이다. 하나님의 영광은 언제나 자아의 희생을 통해 찾아온다.

두 교회를 가정해보자. 한 교회는 모든 영광을 하나님께 드려서 100퍼센트 그분을 높이려고 애쓰는 25명이 모인 곳이다. 다른 한 교회는 '기독교 연예오락주의'라는 저주스런 멍에를 걸머지고 있는 2,500명이 모인 곳이다. 후자의 교회에서는 하나님께 온전한 영광이 돌아가지 않는다. 이런 두 교회가 있다면 나는 당연히 전자의 교회에서 목회하고 싶다. 하나님께서 교회의 그늘진 곳에 숨어 계시다면 두 번째 교회에는 그분이 계시지 않을 것이다.

우리의 주의를 허망한 것으로 돌리고 우리를 속이는 자아의 힘을 과소평가하는 사람이 너무 많다. 그들은 진정한 성경적 기독교를 훼손하는 자아의 힘을 모른다. 신약 신학의 핵심 사상에 의하면, 옛 자아의 가치들은 거짓된 것이고, 자아의 지혜는 못 믿을 것이며 자아의 선(善)은 전혀 존재하지 않는다. 우리는 어떤 대가를 치르더라도 옛 자아를 사라지게 해야 한다. 옛 자아의 삶은 회복 불가능할 정도로 썩어버렸다. 옛 자아를 아무리 깨끗이 청소한다 할지라도 그 자아에는 돌이킬 수 없는 부패의 핵(核)이 자리 잡고 있다.

진정으로 못 박히는 삶

새 사람은 그리스도 안에 있다. 그러므로 이제부터 우리는 우리가 예수 그리스도 안에서 죄에 대하여는 죽고 하나님에 대하여는 산 자라고 여겨야 한다. 그런데 우리가 직면한 문제는 옛 자아를 어떻게 처리하느냐 하는 것이다. 우리의 옛 자아가 성경이 말하는 바로 그런 것이라면, 이 옛 자아를 어떻게 해야 하는가?

바로 이 문제에서 우리는 모순으로 보이는 성경구절에 직면하게 된다. 십자가에 못 박힌 삶에 대해 언급한 주요 구절인 갈라디아서 2장 20절은 바울의 개인적 증언이다. 바울의 체험적 신학의 아름다운 표현이라고 할 수 있는 이 증언은 별로 아름답지 못한 편지에 담겨 있다. 내가 갈라디아서를 별로 아름답지 못한 편지라고 말하는 이유는 갈라디아 신자들의 신앙적 퇴보 때문이다.

바울이 갈라디아서 2장에 박아놓은 이 작은 다이아몬드는 갈라디아서 전체의 중심이라고 할 수 있다. 그것은 "내가 그리스도와 함께 십자가에 못 박혔나니 그런즉 이제는 내가 사는 것이 아니요 오직 내 안에 그리스도께서 사시는 것이라 이제 내가 육체 가운데 사는 것은 나를 사랑하사 나를 위하여 자기 자신을 버리신 하나님의 아들을 믿는 믿음 안에서 사는 것이라"(갈 2:20)라는 말씀이다.

그런데 여기서 우리가 주목해야 할 것은 이 작은 다이아몬드에 몇 가지 모순이 숨겨져 있다는 것이다. 우선 이 구절은 "내가 십자가에 못 박혔다"라는 말로 시작된다. 이 말은 모순처럼 들린다. 십자가에 못 박힌 사람이 죽지 않고 살아서 "내가 십자가에 못 박혔다"라고 말하는 것 자체가 불가능한 것이기 때문이다. 그러므로 상식적으로 생각할 때 현실 가능한 상황은 둘 중 하나이다. 바울이 십자가에 못 박히지 않았으면서 이렇게 말하고 있는 것이거나, 십자가에 못 박혔기 때문에 그것에 대해 말하지 못하는 것이다.

"의사 선생님, 내가 죽었으니 장의사 좀 불러주세요"라고 말할 수 있는 사람은 아무도 없다. 만일 그가 정말 죽었다면 그는 의사에게 아무 말도 할 수 없다. 그러므로 바울이 "내가 십자가에 못 박혔다"라고 말하는 것은 그 자체가 모순이다.

바울은 "내가 십자가에 못 박혔다"라고 말한 다음에 "그럼에도 불구하고 나는 살아 있다"(이 부분은 개역개정판 한글성경에는 나오지 않는다 - 역자 주)라고 말한다. 이런 말을 하는 것이

가능할까? 이런 가정은 해볼 수 있을 것이다. 죽어서 저세상으로 간 사람이 어떤 기적에 의해 이 세상의 사람들에게 말하는 경우 말이다! 아무튼 "그럼에도 불구하고 나는 살아 있다"라는 바울의 말은 모순이다. 만일 그가 십자가에 못 박혔다면 어떻게 살아 있을 수 있는가?

그런데 바울은 "내가 사는 것이 아니요"라는 모순적인 말을 또 던진다. 더 나아가 "내가 육체 가운데 사는 것은 나를 사랑하사 나를 위하여 자기 자신을 버리신 하나님의 아들을 믿는 믿음 안에서 사는 것이라"라고 말한다. "내가 육체 가운데 사는 것은"이라는 말에서 '나'라는 존재는 십자가에 못 박혔지만 살아 있고, 또 그러면서도 살아 있지 않은 존재이다. 바울의 말은 모순의 연속이다!

내가 갈라디아서 2장 20절에 들어 있는 모순들을 일부러 강조하는 이유는 이것들이 본질적으로 모순이라고 믿기 때문이 아니라, 이 구절을 건성으로 읽어서는 안 되기 때문이다. 주기도문이나 시편 23편을 읽을 때도 건성으로 읽어서는 안 된다.

그렇다면, 이 구절에는 어떤 의미가 있는 것인가? 아니면 아무 의미도 없는 것인가? 전자의 경우라면 나는 그 의미가 무엇인지 알고 싶다. 후자의 경우라면, 후자가 맞다는 것을 확인하고 이후로는 이 구절에서 아무것도 기대하지 않을 것이다. 그렇다면 전자와 후자 중 어느 것이 맞을까? 결론부터 말하자면, 이 구절에 반드시 어떤 의미가 있다고 나는 믿는다. 뿐만 아니라, 우리 각 사람이 이 구절의 교훈을 실천하면서 이 세상에서 살아가는 것이 얼마든지 가능하다고 믿는다.

옛 자아는 절대적으로 십자가에 못 박혀야 한다. 이것이 바울이 갈라디아서 2장 20절에서 말하는 것이다! 부분적으로만 죽을 수 있는 사람은 없다. 죽은 사람이든, 산 사람이든 둘 중 하나이다.

한 가지 비유를 들어보자. 어떤 물 잔에 독이 들어 있어서 누군가 그 물을 마시면 죽음을 피할 수 없다. 잔 안에 든 액체 중 단 1퍼센트만 독이라 할지라도 그를 죽일 수 있다. 내가 볼 때, 1퍼센트의 독이 들어 있는 잔이 더욱 위험하다. 독이 조금 들어 있으면 사람들이 눈치 채는 게 더 어려워지기 때문이다. 100퍼센트 독이 든 잔은 사람을 즉시 죽인다. 1퍼센트 독이 든 잔도 사람을 확실히 죽이지만, 더 천천히 고통스럽게 죽인다.

그리스도인들의 삶에 옛 자아가 조금이라도 남아 있다면 그 위험은 크다. 조금 남은 그것은 마치 자아 전체가 독인 것만큼이나 확실히, 그러나 더 고통스럽게 우리를 죽일 것이다.

새로운 '살아 있음'을 경험하라

사도 바울은 옛 자아가 완전히 사라지고 새 자아가 완전히 들어와야 한다고 말한다. 옛 자아의 '나'는 십자가에 못 박혀야 한다. 우리는 죽었지만 살아 있는데, 이 '살아 있음'은 과거의 '살아 있음'과 다르다. 우리 존재의 모든 본질에 가득 차 있는 것은 우리의 생명이 아니라 거룩하신 구속자의 생명이다. 우리의 자아가 십자가에 못 박히면, 그리스도인들의 삶 속에서 그리스도의 생명이 실제로 나타나 열매를 맺을 수 있다.

갈라디아서 2장 20절에서 가장 중요한 부분은 "이제는 내가 사는 것이 아니요 오직 내 안에 그리스도께서 사시는 것이라"라는 말씀이다. 이 세상에서 가장 중요한 것은 내 안에 계신 그리스도이시다. 옛 자아가 사라지지 않으면 그리스도의 생명이 들어올 수 없다. 하지만 많은 그리스도인이 옛 자아에 필사적으로 매달린다. 자기의 것을 잃어버릴까봐 큰 두려움에 빠진 그들은 "누구든지 제 목숨을 구원하고자 하면 잃을 것이요 누구든지 나를 위하여 제 목숨을 잃으면 찾으리라"(마 16:25)라는 예수님의 교훈을 잊은 채 살아간다. 우리의 것을 잃어버릴 각오가 되어 있지 않으면, 하나님께서 우리를 위해 준비하신 것이 우리의 눈에 보이지 않는다.

오늘날 복음주의자들이 만들어놓은 기독교는 참으로 이상하다. 자유주의자들이 우리를 비판하지만 적어도 나로서는 그들을 원망할 생각이 없다. 그들에게는 비판할 권리가 있는 것이고, 사실 그들이 할 수 있는 최선의 것은 우리를 비판하는 것이다. 우리 복음주의자들은 이제 참으로 우스운 사람들이 되고 말았다. 이제 우리가 할 수 있는 것은 설교단에 서서 지식이 어느 정도 있는 청중에게 "그리스도께서 궁극적으로 의도하신 가장 중요한 것은 우리가 지옥에 가지 않도록 구원하시는 것입니다"라고 말하는 것이다. 그러면서도 우리가 그리스도를 따르는 자라고 주장하니, 얼마나 어리석은가!

하나님의 목적은 단지 우리를 지옥에서 구하는 것이 아니라 우리를 구원하여 그리스도와 하나님을 닮은 자로 만드는 것이다. 하나님께서는 우리가 그분의 얼굴을 보는 날까지 우리를 손에서 놓지 않으신다. 다시 말해서, 우리가 그분을 닮도록 만드는 그분의 작업은 그분의 이름이 우리의 이마에 쓰이는 날까지 계속될 것이다. 그날이 이르면 우리는 그분처럼 될 것이다. 그분의 참 모습을 그대로 볼 것이기 때문이다(요일 3:2 참조).

영리를 목적으로 하는 상업적인 싸구려 기독교에 빠진 사람은 "내가 빚을 졌는데 예수님이 오셔서 내 빚을 갚아주셨습니다"라고 말한다. 물론 그렇다. 그분이 빚을 갚아주셨다. 하지만 그것을 강조하는 이유가 무엇인가? 또 어떤 이는 "내가 지옥으로 가고 있었는데 예수님이 내 길을 막고 나를 구원하셨습니다"라고 말한다. 물론 그렇다. 하지만 이것은 강조할 만한 부분이 아니다. 우리가 강조해야 할 것은 우리가 하나님의 아들을 닮도록 하나님께서 구원하셨다는 것이다. 그분의 목적은 미친 듯이 지옥으로 달려가는 우리를 붙잡아 180도 돌려서 옛 자아를 심판하고 우리 안에 새 자아를 창조하시는 것이다. 그분이 우리를 180도 돌려놓으시는 이유는 우리를 아시기 때문이다. 우리 안에 창조되는 새 자아는 곧 그리스도이시다.

주 하나님의 아름다우심

성경에서 제일 아름다운 구절은 "주 우리 하나님의 '아름다우심'을 우리에게 내리게 하사"(시 90:17. '아름다우심'이라는 말이 개역개정판 한글성경에서는 '은총'으로 번역되어 있다 - 역자 주)이다. 주 하나님의 아름다우심은 얼마나 놀라운 것인가! 이와 완전히 대조되는 것은 '나의 추함', 즉 우리 자아의 추함이다.

《독일 신학》(Theologia Germanica, 14세기에 익명의 저자에 의해 쓰인 것으로 추정되는 신비적 색채의 글 - 역자 주)의 저자는 "지옥에서 불타는 것은 오직 우리의 고집뿐이다"라고 썼다. 지옥불이 계속 타도록 만드는 연료는 '내가', '나의', '나를', '나의 것'이라는 외침일 것이다.

하나님께서는 거룩한 거래를 제안하신다. 그 거래는 새 자아를 줄 테니 옛 자아를 버리라는 것이다. 옛 자아는 아주 많은 문제를 일으켰다. 새 자아는 그리스도이시다. 사도 바울은 "이제 내가 육체 가운데 사는 것은 나를 사랑하사 나를 위하여 자기 자신을 버리신 하나님의 아들을 믿는 믿음 안에서 사는 것이라"(갈 2:20)라고 말했다.

바울처럼 이렇게 말할 수 있는 단계에 이르기까지의 여정은 어떤 대가를 치러도 아깝지 않은 귀중한 것이다. 옛 자아를 희생하는 데 따르는 고통은 하늘로부터 내려와 삶의 모든 부분에 파고드는 거룩한 감동의 기쁨에 비하면 아무것도 아니다. 육신적 눈으로 볼 때 십자가에 못 박힌 삶이 모순으로 가득 차 보이는 이유는 우리의 옛 본성, 즉 우리의 자아 중심적 삶이 하나님의 뜻과 본질에 어긋나기 때문이다. 하지만 자아를 십자가에 못 박으면 하나님께서 그분의 아름다움과 기쁨과 아들을 주실 것이다.

내가 아니라 그리스도께서
영광과 사랑과 존귀를 받으소서
내가 아니라 그리스도께서
알려지시고 들리시고 보이소서
내가 아니라 그리스도께서
모든 모습과 행동에서
내가 아니라 그리스도께서
모든 생각과 말에서 나타나소서

사랑의 주님!

제 자신에게서 벗어나게 하시고
주님에게 푹 빠지게 하소서
제 안에 더 이상 제가 살지 않고
그리스도께서 사시옵소서

내가 아니라 그리스도께서
슬픔 중에 친절히 위로하시고
내가 아니라 그리스도께서
떨어지는 눈물을 닦아주시고
내가 아니라 그리스도께서
무거운 짐을 벗겨주시고
내가 아니라 그리스도께서
모든 공포를 몰아내소서

그리스도, 오직 그리스도!
무익한 말이 제 입 밖에 나오지 않게 하소서
그리스도, 오직 그리스도!
공연히 부산 떠는 소리가 들리지 않게 하소서
그리스도, 오직 그리스도!
거들먹거리는 태도가 없게 하소서
그리스도, 오직 그리스도!

나는 흔적조차 없이 사라지게 하소서
내가 아니라 그리스도께서
내 모든 필요를 채워주시고
내가 아니라 그리스도께서
내 힘과 건강이 되어주시고
내가 아니라 그리스도께서
몸과 혼과 영을 살리시고
그리스도, 오직 그리스도께서
이제로부터 영원히 내게 계시옵소서

그리스도, 오직 그리스도께서
곧 내 시야(視野)를 꽉 채우실 것이니
머지않아 영광이 압도할 것이요
곧 내가 온전히 볼 것이라
그리스도, 오직 그리스도께서
내 모든 소원을 이루어주시고
그리스도, 오직 그리스도께서
내 모든 것이 되어주소서

_ 프런시스 E. 볼튼(Frances E. Bolton, ?~1926)
  내가 아니라 그리스도께서

CHAPTER **14**
포도나무의 가지

내 안에 거하라 나도 너희 안에 거하리라 가지가 포도나무에 붙어 있지 아니하면 스스로 열매를 맺을 수 없음 같이 너희도 내 안에 있지 아니하면 그러하리라 요 15:4

    십자가에 못 박힌 삶을 살 때 얻을 수 있는 가장 좋은 것은 때때로 얻는 큰 영적 승리라고 나는 믿는다. 이 큰 영적 승리가 역사 속에서 나타난 것이 부흥이다. 부흥이야말로 오늘날의 교회에게 가장 필요한 것이다.
    부흥은 세 가지 차원에서 일어난다. 우선 개인적 차원에서 일어나는데, 이는 개인의 믿음이 되살아나는 것이다. 그리고 교회적 차원에서 일어나는데, 이는 교회 전체가 영적 능력으로 충만해지는 것이다. 끝으로 지역사회의 차원에서 일어나는 부흥은 교회의 영적 능력이 넘쳐흘러서 지역사회까지 파고드는 것이다.

개인적 차원에서 부흥이 일어나면 그의 영적 삶이 새 힘을 얻게 된다. 능력과 은혜로 충만해진 그는 말로 다 표현할 수 없는 놀라운 체험을 하게 된다. 하지만 그가 출석하는 교회에 영향을 주지는 못한다. 이들이 영적으로 차가운 교회에 있을 때 그들의 교회에서 부흥이 일어나지 않았던 이유는 교회가 그들에게 차갑게 대해 그들이 발을 붙이지 못했기 때문이다. 즉, 교회가 그들에게 저항했거나 그들의 주장을 귀담아 듣지 않았거나 그들을 광신자나 극단주의자로 여겼기 때문이다.

물론 어떤 교회에서는 이런 개인으로 말미암아 영적 각성이 일어날 수도 있다. 그렇게 되면 교인들 전체가 영적으로 깨어나고 심지어는 교인의 수가 늘어날 수도 있다. 또한 교인들의 영성이 강해지고 새 힘을 얻으며, 꽁꽁 얼었던 영성의 얼음이 깨어져 물이 흐르기 시작한다. 하지만 이런 교회적 부흥도 교회 밖으로까지 확대되는 데에는 종종 실패한다. 개 교회들이 영적 각성과 새로운 힘을 경험했음에도 그 부흥이 교회의 담을 넘지 못해 지역사회까지 파고들지 못한 경우가 많았다.

물론 지역사회의 부흥도 있었다. 이것은 하나님의 말씀이 지역사회 안에 퍼져나가고 부흥의 불이 이 교회에서 저 교회로,

이 동네에서 저 동네로 옮겨 붙어 결국 도시 전체에서 영성이 살아난 경우다.

지역사회의 부흥이 일어나려면 먼저 개인의 부흥이 일어나 그것이 교회로 퍼지고, 교회의 부흥이 지역사회로 확장되어야 한다. 이 순서가 거꾸로 일어날 수는 없다. 개인의 부흥이 없다면 교회의 부흥이 일어날 수 없고, 교회의 부흥이 없다면 지역사회의 부흥이 일어날 수 없다.

개인의 부흥이 먼저이다

그렇다면 내가 말하는 '개인의 부흥'은 무엇인가? 이해를 돕기 위해서는 비유를 드는 것이 가장 좋은 것 같다. 개인의 부흥은 병자였던 사람이 병을 고치고 아주 건강해지는 것과 흡사하다. 백혈구 수치가 너무 낮아서 침대 밖으로 거의 나올 수 없고, 한 번에 한 시간을 앉아 있을 수 없는 사람이 있다고 하자. 그런데 그가 갑자기 건강해져서 하루 종일 힘든 일도 해내고 야구팀에서 선수로 활약하면서 의욕적으로 생활한다면, 이런 것이 곧 부흥이다.

다른 비유를 들어보자. 자동차의 배터리가 너무 약해서 엔진의 시동이 걸리지 않는다. 이럴 때 배터리를 충전해주면 배터리의 힘이 강해져서 스파크를 일으켜 엔진의 시동을 걸어준다. 이것이 부흥이다. 개인의 부흥은 하나님의 능력이 어떤 개인에게 물밀듯 밀려들어가 새 힘을 주는 것이다.

　이런 일이 개인뿐만 아니라 교회에게도 일어날 수 있지만, 먼저 개인에게 일어나야 그의 교회에서도 일어날 수 있다. 우리는 이 점을 확실히 알고 있어야 한다. 이 부분에 대해 추상적이거나 이론적인 이야기는 전혀 무의미하다. 우리는 "오, 주님! 주님의 교회에 임하소서"라고 기도하기를 좋아한다. 그러나 교인들에게 영적 변화가 일어나지 않았는데 성령이 교회에 충만히 임하신다는 것은 상상 속에서나 가능한 일이다. 성령은 오직 개인들에게만 임하실 수 있다. 교인들에게 먼저 은혜가 임하지 않고 교회에 은혜가 임한다는 것은 불가능한 일이다.

　교회의 부흥을 위한 사람들의 기도를 들을 때, 나는 그들이 추상적 교회를 위해 기도하는 것 같다는 생각이 든다. 아마 그들은 '개인들로 구성되지 않은 관념적 교회'를 상상하는 것 같다. 하지만 그리스도께서는 관념적 교회를 위해 돌아가신 것이 아니다. 하나님께서는 교회 안의 개인들에게 성령을 부어주시지 않고 교회에게 성령을 부어주실 수 없다. 성령의 임하심에 대해 성경은 "각 사람 위에 하나씩 임하여 있더니"(행 2:3)라고 증언한다. 그러므로 우리의 경우에도 그분은 각 사람 위에 임하실 것이다.

　개 교회의 영성 수준은 그 교회에 속한 교인들의 영성 수준보다 더 높아질 수 없다. 딱 그 수준에 머물 뿐이다. 하나님께서 우리의 영적 맥박을 재시거나 마치 아이큐를 테스트하듯 우리의 신앙지수를 테스트하신다고 가정해보자. 우리 교회 전 교인의 신앙지수나 영적 맥박을 전부 더해서 평균을 내면 우리 교회의 신앙지수나 영적 맥박을 알 수 있을 것이다. 하지만 한 가지 잊지 말아야 할 것은 그렇게 얻은 평균치가 교인 누구에게나 자동적으로 보장되는 것은 아니라는 것이다. 왜냐하면 개인마다 차이가 있을 수밖에 없기 때문이다.

부흥은 어떤 개인에게나 일어날 수 있다. 나는 당신에게 이 말을 해줄 수 있는 게 기쁘다. 하나님께서는 어떤 개인에게나 영광의 물결, 즉 새로운 소생의 힘을 보내실 수 있다. 그러므로 교회의 다른 교인에게 부흥이 일어나는지 아닌지에 대해 신경 쓰지 말라. 초조한 마음으로 교회 주변을 서성이면서 "우리 교회에 부흥이 일어나면 좋겠는데…, 그러면 아마 내게도 부흥이 일어날 거야"라고 말하지 말라.

당신이나 교회의 다른 교인들에게 영적 능력이 임하지 않는다면 당신의 교회에는 영적 능력이 임하지 않는다. 하지만 교회가 부흥을 하든, 영적으로 뒷걸음질 쳐서 자유주의로 전락하든 간에 당신은 한 개인으로서 부흥을 체험할 수 있다. 주변의 모든 사람들이 나서서 당신의 그런 체험을 막으려고 해도 막을 수 없다. 당신 교회의 목회자가 알든 모르든, 당신은 부흥을 맛볼 수 있다.

내가 18세 때, 하나님께서는 놀라운 방법으로 내게 찾아오셔서 놀라운 일들을 이루셨다. 하지만 교회에서는 그것을 인정하지 않았다. 우리 교회는 내가 약간 극단적이라고 하면서 차라리 내가 없으면 좋겠다는 식으로 말했다. 나를 쫓아내지는 않았지만 나와 어울리려고도 하지 않았다. 결국 나는 그 교회를 떠나 기독교선교연합 교단의 교회로 옮겼다.

당신의 교회가 당신을 받아들이지 않더라도 당신은 하나님께서 당신을 위해 준비해놓으신 것들을 누릴 수 있다. 당신의 아내나 남편이나 아버지나 어머니나 친구가 당신을 이해해주는가 하는 문제는 중요한 것이 아니다. 하나님께서는 언제나 개인에게 부어주실 영적 복을 준비해놓고 계신다.

구약의 역사를 살펴보면, 개인들이 각각 하나님을 만난 사건들이 많이 나온다. 교회의 역사를 봐도 마찬가지이다. 교회의 역사 속에서 많은 사람들이 홀로 그분을 만났다. 그들은 때로 교회의 지하실에서, 동굴 속에서, 야외의 나무 밑에서, 대로는 건초더미 옆에서 그분을 만났다. 장소는 달라도 모두 홀로 그분을 만났고, 그 만남의 장소로부터 부흥이 시작되었다.

다시 말하지만, 당신에게 부흥이 일어나도 당신의 교회에서는 그렇지 않을 수 있다. 혹시 당신이 출석하는 교회가 영적으로 병들었거나 낮은 수준에 머물러 있거나 심지어 완전히 죽어 있는가? 그렇다 할지라도 당신은 교회의 영적 수준에 적응하면 안 된다. 오히려 "우리 교회가 어떤 상태에 있든, 나는 하나님의 은혜로 말미암아 영적으로 충만해지겠다"라고 자신에게 말해야 한다.

개인적 부흥은 어떻게 일어나는가?

우리가 던져야 할 중요한 질문은 개인적 부흥을 어떻게 체험할 수 있는가 하는 것이다. 우리의 삶 속에서 성령의 새로운 기름부음이 일어나기 위해서는 네 가지 사항이 준비되어야 한다. 성령의 일은 변덕스럽게 일어나지 않는다. 그분이 우리의 삶 속에서 행하시는 데에는 나름대로 분명한 영적 규칙이 있다.

얼굴을 부싯돌같이 굳게 하라

개인적 부흥을 체험하려면 우선 "내 얼굴을 부싯돌같이 굳게 하였으므로"(사 50:7)라는 말씀처럼 당신의 얼굴을 부싯돌같이 굳게 해야 한다. 잡초로 덮인 땅을 갈아엎으려면 먼저 쟁기가 날카로워야 한다. 당신이 개인적 부흥을 원한다면 사람들에게 고집불통이라는 소리를 들을 정도로 강하게 밀고 나가야 한다. 왜냐하면 세상의 방해와 간계가 결코 만만치 않기 때문이다. 당신의 얼굴을 부싯돌같이 굳게 하고 "나는 하나님의 은혜에 의지해서 신약성경이 약속한 모든 영적 복을 받겠다"라고 말해야 한다.

마음을 예수께로 향하라

당신이 두 번째로 해야 할 것은 마음의 눈을 예수님에게 고정시키는 것이다. 그분이 당신을 어디로 이끌고 가시든지 그분을 따라가라. 그분이 당신에게 무엇을 내려놓으라고 명하시든지 그분의 말씀에 순종하라. 어떤 사람을 멀리해야 한다고 말씀하시면 그를 멀리하라. 하나님께서 계획하신 '미래의 당신'과 완전히 똑같은 사람이 되기를 원한다면 당신의 얼굴을 부싯돌처럼 굳게 하고 예수께 곧장 달려가라.

시각장애인 바디매오가 예수님에게 "다윗의 자손 예수여 나를 불쌍히 여기소서"(막 10:47)라고 소리친 사건이 성경에 기록되어 있다는 것에 대해 나는 언제나 감사할 것이다. 바디매오가 소리쳤을 때 사람들은 "잠잠하라. 교회 안에서 소리쳐서는 안 된다. 가만히 있어라"라는 식으로 말했다. 그러나 그는 그들의 말에 아랑곳하지 않고 오히려 더욱 소리를 질렀고, 결국 예수님이 돌아보시며 "네게 무엇을 하여 주기를 원하느냐"(막 10:51)라고 물으셨다. 그는 "선생님이여, 보기를 원하나이다"(막 10:51)라고 대답했다. 그러자 예수님은 "네 믿음이 너를 구원하였느니라"(막 10:52)라고 그에게 말씀하셨다.

그가 눈을 뜰 수 있었던 것은 예수님에게 접근하는 사람들을 막는 데에만 관심이 있었던 주변 사람들의 말에 개의치 않았기 때문이다. 그들은 제시간에 출퇴근하면서 자기의 일은 열심히 하지만, 그 이상의 것은 생각하지 못하는 사람들이었다.

최근 나는 존 번연의 《천로역정》(Pilgrim's Progress)을 다시 집어 들어 한두 페이지를 읽어보았다. 이번에는 다른 무엇보다도 이 책의 문체에 관심을 갖고 읽었다. 하지만 오직 문체에만 관심을 갖고 이 책을 오래 읽기는 어려웠다. 이 책의 주인공인 '크리스천(Christian)'이 여행 중에 겪게 되는 고난의 이야기에 빨려 들어가기 때문이다.

이 책의 서두에서 크리스천은 "이 책(성경)을 읽고 나는 내가 큰 위험에 처해 있다는 걸 알게 되었습니다. 나는 '멸망'이라는 내 고향을 떠나 하늘의 고향으로 가야 합니다"라고 말한다. 그리고 그 하늘의 고향을 향해 출발하겠다는 계획을 세운다. 그는 여행을 떠나기 전에 극심한 스트레스에 시달리다가 결국 가족에게 자신의 감정을 드러내며 "아, 내 사랑하는 아내와 자녀들이여, 나는 끔찍한 상태에 빠져 있어. 너무 끔찍해"라고 말한다.

하지만 그의 가족이 보인 반응을 보라.

"우리는 당신의 문제가 무엇인지 알아요. 당신은 너무 지친 거예요."

그들은 그를 침대에 눕게 했다. 그 다음 날 아침 그가 일어났을 때 가족들은 "기분이 어떠세요?"라고 물었다. 크리스천은 대답했다.

"한숨도 못 잤어. 우리가 '멸망의 도시'에 살고 있다는 생각을 한순간도 떨쳐버릴 수 없었어."

존 번연이 들려주는 이야기가 어떻게 진행되는지 아는가? 크리스천의 가족은 그를 위로해서 편안히 해주는 것이 불가능하다는 걸 알게 된다. 그의 등을 두드려주며 "가서 한숨 푹 자면 싹 잊어버릴 거예요"라고 말해봤자 아무 소용이 없다는 걸 알게 된다. 그러자 그를 가혹하게 대하며 조롱하기 시작한다. 하지만 조롱도 그에게 먹히지 않는다는 걸 알게 되자 그의 말을 무시한다.

번연의 이 책을 읽을 때 나는 우리의 영적 고뇌에 대해 주변 사람들이 어떻게 반응하는지를 생각해보았다. 우선 그들은 우리를 위로하려고 시도한다. 우리의 등을 두드려주며 우리가 마음의 안정을 되찾기를 바란다. 하지만 그것이 먹히지 않으면 우리에게 막말을 하면서 "당신은 남들보다 선하다는 착각에 빠져 있군요"라고 비난한다. 그리고 이런 방법조차 소용이 없다는 걸 알게 되면 우리를 조롱하기 시작한다. 하지만 이것도 먹히지 않으면 우리의 말을 무시해버린다.

이것은 당신이 예수님을 바라보며 개인의 부흥을 추구할 때 일어나는 전형적인 현상이다. 당신은 그분을 열심히 찾아 만나서 그분과 더 깊은 관계를 맺겠다고 결심했는가? 혼자일지라도 그분이 주시는 새 힘을 얻어 당신의 오랜 습관과 영적 족

쇄를 타파하고 당신의 영을 새롭게 하기로 마음먹었는가? 그렇다면 틀림없이 주변에서 "그래요? 당신은 지쳤군요. 토저라는 사람의 말을 듣고 마음이 흔들리고 있군요"라는 말을 듣게 될 것이다. 번연의 이야기에서, 크리스천은 가족에게 냉대를 당하자 홀로 기도하였다.

자신을 살펴라

개인의 부흥을 경험하기 위해 해야 할 세 번째 일은 우리의 생활을 하나님의 현미경 아래에 놓는 것이다. 그런데 우리는 마음의 문을 닫고 마음을 숨긴다. 성경은 "자기의 죄를 숨기는 자는 형통하지 못하나 죄를 자복하고 버리는 자는 불쌍히 여김을 받으리라"(잠 28:13)라고 말한다. 우리는 습관적으로 우리를 가리고 죄를 숨기려고 한다. 하지만 부흥을 원한다면 성경말씀을 삶에 그대로 적용해야 한다.

당신의 삶 전체를 예수 그리스도께 보여드리라. 기도를 통해 당신의 마음을 그분께 전부 보여드리라. 자신을 성경말씀에 철저히 비추어보라. 그분께 당신의 마음을 드리고 순종하라. 죄의 고백과 배상(restitution)을 통해 순종하라. '배상'은 오늘날 사람들에게 잊혀진 단어가 되었지만, 이것은 비뚤어진 사람들과의 사이를 바로 펴는 일이다. 배상을 하고 나면 당신의 마음은 날아갈 것 같을 것이다.

신앙 원칙을 정하라

개인의 부흥을 위해 해야 할 네 번째 일은 몇 가지 신앙 원칙을 세우는 것이다. 하나님 앞에서 내가 정했던 몇 가지 원칙은 신앙인으로서의 나의 삶에 큰 변화를 일으켰다. 이제 말하는 것은 내가 정했던 신앙 원칙들로, 실천은 당신의 몫이다.

첫째, 아무것도 소유하지 않겠다고 하나님 앞에서 선언하라. 물론 당신이 사용할 수 있는 것까지 모두 포기하라는 뜻은 아니다. 내 말은 당신의 삶 속에 있는 쓰레기더미를 치워버리라는 것이다. 그리스도인들 중에는 별로 필요 없는 것들을 모아 놓는 사람이 너무 많다. 이런 사람들은 밖에 나갔다 들어올 때면 꼭 이것저것 잔뜩 가지고 들어온다.

만일 당신이 까치둥지를 발견한다면 그 안에서 잡다한 것들을 보게 될 것이다. 거울, 옷걸이, 유리조각, 그리고 어쩌면 10원짜리 동전이 있을지도 모르겠다. 까치는 이런 것들을 사용할 수 없지만 그저 좋아하기에 모을 뿐이다. 많은 그리스도인이 물질에 대한 욕심 때문에 이런저런 것들을 잔뜩 모으지만 사실은 사용하지도 못한다.

당신이 어떤 것을 소유하고 있다고 느끼면 그것으로부터 자유롭지 못하다는 걸 명심하라. 그것에 대한 당신의 소유권을 포기하라. 그러면 오히려 하나님께서 그것을 당신에게 주실 것이다. 당신의 마음속에서 그것을 놓아버려라. 그러면 그분이 당신의 손에 쥐여주실 것이다. 이런 원리는 당신의 자동차와 집과 옷에 적용된다. 당신이 평생 모은 모든 것에 적용된다. 당신의 것이라고 생각했던 모든 것이 사실은 하나님의 것이라고 인정하라. 그분께 10퍼센트를 드리면 나머지 90퍼센트는 당신의 것으로 챙길 수 있다는 생각은 싹부터 잘라버려라. 그분이 100퍼센트를 가지셔야 한다. 그분께 모두를 드리면 그분이 당신과 가족을 책임져주실 것이다.

만일 어떤 것을 하나님께 드리지 않고 손에 움켜쥐고 있다면 부흥은 물 건너간 것이며, 그분이 당신과 함께하지 않으실 것이다. 그분은 그분이 원하시는 것을 즉시 소유하실 권리가 있다. 당신에게 있는 것을 그분께 언제라도 드릴 수 있는 마음의 준비가 되어 있다면 그분은 그것을 당신에게 주실 것이고, 그것은 저주가 아니라 복이 될 것이다. 그것은 당신의 발목을 잡는 족쇄가 아니라 당신을 날아오르게 하는 날개가 될 것이다.

둘째, 내가 싸우지 않겠다고 선언하라. 사실 이것은 쉬운 일이 아니다. 나는 여러 해 동안 사람들에게 하나님을 믿고 원수를 두려워하지 말라고 가르치기 위해 출애굽기 23장을 설명해주었다. 만일 당신이 사람들과 싸운다면 상처가 나고 피를 흘리게 되어 결국 비참해질 것이고, 성숙한 그리스도인이 되지 못할 것이며, 부흥을 경험하지 못할 것이다. 하지만 하나님께서 싸우시도록 한다면 승리는 당신의 것이다.

셋째, 그리스도인 형제자매의 명예를 깎아내리지 않겠다고 선언하라. 나는 그들을 나쁘게 보거나 그들의 나쁜 점에 대해 말하고 다니지 않기로 했다. 당신의 과거를 생각해보라. 당신도 유혹에 넘어가는 경향이 있었을 것이다. 나는 우리가 그리스도인 형제자매의 명예를 깎아내렸기 때문에 하나님의 영이 우리에게 한 발짝도 가까이 오시지 않는다고 본다. 다른 사람들의 나쁜 점을 우리의 입에 올리는 것은 마귀가 즐겨 사용하는 무기이다.

목회자로서 나는 어떤 교인에 대해 나쁜 소문을 듣게 되면 하나님의 교회를 보호하기 위해 그 사람을 경계하지 않을 수 없다. 하지만 그렇다고 해서 그 사람에 대한 나쁜 소문을 그대로 믿거나 퍼뜨리지는 않을 것이다. 그렇게 할 경우에 그 사람이나 또는 어떤 사람의 명예가 실추되기 때문이다.

넷째, 어떤 영광도 내가 받지 않겠다고 선언하라. 우리는 높아지는 걸 너무나 좋아한다. 우리는 약간의 영광을 우리의 몫으로 떼어놓기 원한다. 모든 영광을 하나님께 돌린다는 찬송을 부르지만 입술로만 그렇게 부를 때가 종종 있다. 대부분의 영광은 그분께 돌릴지 모르지만 약간의 영광은 우리가 받으려 한다. "내가 애쓰고 수고해서 만들어진 영광이니 내가 약간 취하는 것쯤은 문제 될 것 없다"라고 말하면서 말이다.

개인의 부흥을 추구해야 하는 이유

혹독한 시련이 닥치면 그때 가서 하나님을 찾으면 된다는 생각은 버려라. 어떤 그리스도인들은 신앙이 냉랭해진 상태에서 살아가다가 자신이나 가족에게 큰일이 터지면 슬픔에 빠진다. 그리고 그제서야 하나님께 "주여, 저를 용서하소서!"라고 부르짖는다. 그런 다음 정신을 차리고 다시 열심히 신앙생활을 한다. 그런데 꼭 어려움에 처해야 정신을 차리겠는가? 하나님께서 우리를 징계하실 때까지 그냥 기다려야만 하는가? 맞아서 등에 피를 흘리며 그분께 가야겠는가? 시련의 고통에 쫓겨 그분을 찾는 지경까지 이르지 않겠다고 그분 앞에서 결심하라. 자발적으로 당신의 십자가를 지라.

아주 여러 해 전에 웨스트버지니아 주에 있는 데스파드라는 도시에서 목회를 한 적이 있다. 그 도시에는 큰 양철공장이 있어서 흔히 '양철(Tinplate)'이라고 불렸지만 탄광지역도 있었다.

나는 다른 사람들과 함께 탄광지역으로 들어가 전도집회를 몇 번 열었다. 하지만 우리의 바람과 달리 전도집회는 그리 성공적이지 못했고, 어떤 이들은 부흥이 일어나지 않는 것에 초조함을 느꼈다.

그런데 어느 날 밤 집회 때, 키가 크고 잘 생긴 금발의 광부가 무리 중에 있는 것이 눈에 띄었다. 그는 그의 아내에게 이렇게 말했다.

"당신도 알다시피, 이곳 사람들에게는 하나님이 필요해. 하지만 왠지 사람들이 하나님께 나오질 않네. 여보, 당신이 동의한다던 나는 내일 하루 휴가를 내어 하루 종일 금식기도하며 하나님의 나타나심을 기다릴 생각이야. 이 도시에 부흥을 허락해달라고 그쿤께 간절히 기도하고 싶어."

그 다음 날 그는 직장에 나가지 않고 대신 무릎을 꿇고 성경을 읽으며 하루 종일 하나님의 나타나심을 기다렸다. 그리고 그 다음 날은 티플(tipple)로 일하러 갔다. 티플은 탄차(炭車)에 실려 있는 석탄을 쏟아내는 곳이다. 그런데 그가 티플에서 일하고 있을 때 문제가 생겼다. 탄차가 레일에서 벗어나 충돌하면서 부서졌고, 나무로 만들어진 구식 탄차의 날카로운 한 조각이 그의 허벅지를 관통했다. 47세의 이 남자는 동맥파열로 지저분한 바닥 위에서 피를 흘리다가 죽고 말았다.

그가 그 전날 하나님과 함께 시간을 보냈다는 것을 기억하는가? 그의 이야기는 내게 '하늘로부터 온 메시지' 같았다. 그 후 나는 "사랑의 하나님, 이 땅에서의 제 마지막 날을 혼자 기도하며 당신과 보내게 된다면 얼마나 좋겠습니까"라고 기도해왔다.

가족을 부양하기 위해 일했던 이 광부에게는 직장을 쉬며 기도하는 것이 허락되지 않았다. 하지만 죽기 전날 하나님께 그토록 가까이 나아갔다는 것은 정말 아름다운 일이 아닐 수 없다! 이 사람은 죽기 전날 밤 그의 모든 고민과 깊은 생각을 하나님께 털어놓았다. 하루 종일 하나님과 함께 시간을 보낸 사람이라면 그 다음 날에는 천국에 갈 준비가 완벽하게 되는 법이다.

하나님께서 사랑하시는 이 사람을 왜 그렇게 데려가셨는지 내게 묻지 말라. 나는 알 수 없다. 그분이 그분의 모든 계획을 내게 다 알려주시는 것은 아니다. 단지 내가 아는 것은 다른 모든 인간과 마찬가지로 이 사람도 언제 어디서 죽을지 모른 채 살아가고 있었다는 것이다. 그런데 성령께서 그의 마음에 감동을 주셨기 때문에 그는 하루의 시간을 내어 그의 영혼과 교회를 위해 기도할 수 있었다.

만일 그의 마음이 너무 냉랭해서 성령의 감동을 느끼지 못했다면 어떻게 되었을까? 영적으로 너무 멀리 떠나 있어서 그분의 음성을 듣지 못했다면, 판에 박은 듯이 흘러가는 일상생활을 반복하느라고 하나님의 부르심을 듣지 못했다면 말이다. 물론, 그렇다 할지라도 그의 영혼은 아무 문제없이 세상을 떠났을 것이다. 하지만 얼마나 다른 죽음이 되었겠는가!

어쩌면 하나님께서 뭔가 특별한 일을 하라고 당신을 부르고 계실지 모른다. 당신의 계획표에 들어 있지 않은 일, 즉 당신의 영혼을 소생시켜 줄 어떤 일을 하라고 부르실지 모른다. 당신의 영혼을 위해 어떤 극단적인 일을 하라고 부르실지 모른다.

나는 당신이 이 세상과 세상의 즐거움에 빠져서 그분의 음성을 듣지 못하는 일이 일어나지 않기를 바라며 기도한다. 이 세상에서 가장 중요한 것은 당신이 100세까지 장수할 수 있느냐 하는 문제가 아니라, 지금 당신에게 말씀하시는 하나님의 음성을 들을 수 있느냐 하는 것이다. 우리는 무엇이 중요한지를 분명히 깨달아야 한다.

하나님께서 당신에게 무슨 말씀을 하고 계신가? 다른 사람과 상관없이 당신에게 부흥이 일어날 수 있다. 당신의 얼굴을 부싯돌처럼 굳게 하고 예수님의 인도하심을 따라 어디든지 가겠다고 결심하지 못할 이유가 없다. 그분을 찾는다면 자칙의 수문(水門)을 찾은 것이다. 정결한 기름을 찾은 것이다. 당신의 삶을 변화시킬 새로운 부흥을 찾은 것이다.

은혜 받기 위해 이렇게 모였으니
하나님을 기다리겠습니다
우리를 사랑하신 그분을
우리를 보혈로 사신 그분을
믿고 의지할 것입니다

성령이시여,
이제 우리의 마음을 모두

사랑으로 녹이시고 움직이소서
위로부터 내려오는 옛 능력을
우리에게 불어 넣으소서

당신의 능력을 자랑하고
놀라운 은혜를 노래하겠습니다
당신의 약속대로
우리 가운데 오소서
오셔서 좌정하소서

겸손히 당신 앞에 나아가 기도하게 하시고
우리 영혼에 믿음을 불어 넣으소서
그리하시면 결국 우리가
약속하신 성령과 불을
믿음으로 구하게 될 것입니다

_ 폴 레이더(Paul Rader, 1878~1938)
　옛 능력

CHAPTER **15**
그 길의 끝에서

> 보라 형제가 연합하여 동거함이 어찌 그리 선하고 아름다운고 시 133:1

어떤 여행의 가치를 알려면 그 여행 중에 얼마나 많은 어려움을 겪게 될 것인지를 보면 된다. 여행길이 힘들수록 목적지에 도착했을 때의 만족은 더 커진다. 지금까지 나는 십자가에 못 박힌 삶이 하나의 여행이라고 생각해왔다. 이 여행에는 출발 지점이 있다. 하지만 이 여행의 도착지점은 '영광의 이쪽 편'에 있지 않다. 이것을 내게 기억나게 해주는 것은 〈왕의 일〉(The King's Business)이라는 찬송이다.

나는 이곳 외국 땅에 사는 나그네라네
내 고향은 저 멀리 황금 해안에 있다네
바다 저편 왕국의 대사(大使)가 되기 위해
나는 이곳에서 내 왕의 일을 한다네

자신이 외국 땅에서 살고 있는 나그네라고 생각하는 그리스도인은 많지 않다. 그러나 우리가 그리스도인이라면 분명 우리는 외국 땅에서 살고 있는 나그네이다. 십자가에 못 박힌 삶의 여정을 시작했다면 이 세상은 분명 우리의 고향이 아니다. 그러므로 이 세상에서 너무 편해지면 안 된다.

그리스도인의 삶과 십자가에 못 박힌 삶에 대해 애당초 잘못된 정보를 전달받은 사람들이 있다. 어떤 이유에서든 간에 그들은 그리스도인의 삶이 쉬운 길이라고 생각한다. 그들은 하나님께서 그들의 모든 문제와 어려움을 제거해주실 거라고 믿는다. 자기들이 어떤 종류의 불화나 소동 없이 살아갈 수 있을 거라고 믿는다. 하지만 십자가의 길을 걸어본 사람은 누구나 알겠지만, 결코 그렇지 않다! 만일 당신의 십자가 여정이 어려움과 시련과 부담으로 점철되지 않는다면 그 길을 가고 있는 것이 아니다.

성경을 읽어보라. 하나님의 사람들은 모두 극도의 어려움과 고난을 당했다는 걸 알게 될 것이다. 교회의 역사는 신자들이

겪었던 고난과 투쟁으로 가득하다. 심지어는 순교보다 더 힘든 일을 겪은 사람들도 있다. 어떤 이들이 생각하는 것처럼 그리스도인의 삶이 쉬운 것이라면, 왜 교회 역사 속에 그토록 많은 역경과 투쟁과 순교가 있었을까?

어려움의 유형들

어려움은 몇 가지 유형으로 분류된다. 첫 번째 유형은 '궤도 이탈'이다. 이것은 영적 목표를 향해 나아가는 길에서 벗어나는 것이다. 예전에는 펜실베이니아 농장에서 말을 사용하여 쟁기질을 했다. 그래서 말이 똑바로 나아가지 않고 옆으로 빠지는 것을 막기 위해 말에게 눈가리개를 씌웠다. 말이 길에서 벗어나는 일이 자주 일어났기 때문이다.

우리는 우리에게 찾아오는 어려움 때문에 하나님을 향해 나아가던 길에서 벗어나기 쉽다. 그리고 어려움에 완전히 매몰되어 있으면 그 밖의 다른 것들을 보지 못하고, 어디로 가고 있는지조차 모르게 된다.

이스라엘 민족의 역사를 연구해보면 그들의 여정이 '궤도 이탈'의 연속이었다는 걸 알게 될 것이다. 그들이 어떤 방향으로 나아가려고 했을 때 뜻밖의 일이 일어나 그들을 오른쪽으로나 왼쪽으로 치우치게 만들곤 했다.

그리스도인이 낙심할 수 있다는 것을 쉽게 받아들이지 못하는 사람이 많지만 우리도 어려움으로 인해 낙심에 빠질 수 있다. 너무 심한 어려움 때문에 낙심한 그리스도인은 자기가 거듭나지 못한 사람이 아닌가 하는 의심에 시달리게 된다. 하지만 그는 여러 가지 어려움 때문에 크게 낙심하여 판단력이 흐려진 탓에 그런 의심에 시달리는 것이다.

십자가의 길을 걷기 위한 첫걸음을 잘 내디뎠던 사람이 어떤 원인에 의해 집중력을 잃어버리고 완전히 정체 상태에 빠져 있다는 이야기를 책에서 읽거나 듣게 되면 우리의 마음이 슬퍼진다. 사도 바울은 갈라디아교회의 신자들에게 일어난 그와 같은 일에 대해 다음과 같이 언급했다.

"너희가 이같이 어리석으냐 성령으로 시작하였다가 이제는 육체로 마치겠느냐"(갈 3:3).

갈라디아의 그리스도인들은 잘 출발했지만 그 후 어떤 원인에 의해 본궤도에서 이탈하여 낙심에 빠져 있었다. 그들은 자기들이 싸워야 한다고 느끼기 시작했다. 우리 역시도 그들과 같은 문제에 빠지기 쉽다. 어려움은 인생살이에서 누구나 겪는 일반적인 것이다. 그러므로 바울이 고린도의 교인들에게 한 말에서 힘을 얻어야 한다.

"사람이 감당할 시험 밖에는 너희가 당한 것이 없나니 오직 하나님은 미쁘사 너희가 감당하지 못할 시험 당함을 허락하지 아니하시고 시험 당할 즈음에 또한 피할 길을 내사 너희로 능히 감당하게 하시느니라"(고전 10:13).

이 말씀을 읽을 때 나는 "어려움에 처한 사람이 어떻게 행동하는지를 보면 그가 어떤 사람인지를 알 수 있다"라고 말하지 않을 수 없다. 우리가 어려움과 고난을 당하는 것은 피할 수 없는 사실이다. 십자가에 못 박힌 삶의 길에는 많은 방해세력과 장애물과 위험이 도사리고 있다. 그러므로 어려움이 있느냐 없느냐 하는 것은 중요하지 않다. 그 어려움에 어떻게 대처하느냐 하는 것이 우리와 하나님 사이의 관계를 결정한다. 어려움으로 인해 십자가의 길을 포기한다면 그분을 믿고 의지하는 사람이 아닐 것이다.

다윗 왕의 예

적어도 구약에 한해서 보자면, 다윗만큼 어려움과 고난을 겪은 사람도 없을 것이다. 그의 어려움과 고난은 어떤 경우에는 그가 자초한 것이었지만, 대개는 그의 삶을 향한 하나님의 깊은 뜻에 따른 것이었다. 그는 자신의 고난에 대해 시편 57편에서 자세히 말한다. 57편은 다윗의 마음속을 깊이 들여다볼 수 있게 해준다. 그의 삶이 어떤 것이었는지를 정확히 이해하려면 그가 고난에 어떻게 대처했는지를 보면 된다.

시편 57편에서 다윗은 자기가 고난의 무게에 얼마나 눌려 있는지에 대해 털어놓는다. 1절에서 그는 자기의 고난을 가리켜

'재앙들'이라고 부른다. 우리가 우리에게 닥친 문제를 인식하는 것은 아주 중요하다. 많은 이들이 문제를 무시해버리거나 자기 눈앞의 문제를 보지 못한다. 문제와 어려움에 직면해 있으면서도 그것을 무시해버리는 것은 지극히 위험하다.

하지만 다윗은 자신에게 주어진 재앙들을 무시하지 않고, 그에 대해 정확히 바라보았다. 이런저런 변명을 늘어놓으려고 하지 않았고, 다른 사람을 탓하지도 않았다. 우리와 매우 다른 태도다. 이상하게도 우리는 우리의 문제에 대해 다른 사람을 탓하면 그 문제가 사라질 거라는 착각에 빠져 있다. 그러나 그렇지 않다.

내가 볼 때, 다윗은 겁쟁이가 아니었다. 그는 골리앗 앞에 당당히 섰을 때부터 그의 임종 때까지 오직 하나님만을 두려워했다. 십대 소년이 당시 최고의 전사 중 한 사람에게 맞서기 위해 매끄러운 돌 다섯 개를 들고 그 앞에 서 있는 모습을 상상해보라. 골리앗은 여러 면에서 거인이었다. 단지 체구만 큰 것이 아니라 싸움의 달인이었다. 그는 전투에서 진 적이 없었다고 말해도 무방할 것이다. 그가 전쟁에서 이룬 업적은 정말 화려했다. 그가 그토록 대단한 전사였기 때문에 블레셋 족속이 그를 전선으로 보내 이스라엘의 모든 군대 앞에 서게 했던 것이다. 블레셋 족속은 그를 완전히 믿었다.

그런 그가 다윗을 처음 보았을 때, 다윗이 아무것도 모르고 전선에 나왔다고 욕했다. 자신이 얼마나 큰 위험에 처했는지조차 모르는 애송이라고 다윗을 비난해댔다. 그러나 다윗은 골리앗에게 "나는 내 힘으로 너를 맞서지 않고 여호와, 즉 이스라엘의 하나님의 이름으로 네게 나아간다"고 말했다(삼상 17:45 참조). 다윗은 하나님 편에 서 있는 한 아무것도 두렵지 않았던 것이다. 다윗은 골리앗에 맞서 이겼을 때 보여준 믿음을 평생 동안 간직하며 그 믿음에 따라 살았다.

고난의 긍정적 측면과 잘못된 시도들

혹독한 고난과 어려움 속에도 긍정적 측면이 있기 마련이다. 고난을 통과하고 나면 많은 것을 배우게 된다. 그런데 우리를 공격하는 원수는 우리가 영적으로 어디에 있는지를 간파하여 그것을 공격에 활용한다.

그의 전략은 이렇다. 우리의 약점들을 알아내어 지옥의 모든 사악한 화력을 그 위에 퍼붓는 것이다! 하지만 여기에 마귀가 모르는 것이 있다. 사도 바울은 우리에게 이렇게 말해준다.

"그러므로 내가 그리스도를 위하여 약한 것들과 능욕과 궁핍과 박해와 곤고를 기뻐하노니 이는 내가 약한 그때에 강함이라"(고후 12:10).

이 말씀에 얼마나 큰 영적 능력이 숨어 있는지를 아는 사람들은 십자가에 못 박힌 삶의 길을 가는 사람들이다. 우리가 약할 때 하나님께서 우리를 통해 지극히 강한 능력을 보이신다. 다윗 왕은 그의 능력이 그 자신에게 있지 않고 하나님께 있다는 걸 잘 알았다.

우리의 영적 여정에 놓여 있는 어려움과 문제가 여러 가지이듯, 그것들을 해결하려는 방법들도 아주 많다. 우리의 어려움과 고난의 문제를 해결해주겠다는 책을 가져오라면 트럭으로 싣고 올 수 있을 정도이다. 하지만 유감스럽게도 그런 책 중 대부분은 문제의 본질을 놓치고 있다.

오늘날 일각에서 제안하는 해결방법 중 하나는 적과 싸우라는 것이다. 이 방법은 적의 공격이 시작되었다고 느끼면 굳게 결심하고 적과 대결하는 것이다. 즉, 영적 영역에서 남성적 기백을 보여주는 것이다. 우리에게 어려움을 안겨주거나 우리를 노리는 자들에게 우리가 결코 만만한 존재가 아님을 보여주라는 것이 이 방법의 핵심이다.

하지만 이 방법을 주장하는 자들이 결정적으로 놓치는 것은 마귀의 공격은 그렇게 직접적인 것이 아니라는 점이다. 바꿔 말하자면, 마귀는 공정하게 싸우지 않는다. 마귀는 게임의 규칙 자체를 자꾸 바꾸어가면서 싸운다. 내가 볼 때, 마귀의 전략을 간파할 수 있다고 믿는 그리스도인이야말로 가장 위험한 생각에 빠져 있는 것이다.

마귀는 우리가 싸움을 걸어주길 바란다. 그는 싸우기 위해 존재한다. 그는 자기가 이길 수 없다는 걸 잘 알지만, 그럼에도 불구하고 싸움의 과정에서 우리에게 어느 정도 피해를 입히기 원한다. 마귀가 추구하는 목표를 한 마디로 말하자면, 하나님의 자녀들을 이용해 그분의 마음을 불편하게 만드는 것이다. 그 약에서 마귀는 바로 이런 방법을 통해, 즉 욥이라는 사람을 통해 하나님께 타격을 가할 수 있다고 생각했다. 하지만 그가 알지 못한 것이 있었는데 그것은 하나님께서 사건 진행의 한 단계 한 단계를 완전히 통제하고 계셨다는 것이다.

일부 그리스도인들이 사용해보는 또 다른 방법은 원수에게 대항하기 위해 성경을 이용하는 것이다. 하지만 그들이 모르는 것이 있는데, 그것은 마귀가 어떤 신학자들보다 성경을 더 잘 안다는 것이다. 마귀의 마음에 가득 찬 것은 의심이 아니라 증오와 질투이다. 하나님을 향한 증오와 질투에 눈이 먼 그는 그분의 주권을 보지 못한다.

그리스도인이 성령 없이 성경을 사용하는 것은 종이로 만든 칼을 가지고 전투에 임하는 것과 같다. 말씀만으로는 마귀를 쫓아낼 수 없다. 말씀과 능력이 함께할 때 마귀가 쫓겨난다. 마귀는 어떤 신학교 교수보다 성경을 더 잘 인용할 수 있다. 그러므로 말씀이 성령의 인도하심에 따라 사용되어야만 마귀에게 치명상을 입힐 수 있다.

고난 해결의 유일한 방법

다니엘은 사자굴 안으로 던져졌을 때 자신을 방어하기 위한 행동을 취하지 않았다. 적과 싸우려고 하지 않았다. 성경을 인용하여 적을 물리치려는 시도도 하지 않았다. 단지 그의 상황을 하나님의 손에 맡겨드렸다. 이런 다니엘을 볼 때 나는 다윗의 문제 해결 방법을 다시금 생각하지 않을 수 없다. 시편 57편에서 다윗은 어려움과 문제와 재앙을 해결할 수 있는 유일한 방법을 보여준다. 이 방법은 두 부분으로 구성되어 있다.

하나님께 피하라

다윗은 "주의 날개 그늘 아래에서 이 재앙들이 지나기까지 피하리이다"(시 57:1)라고 말한다. 그는 자기가 나가서 싸우려 하지 않고 대신 하나님께 피했다. 어쩌면 적에게 그의 능력과 힘을 보여주고 싶은 유혹을 강하게 느꼈을지도 모른다. 자기가 그리 호락호락한 사람이 아니라는 걸 원수에게 보여주고 싶은 유혹이 다윗 같은 사람에게는 아주 심했을지도 모른다. 하지만 그는 유혹에 무릎 꿇지 않았다. 즉, 원수에 맞서 싸우려고 하지 않고 하나님의 날개 아래로 피했다.

많은 어려움과 재앙이 닥칠지라도 우리에게 피난처가 있다는 걸 깨닫는다면 정말 복된 것이다! 물론, 싸움터로 나가서 원수와 싸워야 할 때가 분명 있기는 하다. 하지만 그런 싸움은 구원의 대장이신 분의 직접적 명령에 따라 이루어져야 한다. 젊은 다윗은 골리앗에게 맞설 때 이 점을 잘 알고 있었다.

"또 여호와의 구원하심이 칼과 창에 있지 아니함을 이 무리에게 알게 하리라 전쟁은 여호와께 속한 것인즉 그가 너희를 우리 손에 넘기시리라"(삼상 17:47).

그렇다! 전쟁은 언제나 여호와께 속한 것이다!

하나님을 높여라

다윗이 고난의 문제를 해결할 때 취했던 두 번째 태도는 시편 57편 5절에 나온다. 그는 하나님께 피했을 뿐만 아니라, 하나님을 높여드릴 수 있는 기회를 그분께 드렸다. "주는 하늘 위에 높이 들리시며"(시 57:5)라는 그의 말이 이것을 잘 보여준다. 그는 하나님이 높아지시기를 진정으로 원했다. 그런데 그분이 높아지실 수 있는 유일한 방법은 그가 그분께 피하는 것이었다.

다윗은 기회주의자가 아니었다. 즉, 그가 다스리는 백성 위로 자신을 높이거나 심지어 그의 원수들 위로 자신을 높이려는 기회를 찾지 않았다. 그렇게 할 수 있는 기회가 많았지만 결코 자신을 높이지 않았다.

다윗은 완전한 사람이 아니었지만 하나님을 완전히 믿고 의지했다. 그는 자신을 믿지 않았다. 우리는 다윗과 다른 태도를 취하기 때문에 어려움에 빠진다. 물론 우리도 하나님을 믿고 의지하지만 이런저런 이유로 그분보다 우리 자신을 더 믿는다. 우리는 그분이 도와주시지 않을지도 모른다고 생각하기 때문에 우리 자신을 믿고 의지한다. 하지만 다윗은 그러지 않았다. 그는 하나님께서 도와주시지 않으면 모든 것을 잃어버릴 수 있는 상황 속으로 자신을 밀어 넣었다.

이런 관점에서, 다윗과 골리앗의 싸움을 다시 보자. 다윗이 얼마나 큰 모험을 한 것인지 실감이 나는가? 나는 가끔씩 다윗이 골리앗을 상대하도록 허락한 사울 왕의 의도가 정말 무엇이었을까 생각해본다. 만일 다윗이 실패했다면 이스라엘도 실패했을 것이다. 이스라엘과 블레셋 족속의 운명이 물매와 매끄러운 돌 다섯을 가진 '다윗'이라는 십대 소년에게 달려 있었다. 소년이 거인에 맞서 나가 싸운다는 것부터가 상상하기 힘든 일이었다. 만일 하나님께서 그를 도와주시지 않는다면 그와 이스라엘은 망할 수밖에 없었다.

하나님의 영광만을 드러내는 삶으로

내가 이제까지 말한 것을 보면 이렇다. 당신은 하나님께 이렇게 말씀드릴 준비가 되었는가?

"오, 주님! 주님을 저보다 높이소서. 제 모든 것, 재물과 친구와 안락과 즐거움과 명예와 건강과 생명보다 주님이 더 높아지소서. 주여, 제가 모든 것을 주님의 손에 맡겨드리는지를 보시기 위해 저를 시험하소서. 제 삶을 주님의 뜻에 합당한 삶으로 간드소서. 그리하시면 제 뜻을 버리고 오로지 주님 안에 거할 것이오니 이는 주님이 제 피난처이심을 믿기 때문입니다."

만일 당신이 이 기도를 드릴 정도까지 성장했다면 나는 한 단계 더 높여 다음과 같이 기도할 것을 권하고 싶다.

"주여, 주님이 하늘보다 높아지시기를 진심으로 기도할 수 있도록 일련의 상황들을 움직이소서."

이런 의문을 품어본 적이 있는가?

'천국에서는 무슨 언어를 사용할까?'

천국의 언어에 대해 생각해보자. 천국에는 동서남북의 사람들이 다 모일 것이다. 독일어, 스페인어, 그리스어, 시리아어를 말하는 나라들에서 온 사람들이 천국에 있게 될 것이다. 그렇다고 세계 각지에서 온 그들이 새 언어를 배우기 위한 과정을 거치지는 않을 것이다. 하나님의 나라에서 모든 이는 동일한 언어를 말할 것인데, 그 언어의 기조(基調)는 "큰 음성으로 이르되 죽임을 당하신 어린양은 능력과 부와 지혜와 힘과 존귀와 영광과 찬송을 받으시기에 합당하도다"(계 5:12)라는 것으로 보인다. 천국에 들어가면 그곳의 언어를 공부하지 않고도 말하게 될 것이다. 물론, 사투리도 쓰지 않게 될 것이다.

하나님의 영광만을 십자가에 못 박힌 삶의 목표로 삼을 수밖에 없는 상황 속으로 자신을 밀어 넣어라. 고난 속에서도 그분을 높인다면 그분의 임재의 아름다운 향기 속에서 살게 될 것이다.

> 주 예수 이름 높이어 다 찬양하여라
> 금 면류관을 드려서 만유의 주 찬양
> 금 면류관을 드려서 만유의 주 찬양
>
> 주 예수 당한 고난을 못 잊을 죄인아
> 네 귀한 보배 바쳐서 만유의 주 찬양
> 네 귀한 보배 바쳐서 만유의 주 찬양
>
> 이 지구 위에 거하는 온 세상 사람들
> 그 크신 위엄 높여서 만유의 주 찬양
> 그 크신 위엄 높여서 만유의 주 찬양
>
> 주 믿는 성도 다 함께 주 앞에 엎드려
> 무궁한 노래 불러서 만유의 주 찬양
> 무궁한 노래 불러서 만유의 주 찬양
>
> _ 웨드워드 페로넷(Edward Perronet, 1726~1792)
> 주 예수 이름 높이어(새찬송가 36장)

CHAPTER **16**
진정한 영적 안내자

내가 또 내 마음에 합한 목자들을 너희에게 주리니 그들이
지식과 명철로 너희를 양육하리라- 렘 3:15

십자가에 못 박힌 삶의 여정은 험한 길이기 때문에 영적 안내자 없이 가기는 어렵다고 볼 수 있다. 그리고 그 안내자는 그 길을 아주 잘 아는 사람이어야 한다. 즉, 십자가에 못 박힌 삶을 어떻게 살아가야 하는지를 명확히 말해줄 수 있는 사람이어야 한다. 물론 교회에는 이런저런 조언을 줄 수 있는 사람들이 많다. 하지만 위험스럽고 불안정한 십자가의 삶을 잘 헤쳐 나갈 수 있는 지혜를 줄 수 있는 영적 안내자는 부족한 것이 현실이다. 그러므로 우리는 진정한 영적 안내자를 어떻게

구별할 수 있는가를 묻지 않을 수 없다.

거짓 안내자를 조심해야 하는 것은 당연하다. 참된 안내자가 한 명이라면 거짓 안내자는 백 명이다. 개인의 삶에서 이루어져야 할 하나님의 일을 방해하기 위해 우리의 원수가 즐겨 쓰는 방법은 거짓 안내자를 이용하는 것이다. 거짓 안내자 중 일부는 쉽게 그 정체가 드러난다. 그들의 조언이 황당하기 때문이다. 하지만 정말 위험한 것은 '진리와 비슷한 것'을 말하는 안내자들이다.

영적 안내를 해주겠다는 자에 대해 우리가 눈여겨보아야 할 것 중 하나는 그가 성경을 어떻게 사용하는가 하는 부분이다. 가장 위험한 영적 안내자는 성경에 95퍼센트 충실한 안내자이다. 5퍼센트의 악이 95퍼센트의 진리를 망치기 때문이다. 우리의 원수는 이것을 너무나 잘 알고 있다. 당신에게 영적 피해를 입히는 것은 진리가 아니라 악(惡)이라는 점을 기억하라.

참된 안내자는 성경 전체를 받아들이지만 거짓 안내자는 성경의 어떤 구절들을 피해간다. 이것은 진리를 제대로 배운 그리스도인만이 분별할 수 있다. 불행하게도, 오늘날의 문제는 많은 그리스도인이 성경의 교훈을 제대로 알지 못한다는 것이다.

참된 안내자와 거짓 안내자를 구별할 때 유의해야 할 또 다른 점은 안내자가 성경 이외의 다른 자료를 어떻게 사용하는가 하는 문제이다. 거짓 안내자 중 많은 사람은 처음에는 성경

구절 몇 개로 시작했다가 점점 성경 이외의 자료로 우리를 이끌고 간다. 성경 이외의 자료라는 것은 어떤 책이나 시(詩)나 일련의 평론 같은 것을 말한다. 이런 자료를 검증할 때에는 누가 쓴 것이지, 어디에서 나왔는지가 중요한 것이 아니다. 이런 자료는 그리스도인에게 궁극적 권위를 갖는 성경에 의해 판단받아야 한다. 영적 안내자를 자처하는 사람이 성경을 어떻게 사용하는지를 보면 그가 진짜인지 가짜인지를 알 수 있다.

거짓 안내자의 또 하나의 특징은 자기를 지나치게 강조한다는 것이다. 무엇을 가르쳐준다는 자가 가르침보다는 자기 자신에게 초점을 맞춰 자꾸 말한다면 뭔가 잘못된 것이다. 진정한 안내자는 모든 교훈을 예수 그리스도에게 집중한다. 그것도 '성경의 예수 그리스도' 말이다!

참된 영적 안내자

내 나름대로의 표현에 따르자면, 참된 영적 안내자 중 대부분은 '복음주의적 신비가'이다. 이 표현이 기독교의 많은 교파나 교단들에서 거의 사용되지 않으므로 설명을 덧붙이겠다. '복음주의적 신비가'는 두 발을 성경에 굳게 뿌리박아 다시는 뺄 수 없는 사람이다. 이런 사람은 참된 영적 안내자의 첫 번째 조건을 충족시킨 것이다. 이들은 성경을 믿음과 행위의 유일한 규범으로 받아들였고, 성경의 주 예수 그리스도를 믿고 의지한다. 공허한 상상을 곁들인 추측을 말하는 안내자는 필요 없다. 오직 하나님의 말씀을 붙드는 영적 안내자만이 필요하다.

내면의 영적 생명을 진단한다

참된 영적 안내자의 중요한 특징이 몇 가지 더 있는데 그 중 첫 번째는 '영혼의 의사'가 되어야 한다는 것이다. 진정한 영적 안내자는 내면의 영적 생명을 진단할 수 있는 능력을 가진 '영혼의 의사'가 되어야 한다. 십자가에 못 박힌 삶의 길을 갈 때 우리에게 확실히 필요한 것은 마음의 어려움을 노련하게 짚어낼 수 있는 '영혼의 의사'이다. 영적 진단은 강한 영적 건강을 유지하는 데 매우 중요하다. 그런데 문제를 짚어낸다고 모든 게 해결되는 것은 아니다. 진단이 내려졌으면 세상의 지혜가 아닌 성경말씀에 근거한 치료법이 처방되어야 한다.

이 세상의 지혜는 하나님을 향한 굶주림으로 가득한 영혼의 외침에 아무 대답도 해줄 수 없다. 기분이나 좋게 해주고 마는 심리요법은 그분을 향한 갈증에 시달리는 영혼에게 시원한 물을 줄 수 없다. 우리에게 필요한 것은 하나님과 성경을 알고 인간의 본성을 이해하는 영적 안내자이다.

내적 생명을 훈련시킨다

능력 있는 영적 안내자는 '내적 생명의 사도(使徒)'가 되어야 한다. 하지만 단순히 내적 성찰에만 빠져 있으면 안 된다. 그는 사람들의 영혼 안에서 일어나는 영적 갈망을 정확히 간파하여 그들의 내면적 눈을 외부로 향하게 해야 한다. 정확히 말해서, 예수 그리스도에게 향하게 해야 한다. 영적 안내자의 목표는 사람들의 영혼을 이끌어 올려서 하나님께 인도하는 것이기 때문이다.

신선한 영성을 발산시킨다

참된 영적 안내자가 사람들에게 신선한 영적 힘을 줄 수 있는 이유는 그의 영적 독특함 때문이다. 영적 안내자들의 어떤 책들을 읽으면 그들에게 임한 하나님의 임재가 마치 아침 이슬처럼 신선하다고 느끼게 된다. 그들은 단지 이런 말 저런 말을 긁어모아 책을 쓴 것이 아니다. 하나님을 갈망하는 사람의 마음에 그분의 임재의 향기를 가득 채워주는 아름다운 내용으로 책을 쓴 것이다. 그들의 책을 읽으면, 진리를 깨달은 진정한 현인을 만나고 있다고 느끼게 된다.

오늘날 우리는 다른 이들의 책을 지겹도록 베껴 쓴 저술가들의 책을 읽는 데 아주 익숙해져 있다. 그들의 책은 영적으로 껍데기만 남은 사람들이 아무 생각 없이 진부한 소리를 반복하는 것에 불과하다. 하지만 참된 영적 안내자들의 책을 읽으면 그 느낌이 확 달라진다. 이런 사람들은 판에 박은 종교적 언어를 되풀이하지 않고, 성경에 근거하여 하나님의 마음과 생각을 보여준다.

동일한 어려움을 체험한다

참된 영적 안내자의 말이 그토록 우리의 마음에 와 닿는 것은 그들이 삶을 치열하게 살면서 진짜 어려움에 처해 보았기 때문이다. 그들 중 많은 이가 그리스도를 위해 순교했고, 하나님을 향한 놀라운 헌신의 증거를 보여주었다. 그들은 그리스도의 대의를 위해 고난당하는 것이 무엇인지를 알았다. 참된 영성에 저항하는 세상의 가혹함과 멸시에서 벗어난 상아탑 안에 살지 않았다. 그들 중 많은 이는 내면적 영성에 충실하기 위해 국외추방도 감수했다. 그들의 길은 장미꽃이 뿌려진 편안한 길이 아니었다. 하지만 그들의 길에는 세상보다 더 소중한 하나님의 임재의 향기가 있었다.

오직 하나님께 헌신한다

진정한 영적 안내자는 오로지 하나님께 헌신했다. 그들의 삶은 인간의 이성과 상상과 감정에 의해 움직여지지 않았다. 그들은 하나님의 일들에 대해 유창하게 떠들어대는 것에 관심이 별로 없었고, 일반 그리스도인들의 마음에 와 닿지 않는 유식한 이야기를 하는 데 시간을 허비하지도 않았다. 대신, 겸손한 마음으로 조용히 하나님과 교제하는 것에 많은 시간을 투자했다.

악을 미워한다

이런 사람들이 경건한 사람이었다는 것은 그들이 모두 죄악을 진정으로 미워했다는 사실에서 잘 드러난다. 그들을 가장 분노하게 만든 것은 그들 주변에서 발견되는 악이었는데, 특히 교회의 악이었다. 그들의 상상력을 가장 자극한 것은 하나님에 대한 생각과 그분의 나라에 대한 생각이었다. 그들은 그들 안에 계시는 하나님께서 들려주시는 사랑의 음성을 듣는 습관을 계속적으로 키워나갔다. 그분의 음성을 자꾸 듣다 보면, 어떤 대가를 치르더라도 그 음성에 순종하겠다는 깊은 결심이 생기게 된다.

영적 안내자들의 글을 대하는 자세

'복음주의적 신비가'와 영적 안내자들의 글은 '배우는 자'라는 개념이 아니라 '예배하는 자'라는 개념을 강조한다. 하나님은 그분께 온전히 매료된 이들을 위해 모든 것을 준비해놓고 계신다. 즉, 세상을 거부하고 오직 그분을 찾는 사람들에게 모든 복을 부어주신다.

이런 복음주의적 신비가들의 시(詩)는 하나님의 뜻과 온전히 조화를 이루는 가운데 무한한 기쁨으로 충만하여 하늘 높이 솟아오른다. 영적 안내자들의 시를 읽으면 하나님을 찾는 그들의 뜨거운 열정이 느껴진다. 그들의 시를 읽은 후 종종 나는 책을 내려놓고 깊은 안도의 한숨을 쉬게 된다. 하나님을 향한 나의 깊은 감정을 나보다 훨씬 더 탁월하게 표현해주었기 때문이다.

우리는 영적 안내자들의 글이 많은 사람들이 모인 집회에서 사용되도록 쓰인 게 아니라는 것을 기억해야 한다. 그들은 개인적으로 하나님을 조용히 예배할 때 사용되도록 글을 썼다. 고독 가운데 하나님을 찬양하고 경배했던 그들의 글을 읽으면 그분의 분명한 임재를 기쁨 가운데 기대하게 된다.

여기에 덧붙여 깊은 영성을 보여주는 그들의 위대한 책들을 읽는 데 도움이 될 몇 가지 조언을 말해주고 싶다. 그들의 책을 읽을 때에는 다른 부류의 책을 읽을 때와는 다른 자세로 임해야 한다. 많은 이들이 책을 빨리 읽어내야 한다는 조급증에 사로잡혀 하나님의 임재를 조용히 체험하는 데 실패한다. 하지만 당신이 제대로 읽는다면, 참된 영적 안내자의 책들은 이제까지 가보지 못한 영적 미지의 세계로 당신을 인도해줄 것이다.

간절히 원하는 마음으로 임하라

위대한 경건 고전을 읽을 때 제일 먼저 명심해야 할 것은 갈망하는 마음으로 책을 펴라는 것이다. 단지 강한 호기심에 끌려 읽으려는 사람들은 굳이 이런 고전을 읽을 필요가 없다. 거기에는 그들의 호기심을 충족시켜 줄 것이 아무것도 없다. 아름다운 영적 고전은 하나님을 알고자 하는 강한 소원으로 충만한 사람들만을 독자로 초대한다. 이런 강한 소원이 없는 사람은 그런 책에 쉽게 싫증을 낼 수밖에 없다. 다시 말하지만, 진지함이 없는 경박한 사람은 그런 책에서 아무것도 얻지 못한다. 심지어 성숙한 그리스도인이라 할지라도 가볍게 즐기려는 마음으로 그런 책을 읽으면 안 된다. 그런 책은 하나님의 온전한 나타나심을 충만히 체험하기 원하는 갈증을 끝없이 일으키기 때문이다. 이런 갈증이 생긴 사람의 내적 생명은 진리에 의해 다시 살아나고 풍성해질 것이다.

기도와 성경묵상 후에 읽어라

내가 또 권하고 싶은 것은 기도이다. 깊은 기도와 성경묵상의 시간을 가진 후에 영적 고전을 손에 들어야 한다. 아무 준비 없이 급히 영적 고전을 읽는 사람은 책의 핵심을 놓칠 수밖에 없다. 마음의 준비 없이 영적 고전을 읽는 일은 시간 낭비에 불과하다.

이런 시간 낭비는 오늘날 교회에서 일어나는 큰 잘못 중 하나이다. 주변의 문화적 현상에 뒤처지지 않으려고 바쁘게 살다보면, 하나님의 말씀을 묵상하며 그분의 뜻을 기다리는 데 시간을 할애하지 못한다. 하지만 영적 힘을 얻기 위해 마음과 생각을 준비한 독자는 영적 고전에서 하나님의 영광스런 나타나심을 충만히 체험할 수 있을 것이다.

조용한 시간, 집중하는 태도를 가져라

내가 또 강조하고 싶은 것은 우리의 태도이다. 하나님 앞에서 그분의 뜻을 기다리는 조용한 시간을 갖겠다는 의도는 고사하고 그럴 시간조차 내기 힘든 것이 우리의 현실이다. 사실, 정신없이 이곳저곳으로 바쁘게 뛰어다니다가 에너지가 고갈되면 손가락 하나 까딱하지 못하는 상태에 빠지고 마는 게 우리이다. 하지만 그럼에도 불구하고 영적 고전을 읽으려고 할 때에는 경건한 마음으로 임해야 한다.

영적 고전에서 최대한 많이 얻으려는 사람은 침묵과 묵상을 훈련해야 한다. 세상이 우리의 삶 속으로 너무 많이 들어와 있다. 그러므로 우리는 세상을 떨쳐버리고 온전한 마음으로 전능하신 하나님 앞으로 나아가는 법을 배워야 한다. 하나님 앞에서 침묵 가운데 당신을 낮추라. 그러면 당신의 눈앞에 펼쳐져 있는 영적 고전을 통해 그분의 큰 영적 복이 임할 것이라는 기대감으로 충만해질 것이다.

바로 이런 이유 때문에 내가 앞에서 '영적 안내자들의 글은 많은 사람이 모인 집회를 위한 것이 아니다'라고 말한 것이다. 영적 고전은 개인이 혼자서 조용히, 천천히 묵상하며 읽으라고 쓰인 것이다. 우리의 생각을 자꾸 쓸데없는 것들로 이끌어가려는 잡다한 것들을 피하면 하나님의 일들에 집중하는 데 큰 도움이 된다.

복종 가운데 당신을 구별하여 드려라

영적 고전을 읽기 전에 확실히 해두어야 할 것이 하나 있다. 그것은 복종 가운데 당신을 구별하여 하나님께 드리는 것이다. 참된 영적 안내자는 다른 이들이 포기하고 손을 뗀 곳에서 시작한다. 그는 당신이 하나님의 깊은 일들로 들어갈 준비가 되어 있다고 전제하고 글을 썼다. 당신이 십자가에 못 박힌 삶을 이미 시작했다고 전제하고 글을 쓴 것이다. 그러므로 영적 고전을 읽기 전에 먼저 시간을 내어 혼자 하나님 앞에 나아가 그분과 시간을 보내며 겸손과 순종의 마음을 가져라. 그러면 그분이 영적 고전을 통해 말씀하실 것이다.

만일 당신 삶의 큰 부분들을 아직도 그리스도께 바치지 않았다면 영적 고전은 별로 도움이 못 될 것이다. 영적 고전이 우리의 영적 순례를 돕기 위해 쓰인 것이긴 하지만, 우선 우리가 올바른 길을 가고 있어야 그런 고전에서 도움을 얻을 수 있다.

진지한 마음으로 임하라

내가 강조하고 싶은 또 다른 요소는 진지한 마음이다. 책을 쓰는 사람은 독자가 진지한 태도로 책을 읽을 것이라고 전제하고 쓴다. 책의 교훈을 실천에 옮기겠다는 진지한 의도 없이 단지 호기심만 있는 사람을 만족시키기 위해 책을 쓰는 사람은 없다. 영적 고전은 오직 하나님을 향한 갈증으로 목이 타는 사람들의 영혼을 위한 책이다. 그렇기에 영적 고전이 당신을 즐겁게 해주지는 않을 것이다. 심심풀이 오락이나 흥밋거리를 제공하기 위해 쓰인 영적 고전은 없다.

나는 영적 고전을 많이 읽었지만 그중 어느 것도 육신적 재미를 주지는 않았다. 내가 읽은 모든 영적 고전은 나를 더 높이, 더 깊이 이끌어주어 결국 하나님의 임재를 경험하게 해주었다. 하지만 그 길은 쉽지 않다. 마음을 굳게 먹지 못한 사람들은 그 길을 가지 못할 것이다. 그 길을 가는 데 필요한 대가를 얼마든지 치르겠다고 마음먹을 정도로 그분을 갈망하는 사람이 아니라면 그 길을 가지 못한다. 다시 말하지만, 영적 고전은 육신적 재미를 주지 않는다. 하지만 영적 고전의 교훈을 열심히 따르는 사람들에게는 풍성한 영광의 빛이 비칠 것이다.

천천히 읽어라

내가 또 간곡히 권하고 싶은 것은 영적 고전을 하루에 한

장(章) 이상 읽지 말라는 것이다. 영적 고전을 급히 읽으면 거기서 충분한 유익을 얻지 못한다. 천천히 읽어라. 그러면서 각 장마다, 각 문단마다, 각 문장마다, 아니 각 단어마다 깊이 음미하며 오랜 시간 묵상하라. 영적 고전을 연구하고 묵상하라. 그것을 읽을 때 머리에 떠오르는 생각을 적어 놓고, 그 내용을 붙들고 기도하라. 그러면 그 아름다운 책이 당신의 영혼을 살찌울 것이다.

기독교 영적 고전을 많이 모아두어라

한 번 읽은 다음에 잊어버려도 좋은 책들이 기독교 서적 중에도 둘론 있다. 프랜시스 베이컨(1561~1626. 잉글랜드의 철학자, 정치가 및 과학자)은 이렇게 말했다.

"어떤 책은 맛을 보아야 하고, 또 어떤 책은 삼켜야 한다. 그리고 비록 소수이긴 하지만 또 어떤 책은 씹어서 소화시켜야 한다. 첫 번째 경우는 부분적으로만 읽어도 되는 책이고, 두 번째 경우는 읽기는 읽되 큰 호기심을 가지고 읽을 필요는 없다. 세 번째에 해당하는 소수의 책은 처음부터 끝까지 읽되 주의를 집중해서 깊이 있게 읽어야 한다."

참된 영적 안내자들이 남긴 기독교의 영적 고전은 베이컨이 말한 세 번째 경우에 해당한다.

내가 당신에게 강력하게 권하고 싶은 것은 평생 읽고 묵상할 기독교 영적 고전을 아주 많이 모아두라는 것이다. 그러면 그 영적 고전의 장서(藏書)에 담긴 풍성한 영적 양식이 당신이 세상을 떠나는 날까지 사라지지 않을 것이다.

십자가에 못 박힌 삶의 길은 험난하다. 우리가 밟고 가야 할 길에는 위험과 고난이 기다리고 있다. 그 길을 갈 때 우리에게 도움을 줄 수 있는 사람은 믿을 만한 영적 안내자뿐이다. 그런 안내자에게 도움을 받으면 큰 승리를 거두며 십자가에 못 박힌 삶을 살아갈 수 있다.

오! 슬프고 괴로운 제 영혼이
저보다 높은 반석으로
안전히 피하기를 원합니다
죄로 가득하고 지친 사람을
주님의 소유로 삼아주소서
거룩한 만세반석이시여!
주님 안으로 피하나이다

고요하고 깊은 밤에
슬프고 외로운 시간에
유혹의 힘이 저를 덮칠 때
삶의 폭풍우 속에서

인생의 파도가 산같이 일어날 때
거룩한 만세반석이시여!
주님 안으로 피하나이다

원수의 공격으로 싸움이 일어나면
얼마나 자주 피난처로 달려가
제 슬픔을 쏟아놓았습니까!
시련의 큰 물결이 넘실댈 때
얼마나 자주 주님께 피하였나이까!
내 영혼의 반석이시여!

주님께 피합니다, 주님께 피합니다
거룩한 만세반석이시여!
주님께 피합니다

_ 윌리엄 O. 쿠싱(William O. Cushing, 1823~1902)
  주께로 피합니다

맺는 글
하나님의 경기장으로 들어서라

왕이여 우리가 섬기는 하나님이 계시다면 우리를 맹렬히 타는 풀무불 가운데에서 능히 건져내시겠고 왕의 손에서도 건져내시리이다 그렇게 하지 아니하실지라도 왕이여 우리가 왕의 신들을 섬기지도 아니하고 왕이 세우신 금 신상에게 절하지도 아니할 줄을 아옵소서 단 3:17,18

하나님의 창고에는 무한히 많은 도구가 있다. 그분은 우리의 삶에서 그분의 완전한 목적을 이루기 위해 그분의 지혜에 따라 그 도구들을 사용하신다. 그렇다면 우리는 "우리의 삶을 향한 하나님의 목적이 무엇인가?"라는 중요한 질문을 던지지 않을 수 없다. 이 질문에 제대로 대답할 수 있는 사람은 하나님이 그의 삶의 상황에서 어떻게 행하고 계신지를 분명히 깨달을 수 있다.

어떤 이들은 이 땅에서의 삶을 더 편하게 해주는 것이 그분의 목적이라고 생각한다. 하지만 이런 생각은 그리스도께서 십자가에서 이루신 일을 '싸구려 사역'으로 만들어버린다. 만일 우리의 삶을 더 편하게 해주는 것이 목적의 전부였다면 하나님은 다른 여러 가지 방법으로 그 목적을 이루셨을 것이다. 우리를 향한 하나님의 최고의 목적은 우리가 그분의 아들 예수 그리스도를 닮도록 만드는 것이다. 우리에게 일어나는 모든 일이 우리로 하여금 그리스도를 더욱 닮도록 만들기 위한 것임을 깨달을 때 우리 삶의 많은 불안이 눈 녹듯 사라질 것이다.

이 땅에서의 삶을 천국에서의 삶처럼 만드는 것이 하나님의 뜻이라는 것을 깨닫는 사람은 그분의 깊은 설명에 귀를 기울일 것이다. 물론, 이런 그분의 뜻이 쉽게 이르어지는 것은 아니다. 그 길은 험하다. 우리의 마음을 다른 데로 돌리고 방해하는 것들이 그 길에 널려 있다.

또 하나의 도구

이 책에서 나는 줄곧 십자가가 우리의 삶을 향한 하나님의 궁극적 목적을 이루기 위한 도구라고 주장해왔다. 이제 내가 소개하고 싶은 또 하나의 도구는 '연단하는 분의 불(the Refiner's Fire)'이다. 이 불과 십자가 사이의 차이점에 대해 이야기해보자.

십자가는 우리의 자아 중심적인 삶의 문제를 해결해준다. 우리의 자아를 십자가에 매달아 그리스도의 주권 아래 완전히 못 박는다. 한편, '연단하는 분의 불'은 우리를 얽어매는 세상의 모든 것들을 태워버린다.

내가 말하는 '세상'은 산이나 골짜기나 초원이나 숲이 아니라, 하나님의 뜻에 정면으로 위배되는 이 세상의 정신이다. 이 세상의 정신을 이끌어나가는 것은 다름 아닌 우리 영혼의 원수인 사탄이다. 사탄을 가리켜 성경은 '공중의 권세 잡은 자'(엡 2:2)라고 말한다. 또한 사도 바울은 사탄을 '이 세상의 신(神)'이라고 부른다.

"그중에 이 세상의 신이 믿지 아니하는 자들의 마음을 혼미하게 하여 그리스도의 영광의 복음의 광채가 비치지 못하게 함이니 그리스도는 하나님의 형상이니라"(고후 4:4).

성부 하나님께서는 그분의 독생자까지도 십자가의 고난과 고통을 면제받는 것을 허락하지 않으셨다. 그러므로 그분은 우리 안에서 그리스도의 형상을 온전히 이루시기 위해 우리에게 어떤 고통이라도 주실 수 있다. 이에 관한 히브리서 기자의 증언을 들어보자.

"주께서 그 사랑하시는 자를 징계하시고 그가 받아들이시는 아들마다 채찍질하심이라 하였으니 너희가 참음은 징계를 받기 위함이라 하나님이 아들과 같이 너희를 대우하시나니 어찌 아버지가 징계하지 않는 아들이 있으리요"(히 12:6,7).

성경을 쭉 읽어본 사람은 하나님께서 결코 판에 박힌 분이 아니시라는 것을 알게 될 것이다. 그분이 동일한 일을 반복하시는 경우는 극히 드물다. 다니엘이 사자 굴에 던져진 사건은 한 번 일어났다. 세 명의 히브리 소년이 극렬히 타는 풀무불 속으로 던져진 일도 딱 한 번 일어났다. 하나님께서 불타는 떨기나무 안에서 인간에게 나타나신 일도 딱 한 번 있었다.

하나님은 그분의 무한한 지혜와 완전한 분별력에 따라 그분의 사람들을 다루시는데, 그렇게 하시는 목적은 그분이 정하신 곳까지 그들을 데리고 가시기 위함이다.

'연단하는 분의 불'은 우리의 삶 속에서 하나님의 목적을 이루기 위해 사용하시는 그분의 도구이다. 그러므로 '불' 자체를 숭배해서는 안 된다. 이스라엘 민족이 죽음의 천사를 막았던 놋뱀을 숭배한 것이 결국 우상숭배였다는 사실을 기억하라

(민 21:9 ; 왕하 18:4 참조). 놋뱀은 하나님의 행하심을 기념하는 것이었지만, 그들은 놋뱀 뒤에 계신 하나님보다는 놋뱀 자체에 더 매료되었다. 그분이 그분의 목적을 이루기 위해 선택하신 도구가 무엇이든지 간에 우리는 그분의 도구보다는 그분의 목적에 관심을 가져야 한다. 다시 말하지만, 그분의 목적은 우리가 온전히 그리스도를 닮도록 하는 것이다. 그분이 아들을 통해 영광을 받으시기 때문이다.

하나님과 그분의 성품을 이해한 사람은 깨끗하지 못한 것이 그분 앞에 설 수 없다는 걸 깨닫게 된다. 그러므로 우리 자신이 그분의 자녀라 여긴다면 그분의 정결함의 기준에 따라야 한다. 깨끗하지 못한 것, 세상에서 온 것, 그분의 본성과 품성에 어긋나는 것이 우리의 삶 속에 남아 있어서는 안 된다. 그분의 은혜에 저항하는 삶의 부분들은 그분의 불에 완전히 타서 사라져야 한다.

십자가에 못 박힌 삶을 살기 위한 조건

구약의 다니엘서 3장에 의하면, 바벨론 왕 느부갓네살은 금으로 신상을 만들어놓고 온 백성에게 그것에 절하여 숭배하라고 명령했다. 하지만 여호와 하나님을 섬겼던 사드락과 메삭과 아벳느고는 금 신상에 절하기를 거부했기 때문에 왕의 명령에 따라 풀무불 속으로 던져졌다. 이 세 명의 히브리 소년이 보여준 행동은 십자가에 못 박힌 삶을 사는 데 반드시 필요한 몇 가지 조건을 보여준다.

순종

첫째, 사드락과 메삭과 아벳느고는 여호와께 순종했다. 순종은 그리스도인의 삶의 첫 번째 요소이다. 이 세 명의 히브리 소년은 자기들에게 왜 그토록 무서운 시련이 찾아왔는지 알았기 때문에 순종한 것이 아니었다. 그들이 순종했다고 해서 하나님께서 반드시 그들의 생각대로 모든 것을 이루셔야 했던 것도 아니었다. 틀림없이 그들은 갑자기 상황이 반전되어 고난이 닥친 이유를 이해하지 못했을 것이다. 사실 그들은 느부갓네살 왕의 충성스런 신하로서 일해왔고, 왕은 그들을 높은 지위에 앉혀서 후하게 대우했었다. 그런데 갑자기 큰 시련이 닥친 것이다.

그들의 이야기를 읽을 때 우리는 그들이 고난에 처한 첫 번째 이유가 하나님께 순종했기 때문이라는 사실을 분명히 알아야 한다. 순종이 그들을 풀무불로 이끌었다.

내가 앞에서도 지적했듯이, 하나님께 순종하면 어려움을 면하게 된다는 생각이 언젠가부터 그리스도인들 사이에서 퍼지기 시작했다. 그러나 고난을 면하기 위해 순종하라는 것은 아니다. 구약과 신약 그리고 교회의 역사에 등장하는 많은 신앙의 위인들을 살펴보면 그들이 종종 순종 때문에 어려움에 처했다는 걸 볼 수 있다.

내가 앞에서 언급한 디트리히 본회퍼를 기억하는가? 그를 교수대로 보낸 것은 바로 그의 순종이었다. 그가 고난의 길을 피할 수도 있었겠지만, 만일 그렇게 했다면 그와 하나님 사이의 관계가 훼손되었을 것이다. 그는 그런 일을 상상조차 하지 못했다. 진정한 순종은 하나님과의 관계를 파괴하는 것이라면 어떤 대가를 치르더라도 거부하겠다는 것이다.

'이 세상의 신'은 당신이 하나님의 존재를 믿든지 말든지 상관하지 않는다는 걸 기억하라. 야고보는 "네가 하나님은 한 분이신 줄을 믿느냐 잘하는도다 귀신들도 믿고 떠느니라"(약 2:19)라고 말했다. 마귀도 하나님의 존재를 믿는다. 하나님의 존재를 믿는 믿음 정도는 당신뿐만 아니라 마귀도 갖고 있다. 마귀는 심지어 당신이 하나님을 경배하는 것도 상관하지 않는다. 당신이 이 세상의 신도 숭배한다면 말이다!

당신이 많은 사람들처럼 하나님의 존재를 믿으면서도 그분에게 최고의 자리를 내어드리지 않는다면, 마귀는 당신에게 시비를 걸지 않을 것이다. 오늘날의 복음주의 교회는 자유주의 운동의 길을 따르며 세상과 타협을 일삼는다. 이런 타협, 저런 타협을 자꾸 반복하다 보니까 이제 세상 사람과 소위 그리스도인 사이에는 거의 차이가 없어졌다.

세 명의 히브리 소년이 보여준 것과 같은 진정한 순종의 길을 가는 사람은 '다시는 돌아올 수 없는 곳'까지 나아간다. 그곳에서는 믿음만이 힘을 발휘한다. 하나님께 순종하기 위해 우리가 처한 상황의 본질을 반드시 알아야 하는 것은 아니다. 그분의 뜻에 따르기 위해 순종의 결과를 예상할 수 있어야 하는 것도 아니다. 그분이 하나님이시기 때문에 그분께 순종하는 것이 바로 믿음이다. 이런 믿음으로 순종의 발걸음을 내딛는 사람은 그분이 고난에서 구해주시지 않을지라도 순종하겠다고 결심한다.

순종은 하나님의 주권과 권위를 인정하고 결과에 개의치 않고 군말 없이 따르는 것이다. 이런 온전한 순종의 좋은 예가 사드락과 메삭과 아벳느고에게서 발견된다. 그들은 "왕이여 우리가 섬기는 하나님이 계시다면 우리를 맹렬히 타는 풀무불 가운데에서 능히 건져내시겠고 왕의 손에서도 건져내시리이다 그렇게 하지 아니하실지라도 왕이여 우리가 왕의 신들을 섬기지도 아니하고 왕이 세우신 금 신상에게 절하지도 아니할 줄을 아옵소서"(단 3:17,18)라고 말했다. 그분이 고난에서 구원해주실 것 같으면 순종하고 그럴 것 같지 않으면 순종하지 않는다는 개념은 그들에게 없었다. 그들은 구원의 능력이 그분께 있다는 걸 믿었다. 하지만 그분이 구원해주시지 않는다 해도 절대적으로 순종할 마음이 그들에게 있었다.

고난을 받아들임

세 히브리 소년의 절대적 순종의 마음은 그들에게 닥친 고난을 기꺼이 받아들이겠다는 각오로 이어졌다. 우리는 고난을 받아들이는 것에 대해 말하는 걸 좋아하지 않는다. 대신 하나님의 능력으로 고난에서 건짐 받아 "하나님께 영광을 돌릴지어

다. 그분이 나를 구원하셨다!"라고 찬양하게 되는 것에 대해 말하기를 좋아한다. 하지만 그분이 허락하신 고난의 상황을 받아들이는 사람은 이런 우리와는 다르다.

고난을 받아들이는 사람은 하나님이 그분의 뜻대로 행하실 수 있도록 길을 비켜드린다. 우리가 길을 막고 있기 때문에 그분이 그분의 일을 하실 수 없는 경우가 자주 일어난다. 그럴 때 우리는 우두커니 서서 "왜 하나님께서 일하시지 않는 것일까?"라고 의아해한다. 하지만 그분의 일이 나타나지 않는 것은 우리가 눈앞의 고난을 받아들이기를 거부하며 그분께 저항하기 때문이다!

느부갓네살 왕은 다시 생각해볼 수 있는 기회를 히브리 소년들에게 주는 아량을 베풀었다. 그는 "서로 조금씩 양보해서 서로 좋으면 되는 것 아니냐?"라는 세상의 철학을 따랐고, 그들의 선택을 편하게 해주려고 했다. 사실 세상적인 관점에서 말하자면, 그들이 느부갓네살 왕에게 충성하면 장기적으로는 이스라엘 민족이 이득을 볼 수도 있었다. 그들이 그럴 만한 지위에 있었기 때문이다. 그들이 조금만 타협하면 모든 게 잘 풀릴 수도 있었다. 그러나 이것은 세상의 논리일 뿐 하나님나라의 논리는 아니다!

　세 명의 히브리 소년은 누가 이 세상의 최고 통치자이신지를 분명히 알았다. 느부갓네살은 자신이 지극히 높은 존재라고 생각했지만, 오직 하나님께 충성을 바친 이 세 소년은 그를 두려워하지 않았다.

　풀무불은 세상이 신앙인에게 줄 수 있는 최악의 고통을 상징한다. 느부갓네살은 히브리 소년들에게 너무나 화가 나서 풀무불을 평소보다 일곱 배 더 뜨겁게 하고 그들을 묶어서 풀무불 속으로 던지라고 명했다. 사드락과 메삭과 아벳느고가 풀무불의 맹렬한 불길을 받아들였을 때 그들은 하나님의 경기장 안으로 들어간 것이었다.

　눈앞의 어려운 상황을 순순히 받아들이는 것이 도리어 비겁한 행동이라고 말하고 싶어 하는 사람들도 있을 것이다. 하지만 이런 사람들의 생각에 동의하는 사람은 하나님의 방법을 알지 못하는 것이다. 물론, 어떤 문제나 상황에 맞서 싸워야 할 때가 있는 것이 사실이다. 즉, 그런 문제나 상황을 거부하라는 명령이 우리에게 떨어질 때가 있는 것이 사실이다. 하지만 그런 경우와 달리 우리가 어떤 문제나 상황을 순순히 받아들여야 할 때가 있다. 그래야 하나님께 길을 내어드리고 그분이 우리를 통해 그분의 뜻을 우리 안에서 이루실 수 있다.

히브리 소년들을 풀무불 속으로 던지라는 왕의 명령을 집행한 군대 용사 몇 사람만이 불에 타버렸다는 기록을 읽을 때 나는 안도의 한숨을 쉬게 된다. 풀무불이 태운 것은 히브리 소년들을 결박하는 데 사용된 것들과 왕의 부하들뿐이었다. 그렇다! 세상과 느부갓네살에게 속한 것 그리고 결박에 사용될 것들이 풀무불에 의해 재가 되었다. 하지만 하나님께 속한 것은 전혀 해를 입지 않았다.

"총독과 지사와 행정관과 왕의 모사들이 모여 이 사람들을 본즉 불이 능히 그들의 몸을 해하지 못하였고 머리털도 그을리지 아니하였고 겉옷 빛도 변하지 아니하였고 불 탄 냄새도 없었더라"(단 3:27).

나는 사람들이 세상에 매력을 느끼는 것을 이해할 수 없다. 역사를 조금이라도 공부해 본 사람이라면 세상이 항상 세상 자신을 멸한다는 진리를 알게 될 것이다. 이 진리를 잘 알고 있던 사람 중 하나가 여호수아이다. 그는 이렇게 말했다.

"만일 여호와를 섬기는 것이 너희에게 좋지 않게 보이거든 너희 조상들이 강 저쪽에서 섬기던 신들이든지 또는 너희가 거주하는 땅에 있는 아모리 족속의 신들이든지 너희가 섬길 자를 오늘 택하라 오직 나와 내 집은 여호와를 섬기겠노라 하니"(수 24:15).

여호수아는 "너희가 세상의 신을 따르기 원한다면 그렇게 하라"라는 취지로 말했다. 하지만 자신과 자신의 집은 여호와를 섬기겠다고 분명히 선언했다. 그는 세상이 결국은 세상 자신을 망하게 할 것이라는 진리를 잘 알고 있던 사람이었다.

느부갓네살의 부하들이 죽임을 당한 것은 히브리 소년 셋이 하나님께 순종하고 풀무불을 받아들였기 때문이다. 히브리 소년들은 세상의 그 무엇에도 패배하지 않는 불굴의 신앙인이었다. 그들에게 겁을 주어 복종하게 만드는 것은 불가능했다. 풀무불은 그들에게 털끝만한 피해도 주지 못했다. 느부갓네살은 이 사실에 너무나 놀랐다. 하나님의 사람들을 죽이기 위해 그가 취했던 방법은 결국 자충수가 되어 그의 사람들을 죽였을 뿐이다.

이것을 우리가 깊이 명심하면 좋겠다. 하나님께서 그분의 계획을 갖고 계시며, 우리가 그분의 계획의 일부라는 것을 진정으로 믿는 믿음이 우리에게 있으면 좋겠다. 우리 삶의 상황들은 그분이 세상을 이기실 기회들이다. 하지만 그분의 승리를 가로막는 유일한 것은 그분의 도움으로 모든 고난을 피해가기를 바라며 우물쭈물하는 그리스도인이다. 그분의 승리는 우리의 고난을 통해 찾아온다.

세상을 태워버리는 불, 세상이 그리스도인의 속박에 사용한 것들을 태워버리는 불은 결국 그리스도인을 정결하게 하는 불이다. 불은 금에 붙은 불순물을 모두 태워버려 결국 완전히 순수한 금을 만들어낸다. 불이 뜨거울수록 금은 더 순수해지는 법이다.

하나님의 나타나심

그러므로 십자가에 못 박힌 삶을 살려는 사람은 주님께 온전히 순종하고 그분의 권위에 자신의 삶을 맡겨야 한다. 그렇게 할 때 하나님이 그분의 일을 이루실 수 있다. 우리가 그분을 더 이상 방해하지 않으면 그분은 우리와 우리 주변의 세상에 그분을 나타내실 기회를 갖게 되신다. 우리가 그분의 길을 막지 않을 때에 비로소 그분이 나타나신다. '연단하는 분의 불'

을 통과한 그리스도인의 체험만이 세상으로 하여금 그리스도를 보게 하는 유일한 방법인 경우가 있다.

　사드락과 메삭과 아벳느고가 풀무불 속으로 던져진 후 느부갓네살 왕이 풀무불 속을 보았을 때 그의 눈에 전혀 예상치 못한 무언가가 보였다. 풀무불 속을 보기 전에는 그는 자기가 만든 풀무불이 이 세 사람을 태워버렸을 것이라고 생각했다. 하지만 이 세 사람이 아무 해도 입지 않고 살아 있을 뿐만 아니라 또 한 사람이 풀무불 속에 있는 것이 보였다!

　"그때에 느부갓네살 왕이 놀라 급히 일어나서 모사들에게 물어 이르되 우리가 결박하여 불 가운데에 던진 자는 세 사람이 아니었느냐 하니 그들이 왕에게 대답하여 이르되 왕이여 옳소이다 하더라 왕이 또 말하여 이르되 내가 보니 결박되지 아니한 네 사람이 불 가운데로 다니는데 상하지도 아니하였고 그 넷째의 모양은 신들의 아들과 같도다 하고"(단 3:24, 25).

　그렇다! 풀무불 속에는 네 번째 사람이 있었다. 하나님께서 나타나신 것이다! 이런 식으로 그분의 나타나심을 체험하려면 무엇이 필요할까? 바로 풀무불이 필요하다. 하나님께 순종하는 것이 필요하다. 그분의 인도하심을 온전히 받아들이는 것이 필요하다. 다른 것은 필요 없다.

하나님의 임재가 주는 기쁨

풀구불은 그리스도께서 그분의 백성 한가운데 계셔서 그들과 교제하신다는 것을 말해준다. 느부갓네살이 만든 풀무불의 불길은 하나님의 임재의 향기를 태워버리지 못했다. 풀무불 속에 있던 사람들의 기쁨을 상상해보라. 당신을 찾아오신 하나님과 나누는 아름다운 교제의 기쁨에 비길 만한 기쁨은 이 세상에 없다. 그런 기쁨은 시장(市場)에 없다. 산꼭대기에도 없다. 변화산에서의 베드로를 생각해보자. 그는 산 위에 초막 셋을 짓고 세상을 잊어버리고 하나님과의 교제를 즐기기 원했다. 그러나 산꼭대기 체험의 귀중함은 우리가 마땅히 걸어가야 할 골짜기에서 드러나는 법이다.

하나님의 나타나심은 풀무불의 불길이 있었기에 가능했다. 그런데 우리는 앞에 놓인 풀무불과 시련과 고통을 피하려고 하다가 그분의 임재의 향기를 놓쳐버린 적이 얼마나 많은가! 이는 모두 우리 탓이다.

우리는 성경 몇 절을 읽고 "나는 이것을 믿습니다"라고 말한다. 그리고 그것으로 모든 게 해결되었으므로 '성자의 행진'을 즐겁게 부르며 하늘나라로 갈 수 있다고 생각한다. 천국을 향해 걸어갈 때 응석받이로 편히 가기를 원한다. 죽은 후에 천국에 가는 것이 확실하다는 확신을 갖기 원하면서도, 죽을 때까지는 이 세상의 즐거움 속에서 살기 원한다.

하지만 이런 우리에게는 하나님께서 나타나시지 않는다. 이런 우리는 그분의 임재의 향기를 맡을 수 없다. 세상이 우리에게 칭칭 감아놓은 결박의 끈을 태워버리지 못하면 자유를 얻을 수 없기에 주님을 따르지 못한다. 물론, 우리는 믿음으로 산다. 하지만 하나님께서 그분을 우리에게 나타내시는 영광스런 순간들이 우리의 삶에 있어야 한다. 그분이 나타나시는 곳이 바로 거룩한 땅이다. 그분이 나타나시는 곳은 '영광의 이쪽 편'에 있는 그 어떤 것과도 비교할 수 없을 정도로 거룩한 곳이다.

풀무불을 통과한 사람을 위한 비전이 하나님께 준비되어 있다는 걸 기억하라. 풀무불이 세상의 속박의 끈을 태우고 하나님과 우리의 관계를 정결케 하여 그 소임을 다하면 우리는 전진할 수 있다.

사드락과 메삭과 아벳느고는 풀무불에서 걸어 나왔다. 그

후 평생 다른 사람들에게 간증할 수 있는 사건이 생긴 것이다. 그들은 풀무불이 만들어낸 믿음의 사람들이라고 할 수 있다. 그들은 그들 삶의 그 어떤 것과도 비교할 수 없는 놀랍고 영광스런 사건을 통해 하나님을 만난 것이다. 그들은 그리스도를 위해 고난 받기에 합당한 자들로 인정받았다.

 우리가 하나님의 나타나심을 온전히 체험하려면 그들처럼 되어야 한다. 하나님께 무조건적으로 순종해야 하고, 그분의 인도하심을 온전히 받아들여야 한다. 그렇게 할 때 하나님은 우리를 그분의 뜻대로 인도하시고, 결국 그분의 뜻을 보여주실 것이다. 그리고 그분은 우리에게 행하신 일을 우리를 통해 다시 세상에 행하시어 세상 지혜의 어리석음을 드러내실 것이다. 그분이 이렇게 하시는 이유는 우리가 어떤 사람들인지 세상이 모르기 때문이다.

 하나님께서는 그분의 자녀들을 위해 정교한 도구들을 준비해놓고 계신다. 그리스도인들이 십자가에 못 박힌 삶의 길을 걸어갈 때 하나님께서는 극렬한 풀무불, 즉 연단하는 분의 불을 통과하게 하실 것이다. 물론 그것은 그들을 향한 하나님의 사랑이 얼마나 큰지를 보여주시려는 의도에서 나오는 것이다.

내 영혼과 구주 사이에 막힌 것이 없고
속이는 이 세상의 꿈도 없도다
죄악의 쾌락을 모두 버렸고
중간에 끼어든 것이 없으니
예수님이 내 주님이시라

내 영혼과 그분 사이에 막힌 것이 없어야
구주의 거룩한 얼굴을 볼 수 있다네
그분의 은혜를 가로막는 것이 조금도 없도록
그 길을 깨끗이 치우라
그 사이를 비워두어라

세상 쾌락 같은 게 끼어들게 하지 말라
해가 없어 보이는 삶의 습관들도
내 마음과 그분 사이를
갈라놓아서는 안 되네
중간에 아무것도 없으니
그분이 내 모든 것 되시도다

교만이나 높은 지위 같은 것이
중간에 있어서는 아니 되니
자아 중심적 삶이나 친구들도
끼어들 수 없다네
큰 고난이 닥친다 해도
내 마음은 확고하니
그분과 나 사이에
아무것도 둘 수 없도다

여러 혹독한 시련이 닥치고
온 세상이 모여 나를 대적해도
우리 사이를 갈라놓을 수 없도다
기도로 살피고 나를 확실히 부인하면
그분과 나 사이에 막힘이 없고
내가 결국 승리하리라

_ 찰스 앨버트 틴들리(Charles Albert Tindley, 1851~1933)
　내 영혼과 구주 사이에 막힌 것이 없다네

십자가에 못 박혀라

초판 1쇄 발행	2015년 9월 21일
초판 6쇄 발행	2022년 11월 30일
지은이	A. W. 토저
옮긴이	이용복
펴낸이	여진구
책임편집	이영주
편집	정선경 최현수 안수경 김도연 김아진 정아혜
디자인	마영애 노지현 조은혜 이하은
홍보·외서	진효지
마케팅	김상순 강성민 허병용
마케팅지원	최영배 정나영
제작	조영석 정도봉
경영지원	김혜경 김경희 이지수

303비전성경암송학교 유니게과정 　박정숙
이슬비전도학교 / 303비전성경암송학교 / 303비전꿈나무장학회

펴낸곳　　규장

주소　06770 서울시 서초구 매헌로 16길 20(양재2동) 규장선교센터
전화　02)578-0003　팩스　02)578-7332
이메일　kyujang0691@gmail.com
홈페이지　www.kyujang.com
페이스북　facebook.com/kyujangbook
인스타그램　instagram.com/kyujang_com
카카오스토리　story.kakao.com/kyujangbook
등록일　1978.8.14. 제1-22

ⓒ 한국어 판권은 규장에 있습니다.
이 출판물은 저작권법에 의해 보호를 받는 저작물이므로 무단 전재와 무단 복제를 할 수 없습니다.

책값　뒤표지에 있습니다.
ISBN 978-89-6097-421-0 03230

규 | 장 | 수 | 칙

1. 기도로 기획하고 기도로 제작한다.
2. 오직 그리스도의 성품을 사모하는 독자가 원하고 필요로 하는 책만을 출판한다.
3. 한 활자 한 문장에 온 정성을 쏟는다.
4. 성실과 정확을 생명으로 삼고 일한다.
5. 긍정적이며 적극적인 신앙과 신행일치에의 안내자의 사명을 다한다.
6. 충고와 조언을 항상 감사로 경청한다.
7. 지상목표는 문서선교에 있다.

하나님을 사랑하는 자 곧 그의 뜻대로 부르심을 입은 자들에게는 모든 것이 合力하여 善을 이루느니라 (롬 8:28)

규장은 문서를 통해 복음전파와 신앙교육에 주력하는 국제적 출판사들의 협의체인 복음주의출판협회(E.C.P.A:Evangelical Christian Publishers Association)의 출판정신에 동참하는 회원(Associate Member)입니다.